Sigrid Lange
Einführung in die Filmwissenschaft

Einführungen Germanistik

Herausgegeben von
Gunter E. Grimm und Klaus-Michael Bogdal

Sigrid Lange

Einführung in die Filmwissenschaft

Für Bernd. Für alles.

Die Deutsche Nationalbibliothek verzeichnet diese Publikation
in der Deutschen Nationalbibliografie;
detaillierte bibliografische Daten sind im Internet über
http://www.dnb.d-nb.de abrufbar.

Das Werk ist in allen seinen Teilen urheberrechtlich geschützt.
Jede Verwertung ist ohne Zustimmung des Verlags unzulässig.
Das gilt insbesondere für Vervielfältigungen,
Übersetzungen, Mikroverfilmungen und die Einspeicherung in
und Verarbeitung durch elektronische Systeme.

© 2007 by Wissenschaftliche Buchgesellschaft, Darmstadt
Die Herausgabe des Werkes wurde durch
die Vereinsmitglieder der WBG ermöglicht.
Redaktion: Mechthilde Vahsen, Düsseldorf
Satz: Lichtsatz Michael Glaese GmbH, Hemsbach
Umschlaggestaltung: schreiberVIS, Seeheim
Gedruckt auf säurefreiem und alterungsbeständigem Papier
Printed in Germany

Besuchen Sie uns im Internet: www.wbg-darmstadt.de

ISBN 978-3-534-18488-0

Inhalt

Vorwort	7
I. Was ist Kino?	9
1. Technische und medienhistorische Voraussetzungen	10
2. Massenmedium und Kunst	14
3. Film – Koordinaten einer systematischen Gattungsbestimmung	19
II. Filmtheorien	21
1. Frühe Filmtheorien	21
2. Die Ontologie des Films und das Realismuspostulat	25
3. Filmtheorie als Philosophie: Siegfried Kracauer	28
4. Kunstform der Wirklichkeit: André Bazin	32
5. Film als Sprache – Filmsemiotik	33
6. Psychoanalytische Filmtheorien	36
7. Feministische Filmtheorien	39
8. Philosophie des Kinos: Gilles Deleuze	42
III. Filmanalyse	47
1. Das semiotische Modell	47
2. Bild und Raum	49
3. Mise en Scène und Montage	54
4. Narrative Modelle	56
5. Sprache und Ton	60
6. Die Literaturverfilmung	62
7. Filmprotokolle	65
8. Beispielanalyse: Rainer Werner Fassbinder: *Die Ehe der Maria Braun*	66
IV. Filmgenres	85
1. Genretheorie	85
2. Stummfilmkomödie	87
3. Der Musicalfilm	90
4. Das Melodram	93
5. Der Western	96
6. Der Abenteuerfilm	100
7. Der Historienfilm	103
8. Der Kriegsfilm	106
9. Der Kriminalfilm	109
10. Der Horrorfilm	113
11. Der Sciencefiction-Film	116
V. Stilbildende Epochen	120
1. Das Weimarer Kino zwischen Expressionismus und Neuer Sachlichkeit	120

2. Avantgarde- und Experimentalfilm 126
3. Der Film noir 131
4. Der italienische Neorealismus 135
5. Nouvelle Vague und Autorenkino 139
6. Postklassisches Hollywood und postmoderner Film 144
7. Film heute 147

Kommentierte Bibliografie 151

Sachregister 157

Vorwort

Filmwissenschaft hat traditionell an den Institutionen ihren Platz, an denen ausschließlich über Film und andere Künste gelehrt und geforscht wird und die die Ausbildung zur Produktion von Filmen selbst zum Ziel haben. Daneben hat sich jedoch im letzten Jahrzehnt an den deutschen Universitäten eine Filmwissenschaft etabliert, die sich im Kontext der ebenfalls neuen Medienwissenschaft situiert und sich, wie ursprünglich die Theaterwissenschaft, als Ergänzung zu literaturwissenschaftlichen Studiengängen versteht. Kein Seminarangebot lässt Filmstudien aus, die sich von ihren Gegenständen und Theorien her gleichsam von selbst mit der Literatur verbinden. Genau an dieser Schnittstelle ist dieser Einführungsband verortet. Er wendet sich an Studierende, Lehrende in den Schulen, die aufgrund der längst vom Buch zu Film und Fernsehen tendierenden Kulturgewohnheiten junger Menschen Filme immer häufiger in ihr Unterrichtsangebot aufnehmen, und jene Interessenten, die für ihr Hobby ein vertieftes Verständnis anstreben.

Filmwissenschaft gibt es fast seit den Anfängen des Films selbst – seit Beginn des 20. Jahrhunderts, sie hat seitdem eine ähnliche Entwicklung wie der Film selbst erfahren. Dieser wurde zunächst als Trivialunterhaltung für ein Massenpublikum gehandelt und musste seine Nobilitierung zur Kunst erst beweisen. Ähnlich ist auch die Filmwissenschaft aus der Filmkritik hervorgegangen. Dafür stehen berühmte Namen wie Siegfried Kracauer, Bela Balász oder Lotte Eisinger, die seit den zwanziger Jahren Filmkritiken publizierten und daraus theoretische Reflexionen entwickelten. Daneben gibt es aber auch die Künstler, die ihr Filmschaffen theoretisch begleiteten, wie Sergej Eisenstein und Dziga Vertov aus der russischen Schule der 1920er Jahre, oder aber Kritiker mit theoretischem Anspruch, die selbst zu Filmschaffenden wurden wie die französische Nouvelle Vague, die in den 1950er Jahren ihre Karriere als Kritiker in der Filmzeitschrift *Cahiers du cinéma* begannen. Eine solche erfrischende Nähe von Filmkunst und Filmtheorie änderte sich mit der seit den 1960er Jahren zuerst in den USA einsetzenden Akademisierung der Filmwissenschaft, mit der zugleich die Filmtheorie von der Jahrzehnte bewegten Frage „Was ist Film?" abrückte und sie in den Kontext neuer geistes- und sozialwissenschaftlicher Theorien und Methoden stellte. Semiotik, strukturalistische Linguistik, Kommunikationswissenschaft, Psychoanalyse und Genderforschung haben seither an der Entwicklung der Filmwissenschaft partizipiert oder sind auf deren Feld ausgetragen worden.

Das Buch zeichnet diese Entwicklung nach und nimmt auch die Entwicklung des Kinos zur kulturellen Institution der Moderne sowie Tendenzen der Filmgeschichte auf – konzentriert auf Europa und Nordamerika. Das Kapitel über stilbildende Genres widmet sich dem nach wie vor kulturell dominierenden populären Aspekt des Films. Kino funktioniert als Genrekino, weshalb hier eine Auswahl der Genres vorgestellt wird, die das Mainstreamkino geprägt haben. Akademische Debatten über die Zuordnung einer Filmgattung zu einer Epoche oder einem Genre, wie sie beispielsweise über den

Film noir geführt wird, bleiben dabei außen vor. So gibt es Berührungen zwischen dem Genre- und dem Epochenkapitel wie zwischen dem Theorie- und dem Analysekapitel. Bei dem Letzteren kam es mir darauf an, die technische Seite der Filmwissenschaft, also ihr begriffliches Instrumentarium, in Verbindung mit theoretischen Reflexionen vorzustellen und dann die Brücke zur praktischen Filmanalyse zu schlagen. Pragmatisch orientiert ist zuletzt auch die Auswahlbibliografie, die sich neben einigen Klassikern der Filmtheorie an Aktualität und Verfügbarkeit orientiert. Monografien zu einzelnen Regisseuren, wenn sie nicht, wie etwa zu Hitchcock, allgemein theoretisch relevante Fragen behandeln, sind des Raumes wegen nicht aufgenommen. So will dieses Buch verschiedene Zugänge zum Thema Film aufzeigen und die analytische Arbeit am Film erleichtern.

I. Was ist Kino?

Film- und Medienhistoriker sind sich einig: Die Feier des 25. Dezember 1895 als Geburtsstunde des Films bedeutet die nachträgliche Setzung eines Anfangs, wie sie großen Narrationen eignet. Danach entstand die Narration „Kino" als eine der Mythen des 20. Jahrhunderts unerheblich wenige Jahre vor dessen kalendarischem Beginn mit der Koinzidenz von drei Elementen. Das erste Element bestand in der Inbetriebnahme der Apparatur Kinematograph durch die Brüder Auguste und Louis Lumière, das zweite war mit der Tatsache gegeben, dass die Präsentation in einem Salon des Pariser Grand Cafés vor einem Publikum stattfand, das drittens für das bevorstehende Schauerlebnis einen Eintrittspreis entrichtet hatte. Das heißt, dass die neue technische Erfindung der Projektion bewegter Bilder erstmals einem Massenpublikum vorgeführt wurde, das sich den Regeln eines kommerzialisierten Kulturbetriebs anpasste. Diese Definition erschließt sich freilich erst in der Tendenz der damit eröffneten Kulturtradition. Sie hat zum Inhalt, dass Massen von Menschen sich zu einem visuellen Vergnügen versammeln, das durch einen Projektionsapparat erzeugt wird. Es handelt sich späterhin vorwiegend um das proletarische und kleinbürgerliche Großstadtpublikum, das für einen geringen Obolus einem Rausch von Hingabe und Zerstreuung erliegt. Während die im Nachhinein legendär gewordene Veranstaltung nur 35 Zuschauer zählte, die elf vorwiegend dokumentarische Kurzfilme aus dem Alltagsleben von je etwa einer Minute Länge bestaunten, fassten die in den europäischen und nordamerikanischen Städten errichteten Kinotheater zwanzig Jahre später mehrere hundert Menschen. Sie waren außerdem zum Ein-Film-Programm von bis zu zwei Stunden Länge übergegangen und zeigten darin einen Spielfilm. Diese letztgenannte Neuerung stellte sich als der entscheidende Qualitätssprung für die auch kommerzielle Erfolgsstory heraus, die nunmehr ihre Experimentierphase durchlaufen und die fortan geltenden Modalitäten der Kulturinstitution Kino etabliert hatte. In seinem Kernbereich ist Kino seither ein marktwirtschaftlich gut durchorganisierter Zweig der Kulturindustrie, mit dem weltweit und massenhaft ein vornehmlich visuelles Unterhaltungsbedürfnis bedient wird. Das verkaufte Produkt ist der Abend füllende Spielfilm, die vorherrschende Rezeptionsform das öffentliche Theater.

Die in den letzten Jahren erstaunlich angestiegenen Forschungen zum frühen Film haben gezeigt, dass die Entwicklungen in der Ästhetik des Films aus diesen genannten Koordinaten der Entwicklung der Institution Kino abzuleiten sind und nicht etwa umgekehrt für ein Attraktions- und Kunstprodukt Film eine kulturelle Verkehrsform geschaffen wurde. Nur so wird auch erklärbar, weshalb aus einer ganzen Reihe vergleichbarer und paralleler technischer Entwicklungen sich der Lumièresche Kinematograph durchsetzte, weshalb aus der Vielfalt der anfänglichen Filmprodukte der vorerst stumme fiktionale Film in Schwarz-Weiß den Filmmarkt dominierte und dabei – für Literatur- und Kunsthistoriker von nicht unerheblicher Bedeutung – das

Mythos Kino

Institution Kino

überkommene Verständnis von Kunst ganz neu zur Disposition stellte. In diesem Kontext ist interessant, welche ähnlichen Technologien und Apparaturen nur eine kurze Lebensdauer hatten bzw. in andere Verwendungen mündeten, welche Unterhaltungsformen der Film verdrängte oder beeinflusste. Im Folgenden sollen die technischen Erfindungen vorgestellt werden, die dem Kinematographen vorangingen, dann die optischen Medien dargestellt, die vor dem Kino Schaulust befriedigten, und schließlich die frühen Kinodebatten resümiert werden, die den Film als konkurrierende Kunst zu Theater und Literatur zu einem Zeitpunkt diskutierten, als er sich bereits seinen Platz als Massenunterhaltungsmittel gesichert hatte. Auf dieser Grundlage werden dann Entwicklungsschritte der Filmtheorie und Aspekte der Filmästhetik behandelt.

1. Technische und medienhistorische Voraussetzungen

Fotografie und optische Illusionsmaschinen

Der Kinofilm ist ein komplexes kulturelles Phänomen, dessen technische Voraussetzungen nur eine Seite aufzeigen. Diese technische Entwicklung darf man sich nicht als linearen Fortschritt von Apparaturen vorstellen, die schließlich zum Lumièreschen Kinematographen führten. Vielmehr steht dieser nicht allein neben den vergleichbaren Erfindungen von Thomas Alva Edison, den Brüdern Max und Emil Skladanovsky und Oskar Messter, sondern kombiniert wie diese die relativ junge Entdeckung der Fotografie und ihrer chemomechanischen Technik mit viel älteren Traditionen optischer Illusionsmaschinen.

Den ersten Schritt zur Fotografie bildete das nach einem seiner Entdecker benannte Verfahren der Daguerrotypie. Es besteht darin, dass belichtete Jodsilberplatten unter Quecksilberdämpfen in der Lage sind, speicherbare schwarz-weiße Abbilder von natürlichen Objekten zu erzeugen. Von da aus bedurfte es nur weniger Experimente, bis das fotografische Negativ und seine Möglichkeiten der Übertragung und Vervielfältigung auf Papier das neue Medium Fotografie begründeten. Das Jahr 1839 steht damit am Beginn einer Medientechnik, die sich mit ihrer Fähigkeit der exakten Wiedergabe von Realität als ernsthafte Konkurrenz zur bildenden Kunst erwies, wodurch diese bald in einen produktiven Prozess der Selbstverständigung gedrängt wurde. Für die Alltagskultur bedeutete die Fotografie jedoch die Entdeckung eines neuen Mediums der Erinnerung, das rasch massenhafte Anwendung fand – ganz zu schweigen von seinen anderen technischen, militärischen, juristischen oder publizistischen Potentialen. So rücken drei entscheidende Eigenschaften die Fotografie in unmittelbare Vorläuferschaft des Films: die Abbildung äußerer Realität, die technische Reproduzierbarkeit dieser Abbilder sowie ihre damit gegebene massenhafte Verbreitung.

„Tote" und „lebende" Bilder

Die scheinbar perfekte, wenn auch in künstlichem Schwarz-Weiß gehaltene Wiedergabe erzielte jedoch niemals den Effekt der Vor-Täuschung von Wirklichkeit, wie sie dem noch unbeholfenen frühen Film nachgesagt wird. Fotografie friert einen aktuellen Moment ein und verweist ihn in eben diesem Fixieren auf einen Augenblick für jede spätere Rezeption in eine unwiderrufliche Vergangenheit. Fotografien sind „tote Bilder" im Vergleich zu den sofort so bezeichneten „lebenden Bildern" des Films. Ihr Synonym lautete „bewegte Bilder" – im englischen Begriff „movies" bis heute markiert – und identifizierte darin den vermeintlich elementaren, aber qualitativ Ausschlag gebenden Entwicklungsschritt zum Film. Film überraschte durch seine Fähigkeit, durch den Bewegungsfluss der Bilder die Illusion von Wirklichkeit in ihrer aktuellen, physischen Präsenz zu erzeugen.

Nur zu einem kleinen Teil mag der Täuschungseffekt der frühen Filme ihren zunächst dokumentarischen Sujets aus dem Alltagsleben geschuldet sein. Die berühmte erste Filmvorführung der Brüder Lumière zeigte u. a. *Arbeiter verlassen die Fabrik Lumières* sowie die legendäre *Ankunft eines Zuges*, von der kolportiert wird, dass die aus der Bilddiagonale auf sie zurollende Lokomotive die Zuschauer in die Flucht trieb – eine nicht mehr verifizierbare Legende, die man allerdings erfinden müsste, wenn sie sich nicht vielleicht doch so zugetragen hat. Denn hier zeigt sich bereits eine zwingende Verbindung zwischen Filmrezeption und allgemeinen kulturellen Wahrnehmungsformen in der Moderne, für die die Eisenbahn zum Symbol geworden ist. Sie versinnbildlicht den Rausch der Geschwindigkeit, der aus dem Zusammenwirken von neuen technischen Erfindungen, industrieller Massenproduktion und dem Lebensgefühl in den Ballungsgebieten der Großstädte erfahren wurde. Er überforderte vorerst, wie Georg Simmel zu Beginn des 20. Jahrhunderts konstatierte, die über Jahrtausende gewachsenen Gewohnheiten des „Geisteslebens", sprich: die sinnlichen Wahrnehmungsmuster und ihre psychische Verarbeitung. Kino überforderte nicht, es trug eher spielerisch mit wechselnden Attraktionen zur Einübung neuer Sehgewohnheiten bei. Die visuelle Aufnahme eines sich rasant bewegenden Objekts war dabei gewiss nicht das entscheidende Problem. Mit zunehmender technischer Perfektion trainierte vielmehr der „filmische Blick" die Wahrnehmungsfähigkeit und das Vorstellungsvermögen, indem die – erst später erfundene – bewegliche Kamerafahrt rasch über die Oberfläche der Dinge glitt. Die zudem mögliche Zoomtechnik, die Einzelheiten aus einem Gesamtbild heranziehen oder umgekehrt in die Ferne versenken konnte, forderte die Wahrnehmungsleistung heraus und verlangte vom Betrachter, die im Film gezeigten Fragmente eines Gesamtbildes imaginär zu einem Ganzen zusammenzufügen.

Einübung neuer Wahrnehmungstechniken

Optische Illusionen, die definitiv als Bilder einer anderen als der alltäglich wahrgenommenen Wirklichkeit verstanden wurden, haben hingegen eine lange Geschichte. Die wichtigsten technischen Apparate hierfür sind die Camera obscura und die Laterna magica, die seit dem 17. Jahrhundert zu den Attraktionen von Jahrmärkten zählten und darüber hinaus in eigenen Vorführungen vor Zuschauern der gehobenen Gesellschaftsschichten präsentiert wurden, die gewöhnlich nicht auf den Jahrmärkten zu finden waren. Mediengeschichten reklamieren die Erfindung der Camera obscura bereits für die arabische Welt des 11. Jahrhunderts, wo sie vornehmlich zu astronomischen Beobachtungen benutzt wurde, vermuten aber dann doch in dem Universalgenie der Renaissance, Leonardo da Vinci, den eigentlichen Erfinder, dem mehrere Forscher des 16. Jahrhunderts mit technischen Verbesserungen folgten.

Optische Illusionsmaschinen

Das Prinzip der Camera obscura beruht auf einer Eigenschaft der Lichtbrechung und besteht darin, dass durch ein Loch in der Wand einer „dunklen Kammer" – ursprünglich tatsächlich Kammern, später auch tragbare

Kästen – hell erleuchtete Objekte von außen spiegelverkehrt und verkleinert als Bild an die Wand projiziert werden. Dieses Prinzip wurde später durch eine in das Loch eingefügte Sammellinse verstärkt. Damit konnte man beispielsweise Landschaften nach innen projizieren und proportionsgerechte Vorlagen für Zeichnungen herstellen, aber auch „magische" optische Kunststücke aufführen.

Camera obscura und Laterna magica

Die Erfindung der Laterna magica datiert ins 17. Jahrhundert und wird dem niederländischen Physiker Christian Huygens (auch: Hugenius) im Jahr 1656 zugeschrieben. Die Laterna magica kehrt das Prinzip der Camera obscura um, indem nicht von außen aufgefangene Gegenstände nach innen gespiegelt, sondern im Inneren eines Kastens auf Glas oder transparentes Papier gemalte Bilder über Hohlspiegel oder Linsen nach außen projiziert werden. Arbeitet die Camera obscura mit natürlichem Licht, so wird bei der Laterna magica eine künstliche Lichtquelle verwendet, anfangs eine im Inneren der Apparatur aufgestellte Kerze. Die „Zauberlaternen" erlebten vornehmlich in der Salonkultur des 18. und 19. Jahrhunderts ihre Blütezeit für allerlei magische und mystische Darbietungen wie Geisterbeschwörungen, mit denen Okkultisten wie der berühmt-berüchtigte Cagliostro Karriere machten. (Zglinicki 1979)

Das 19. Jahrhundert – Jahrhundert der Schaulust

Die Technik der Camera obscura wie der Laterna magica erfuhr seit dem 18. Jahrhundert eine vielfältige Entwicklung und Verbreitung. Entscheidend für den späteren Film bleibt die Doppeltechnologie dieser beiden Apparate, in der man eine erste Empfangs- und eine erste Sendetechnik für Bilder verstehen kann. (Kittler 2002) Mediengeschichtlich ist das 19. Jahrhundert als das Jahrhundert der Schaulust zu beschreiben, in dem eine Vielzahl von Apparaten entstand, die das offensichtlich unersättliche Publikum mit immer neuen optischen Attraktionen unterhielten. Bereichert wurden diese durch drei zusätzliche Effekte: die akustische Untermalung durch Musik und Geräusche, wie z. B. Gewitter bei Landschaftsbildern, die Hinzuziehung von lebenden Personen oder gar Tieren, wodurch etwa bei Laterna-magica-Projektionen theatralische Wirkungen erzeugt wurden, sowie der Versuch, mit den Bildern Bewegung zu suggerieren. Alle Effekte dienten der Illusion von Leben. So kann der Guckkasten als Weiterführung der Camera obscura verstanden werden, bei dem eine winzige Bühne mit verschiebbaren Kulissen und gemalten Figuren bestückt wurde, die durch ein gegebenenfalls mit einer Linse verstärktes Guckloch zu betrachten waren. Hier entstanden also bereits „bewegte Bilder", die in später konstruierten tragbaren Apparaten auf Jahrmärkten zur Betrachtung feilgeboten wurden. Die Verwendung von Fotografien näherte die Guckkästen dem Film, gerade Guckkasten-Rundbauten mit mehreren Einblick-Öffnungen für mehrere Zuschauer, die simultan dasselbe Spektakel betrachteten. Des Weiteren wurden Techniken zur Erzeugung von „Nebelbildern" entwickelt, Theater, die elektromechanische Sensationseffekte versprachen, sowie eine Reihe von Apparaten, die sämtlich auf das Suffix -rama (gr. hórama – das Geschaute) getauft wurden und deren Technologie nicht mehr vollständig rekonstruiert werden kann: Dioramen, Dedloramen, Georamen, Neoramen, Myrioramen, Cykloramen, Pleoramen, Kosmoramen, Kinoramen. (Zglinicki 1979)

Die Sensation des Panoramas

Obgleich es technisch kaum innovativ war, verdient das Panorama eine eigene Erwähnung in dieser Reihe. Wegen seines Aufwandes gehörte es zu den erstaunlichsten Attraktionen des späteren 19. Jahrhunderts. Panoramen waren große, umlaufende Wandgemälde, die auf durchscheinendes Material aufgetragen wurden, um Lichteffekte erzeugen zu können. Sie zeigten typischerweise Stadt- oder Landschaftsbilder oder Schlachtgemälde, wobei der Betrachter sich durch die Architektur inmitten des Geschehens wähnte. Angereichert durch lebende Objekte und Geräusche, entstand hier eine theatralische Wirkung ganz eigener Art, die das Publikum magisch anzog, denn in den europäischen Hauptstädten entstanden riesige, prächtige Bauten eigens für die Installation von Panoramen. Wenn die Attraktion dabei nicht in der technischen Sensation bestand, dann ganz offensichtlich in der über den visuellen Eindruck hinausgehenden Gesamtwirkung. Man muss sich vorstellen, dass in einem abgedunkelten, begehbaren Raum ein durch keinen Rahmen begrenztes Bild von vollkommener Naturtreue allseitig auf den Betrachter einwirkte und ihn in eine ästhetische Trance versetzte, die buchstäblich Schwindelgefühle erweckte. (Koschorke 1996)

Ähnlich funktioniert die Bild-Zuschauer-Relation im Kino, wenn auch auf völlig anderer technischer Grundlage. Die Illusion des Wirklichen und Lebendigen entsteht dort, wie erwähnt, durch die Suggestion eines kontinuierlichen Bewegungsablaufs. Während bereits einige der genannten optischen Projektionsapparate durch Verschiebungen von Glasplatten Bewegung simulierten, stellte 1878 das Experiment des Engländers Muybridge, *The Horse in Motion*, den diesbezüglich wichtigsten Schritt in Richtung Film dar, weil es durch eine Serie von Fotografien den Eindruck eines galoppierenden Pferdes evozieren konnte. Muybridge hatte an die Auslöser mehrerer Kameras Fäden gespannt, die das Pferd durch seine Bewegung nacheinander durchriss und damit die Aufnahmen produzierte. Es entstanden rasch aufeinander folgende Momentaufnahmen in jeweils neuer, der fortschreitenden Bewegung folgenden Stellung des Tierkörpers. Dass die im Stakkato mechanisch aneinandergereihten Bilder beim Zuschauer den Eindruck von Kontinuität erzeugten, liegt an einer Besonderheit der menschlichen Wahrnehmungspsychologie. Sie besteht im Phänomen des „Nachbildes" einer Netzhautreizung, der Tatsache also, dass ein perzipiertes Bild für Sekunden im Gehirn festgehalten wird, während bereits eine neue visuelle Stimulation erfolgt. So entsteht der Eindruck von Kontinuität, Bewegung als Ineinanderfließen von statischen Bildern.

Bewegte Bilder

Bis zur praktikablen technischen Umsetzung bedurfte es nur weniger Jahre. Auch Film bringt bei ausreichender Ablaufgeschwindigkeit diskrete Bilder in eine als kontinuierlich wahrgenommene Bewegung. Die Aufzeichnung eines solchen Bilderflusses brauchte den Rollfilm auf Zelluloid und die Kurbelkamera, die Vorführung desgleichen. Der Rest stellt sich aus heutiger Sicht dar als ein Wettlauf mit der Zeit um Patente, Produktionskapazitäten und Marktanteile, an dem sich viele Erfinder beteiligten. Prominenz erwirbt man bekanntlich nicht immer nach dem Maßstab der Gerechtigkeit, so dass viele Namen heute vergessen sind. Im Gedächtnis geblieben ist mindestens Thomas Alva Edison, der bereits 1891 in Amerika den Kinetographen – oder auch Kinetoskop oder optischer Phonograph –, eine Aufnahmekamera mit perforiertem Filmband, patentieren ließ und 1892 den Bau seines später unter diesem Namen berühmten Aufnahmestudios „Black Mary" abschloss. Dass nicht er als der erste Filmpionier gefeiert wird, liegt

Die Entwicklung von Projektionsapparaten

einzig an der vergleichsweise späten Vermarktung seines Kinetoskops samt Filmen, die aber schon im Februar 1895 in New York durch den Schausteller und Erfinder Jean Aimé Le Roy erfolgte. Gleichfalls vor den Lumières debütierte im November 1895 Max Skladanovsky im Berliner Wintergarten mit Filmvorführungen mittels seines gerade patentierten Doppelprojektionsgeräts Bioskop. (Zielinski 2002, Zglinicky 1979) Skladanovsky war bereits seit 1879 mit seinem Vater Carl und seinem Bruder Emil mit den Nebelprojektionen des von ihnen so genannten „Hamilton-Theaters" auf Europa-Tournee. Die Brüder verfügten also für ihre folgenden, verkaufssicheren Filmentwicklungen längst sowohl über das erforderliche technische wie das kaufmännische Know-how, das – wie bei den anderen auch – die Eigenproduktion von Filmen einschloss. Wie die Lumières betrieben sie zugleich eine Fabrik für fotografische Artikel, desgleichen der ein Jahr später in das Filmgeschäft einsteigende Oskar Messter, der wiederum einen eigenen Kinoprojektor, „Kinetograph" oder auch „Thaumatograph" genannt, konstruierte. Messter war ein Pionier der Moderne, da er mitsamt seinen Apparaten auch seine Filme verkaufte und so zum seinerzeit erfolgreichsten Produzenten avancierte. Seine Firmen wurden 1918 von der UFA übernommen. (Zglinicki 1979)

Diese knappen Skizzen zeigen, dass in Amerika wie in Europa die Erfindung des Films gleichzusetzen ist mit der Begründung der Filmindustrie. Abnehmer war ein stetig wachsendes Filmpublikum, zu dessen Schauvergnügen eigene Spielstätten errichtet wurden. Waren es zu Beginn noch kleine „Ladenkinos", aus denen in Amerika die berühmten „Nickelodeons" hervorgingen, tendierten die Bauten seit den 1920er Jahren zu Filmpalästen. Mit dem Film war die moderne Kulturindustrie geboren.

2. Massenmedium und Kunst

Das Phänomen der Schaulust

Das Verständnis von Film als Produkt der Kulturindustrie hat zur Folge, dass Filmgeschichte von der Institution Kino nicht zu trennen ist. Die Institution Kino wiederum impliziert für die Ästhetik des Spielfilms zwei Aspekte. Zum Ersten entwickelte sich der Spielfilm als neues Kunstmedium aus den Bedürfnissen der Massenkultur, zum Zweiten lenkt die ihm eigene Möglichkeit zur Befriedigung der Schaulust die Ästhetik des Spielfilms in ganz bestimmte Bahnen. Man kann so weit gehen zu behaupten, dass die Schaulust die Gattung Spielfilm erst generiert.

Kurzfilm zwischen „showing" und „telling"

Für die Aspekte „showing" und „telling" bilden die ersten Filme den Ausgangspunkt. Bis etwa 1905 war noch nicht ersichtlich, in welche Richtung sich die Mehrzahl der Filmproduktionen entwickeln würde. Wie erwähnt, bestanden etwa die ersten Produkte der Lumières vorwiegend aus „Dokumentaraufnahmen", einzig dem mit *Der begossene Gärtner* betitelten Film könnte man fiktionalen Charakter zubilligen, weil er einen komischen Effekt intentional inszenierte. Ähnlich war es um die anderen Programme bestellt. Sie waren ein Gemisch aus Alltagsszenen, insbesondere demonstrative Vorführungen von bewegten Objekten, Aufzeichnungen politischer und gesellschaftlicher Ereignisse – etwa ein öffentlicher Auftritt des Kaisers, womit sozusagen die Urform der Wochenschau entstand –, Trickfilmen, die die neuen technischen Möglichkeiten zeigten, und fiktionalen Episoden mit Slapstickcharakter und damit komischen Inhalts. Der Zwang zur Mischung ergab sich aus der Länge bzw. Kürze der ersten Filme, im Schnitt etwa eine Minute. Bis 1905 kam die Spieldauer eines Films auf durchschnittlich nicht mehr als fünf Minuten, bis 1910 auf zehn bis fünfzehn. Daraus folgt von selbst, dass Filme zunächst die Nummernrevuen von Varietétheatern bereicherten und später bei eigenen Vorführabenden diese Struktur beibehalten wurde. Mit der Herkunft aus Jahrmarkt, Theater und Varieté hatten Filmvorführungen zugleich die soziale Zusammensetzung des Publikums und den Charakter der Unterhaltung und Zerstreuung gemeinsam. Sie bedienten ein breites Publikum von den Bildungsbürgern über die Angestellten bis hin zu den Arbeitern, jeweils eingeschlossen die Frauen – der Geschlechter differenzierende Hinweis wird sich für die *Soziologie des Kino*, so 1914 der Buchtitel der ersten Filmsoziologin Emilie Altenloh, wie für die späteren Spielfilme als äußerst bedeutsam herausstellen. Mit einem Wort, das frühe Kino bis etwa 1910 war ein „Kino der Attraktionen" im Unterschied zum späteren „Kino der narrativen Integration". (Gunning 1990, 58) Zwei andere Begriffe markieren dieselbe Polarität wie „showing" und „telling".

„Telling" bedeutet die klare Entscheidung für den fiktionalen Spielfilm wie auch die Eroberung einer neuen Gattung, des Filmdramas, gegenüber den früher vorherrschenden, auf Effekte ausgerichteten Filmkomödien und Actionfilmen, die der Kürze der Filmrolle entgegenkamen. Ein Drama braucht längeren Atem und schafft sich zugleich sein eigenes Publikum.

Paech zitiert folgende aufschlussreiche Statistik zur Verbreitung des fiktionalen Films: 1900 bestand die Filmproduktion zu 87 % aus Dokumentarfilmen, 1904 dagegen nur noch zu 42 %. Dagegen stellten nunmehr Komödien und Trickfilme 50 %, dramatisch erzählende Filme erst 8 % der Produktion. 1908 war deren Durchbruch vollzogen, sie machten 96 % der Gesamtproduktion aus. In den öffentlichen Diskurs allerdings kam das Kino erst ab 1910 mit der Entwicklung von Spielfilmen mittlerer Länge von ein bis anderthalb Stunden. Erst damit erfolgten simultan der Paradigmenwechsel vom „showing" zum „telling" sowie der Ortswechsel der Vorführungen in feste Lichtspielhäuser. (Müller 2003)

Sieg des Spielfilms über den Dokumentarfilm

Hier entwickelte sich auch die Filmästhetik, die Film als Kunst ernst nahm und die Filmkritiker auf den Plan rief, die den Charakter des Mediums an sich debattierten.

Eine unspezifische, aber zu Beginn des 20. Jahrhunderts zeittypische Abneigung galt sicher der „Masse" im Allgemeinen, die dem Kino zulief. Dazu kam der allzu offensichtliche Warencharakter des Films, der aus alter deutscher Tradition misstrauisch machte gegenüber seinem potentiellen Kunstwert. Im Besonderen jedoch zeitigte in Deutschland die Unterhaltungsästhetik des frühen Kinos dieselben Reaktionen der ‚Oberlehrer der Nation' wie seit dem Ende des 18. Jahrhunderts die mit dem Wort „Schund" disqualifizierte Romanliteratur. Das heißt, bildungsbürgerliche Kreise einschließlich der bildungsbeflissenen Sozialdemokratie versuchten jetzt, dem Kino einen zur Ohnmacht verurteilten Protest entgegenzuhalten. Wie üblich stellten dabei die Jugend und die – ewig unmündigen – Frauen die Zielgruppen der Warnungen, die beide prädestiniert schienen, den gefährlichen Verführungen des Kinos zu erliegen. Interessanterweise galten die Einwände

Die „Schmutz- und Schund"-Debatte

zuerst dem verdunkelten Zuschauerraum und alsdann, in Tateinheit mit der unzüchtigen Räumlichkeit, dem Inhalt der Filmdramen. Beides zusammen bildet allerdings die bestimmende Relation von Filmästhetik und Publikumsbezug, die die eigene Qualität der filmischen Schaulust begründet.

Kino ist libidinös besetzt!

Die Themen Sex und Gewalt, aus heutiger Sicht lächerlich in den damals produzierten Filmen, liefern den Vorwand für die diffuse, aber richtig gefühlte Abwehr der bildungsbürgerlichen Kritiker gegen die generell libidinös besetzte Rezeption des Schauobjekts Film. Die schon bei den optischen Attraktionen des 19. Jahrhunderts beobachtete psychische Erregung der Zuschauer erreichte mit den narrativen Filmen eine neue Qualität, die sich der Kontrolle entzog. Dabei muss man sich vorstellen, dass es während der 1910er Jahre in vielen Kinos noch immer üblich war, ein fortlaufend gezeigtes Programm zu betreten oder zu verlassen, wie man wollte. Dennoch war der von Siegfried Kracauer vornehmlich dem Kino zugesprochene „Kult der Zerstreuung" als Kompensationsform zum disziplinierenden großstädtischen Arbeitsalltag verschieden von der Nummernrevue des Varietés und der frühen Kurzfilmprogramme. Der dunkle Saal förderte eine andere Rezeptionshaltung als das weiterhin Reflexion und Distanz ermöglichende Schauerlebnis der Attraktionen, indem er den Zuschauer von der ihn umgebenden Masse isolierte und in eine voyeuristische Position versetzte. Er zwang ihn in eine unmittelbare Beziehung zum Leinwandgeschehen, das hier idealtypisch in der Tat als Filmdrama zu denken ist. Denn mit dem Filmdrama waren künstlerische Neuerungen verbunden, die dem Film die Richtung zum Dramatischen oder Melodramatischen wiesen. Nah- und Großaufnahmen trugen zur Psychologisierung des Films bei, eine immer elaboriertere Schnitttechnik entwickelte die Narration zu ihrer spezifisch filmischen Bedeutung. Diese unterscheidet sich von der literarischen oder theatralischen Erzählung durch einen besonderen Umgang mit optischen Auslassungen, d.h., sie erwartet vom Zuschauer die imaginäre Ergänzung von Körpern, Räumen und Handlungssequenzen. Anders als die oft aus einer einzigen Kameraeinstellung gedrehten frühen Filme bricht die entwickelte filmische Narration bewusst die Kohärenz des Raumes und die Kontinuität der Zeit auf und intensiviert so die Rezeption. Sie verlangt emotionale Identifikation und perfektioniert mit dem Abbildrealismus gleichzeitig den Illusionscharakter des Films. Erzählfilm und voyeuristisches zentralperspektivisches Kinoerlebnis bedingen sich gegenseitig. (Elsaesser 2002)

Musikalische Begleitung

Wenn hiermit nur eine idealtypische Tendenz der Filmentwicklung neben anderen beschrieben ist, muss zugleich bedacht werden, dass die Vorstellung vom stummen Schwarz-Weiß-Kino leicht zum die Realität verfälschenden Klischee gerät. Filmvorführungen waren stets musikalisch begleitet, ob von einem einzelnen Klavierspieler oder von ganzen Orchestern, und sie hatten oft einen Erzähler, der dem Publikum die Bilder deutete. Interessant bleibt dabei die Tatsache, dass zeitgleich entwickelte Technologien zum Farbfilm sowie zum Tonfilm vom Markt vorerst unbeachtet und daher in der Erforschung stecken blieben. Erst 1927 brachte der erste amerikanische „talkie" den internationalen Durchbruch und Mitte der 1930er Jahre wurde der amerikanische Farbfilm pompös als neue Errungenschaft gefeiert. (Zielinski 2002)

Bei den filmtypischen Identifikationsstrategien ist für den Erzählfilm ein psychologisches Moment entscheidend: das Starprinzip, und das bedeutet hier zuallererst die Verehrung des weiblichen Filmstars. Als erste herausragende Schauspielerin errang die Dänin Asta Nielsen Weltruhm ob ihrer Fähigkeiten, das Publikum mit Körpersprache und Mimik zu fesseln. Damit schien sie, seit 1911 mit ihren Melodramen auf dem internationalen Filmmarkt vertreten, die eigentlichen Ausdrucksmöglichkeiten des Films zu begründen. Unabhängig von der gesprochenen Sprache war diese Kommunikationsform universell und bediente insbesondere die Sehnsüchte des weiblichen Publikums. Was diesem dabei per Identifikation mit einem weiblichen Helden als Schritt zur Emanzipation angeboten wurde, gereichte den konservativen Pädagogen einmal mehr zum Beweis der verderblichen Moral des Films.

Starprinzip als Identifikationsangebot

Die Warnungen vor den Gefahren des Films für die deutsche „Volksgesundheit" setzten frühzeitig, man könnte meinen: antizipierend, mit der Eröffnung einer großen publizistischen Debatte im Jahr 1909 ein. Die großen Zeitungen und Zeitschriften sowie eigene Broschüren starteten eine von ungewohntem Konsens getragene Erörterung, die die pädagogisch wertvollen Dokumentar- und Aufklärungsfilme gegen die minderwertigen Kinodramen ausspielte. Vielfältiger erscheint dagegen das Bild der von Literaten und Künstlern geführten Kinodebatte. Es umfasst die ganze Palette zwischen Bewunderung für und Abneigung gegen die neue Konkurrenz und wirft dabei oftmals Fragen zur Selbstverständigung über die eigene Kunst auf. Mit den Volkspädagogen hatte diese Debatte nur die deutlichen Zweifel am Kunstwert des Films gemein, die einerseits den Unvollkommenheiten der frühen Produktionen geschuldet war, andererseits aber auch dem typisch deutschen Konflikt zwischen Kunstverständnis und Warencharakter des Films. Was massenhaft verkauft wurde, konnte – und durfte – keine Kunst sein. Die bildungsbürgerliche Auffassung, die die Künstler und Literaten weitgehend teilten, stufte „wahre" Kunst als elitär und nicht kommerziell ein. (Kaes 1978) Solches Kunstverständnis trug bei den Künstlern selbst masochistische Züge, die in dem Maße in sich zusammenbrachen, wie das Schreiben von Drehbüchern bzw. der Auftritt von bekannten Schauspielern im Film finanziell lukrativ wurde. Auch die Bohème war käuflich, zuerst heimlich, nämlich unter Pseudonym, wie schon Kurt Pinthus erkannte. Der Expressionist, der mit der Lyrikanthologie *Menschheitsdämmerung* im Gedächtnis blieb, veröffentlichte 1913 die weniger berühmte Anthologie *Kinobuch*, in der 16 Dichter seiner Aufforderung gefolgt waren, ein Drehbuch für einen Film zu entwerfen. Was ihm damals als eher zufälliges Produkt einer Augenblickslaune erschien, erkannte Pinthus retrospektiv, anlässlich der Neuauflage seines Buches im Jahr 1963, zu Recht als repräsentative Markierung eines Wendepunkts in der Kinodebatte – 1913 hatte sich Kino von einer „Kulturschande" zur Kunstfähigkeit gemausert und war gesellschaftsfähig geworden. Als Anlass nannte Pinthus einige exemplarische Produktionen, an denen die Kunstkritik nicht mehr ernsthaft vorbeikam: den italienischen Monumentalfilm *Quo vadis* nach dem Roman des 1905 mit dem Nobelpreis gekrönten Autors Hendrik Sienkiewics, Hanns Heinz Ewers' *Der Student von Prag* und einen Trickfilm von Guido Seebers. Filmgeschichtlich war *Quo vadis* der erste große Historienfilm, *Der Student von*

Tendenz: Film als Kunst

Prag eine Vorahnung des expressionistischen Films und der Trickfilm ein Vorgriff auf die abstrakten Produkte der Avantgarden. Die zeitgenössischen Debatten setzten jedoch einen anderen Akzent. Sie diskutierten den Wert von Literaturverfilmungen und eröffneten damit die Diskussion um den eigenständigen Kunstwert des Films.

Was ist Film als Kunst?

Zusammen mit den von Anton Kaes in der Anthologie *Kino-Debatte* edierten Texten zum Verhältnis von Literatur und Film – in der Anthologie datieren auffällig viele Beiträge wie im *Kinobuch* auf das Jahr 1913 – lässt sich ein Paradigma im Nachdenken über den Film erkennen: Der erste Schritt ist defensiv und verteidigt die Kunstgattungen Literatur und Theater gegen den Dilettantismus des Films, der mangels Wort bzw. körperlicher Präsenz die etablierten Medien niemals erreichen könne. Indirekt schlägt sich die Arroganz gegenüber dem Massenvergnügungsmittel in den – niemals realisierten – Drehbüchern der Autoren des *Kinobuchs* nieder, die fast ausnahmslos auf das Kolportagevergnügen und den Traumcharakter des Films abheben, nicht ohne damit zu kokettieren und lustvoll zu experimentieren. Der zweite Schritt arbeitet aus der Abgrenzung gegen Literatur und Theater, vereinzelt auch Malerei und Fotografie, die eigene Ästhetik des Films heraus. Erst in der Zusammenschau aller Beobachtungen und Argumente ergeben sich die Koordinaten einer Gattungsbestimmung des Films als exemplarischem Kunstmedium der Moderne: Film ist ein Artikel der Massenkultur im industriellen Zeitalter, er ist mit Walter Benjamins einschlägigem Titel *Das Kunstwerk im Zeitalter seiner technischen Reproduzierbarkeit*, und er ist als Objekt der Schaulust Exponent des neuen visuellen Zeitalters.

Film und Kulturrevolution – die Avantgarden

Positiv verstanden, stimmen diese Koordinaten mit den kulturrevolutionären Vorstellungen der künstlerischen Avantgarden überein, die mit der Umwälzung der tradierten Formen der Kunst auch deren überkommenen elitären Charakter aufzuheben strebten. Tatsächlich findet man entsprechende programmatische Vorstellungen in den emphatischen Manifesten der italienischen Futuristen, in den Konzepten der russischen Filmavantgarde und – bei Walter Benjamin. Während Filippo Tommaso Marinetti dabei in gewohntem Rundumschlag vom „futuristischen Kinematographen" nichts weniger als die „fröhliche Deformation des Universums" erwartete, die alle Experimente der modernen Kunst in sich vereinigen solle und mit der Kunst die Menschheit gleich mit befreien würde, nahmen sich die Entwürfe Dziga Vertovs und Sergej Eisensteins als Hauptvertreter der russischen Moderne, die vor allem selbst Filme drehten, konkreter und realistischer aus. Mit den Futuristen gemeinsam hatte Vertov die Technikeuphorie, mittels derer er der Kameraführung und der Montagetechnik eine neue Leistung zur analytischen Erfassung und Umformung von Wirklichkeit zutraute, bei der letztlich filmische Darstellung und Realität ineinander aufgehen. Montage und Bewegung sind die Schlüsselbegriffe seiner Produktions- und Rezeptionstheorie, ähnlich wie bei Eisenstein, der jedoch eine direkte Analogie von sich steigernder „dialektischer Montage" und Bewusstseinsprozessen beim Zuschauer favorisierte. Diese Konzepte verstehen sich diametral entgegen der Illusionstechnik des Films, die ja ein wesentliches Moment seiner kulturkonservativen Ablehnung bildet. Solange der Zuschauer nach altem kathartischen Prinzip vorsätzlich seelisch gefangen wird, ist er auch vorsätzlich verführbar.

Daher stellt Benjamin nicht als Künstler, sondern als Philosoph die Relation von Technik, Kunst und deren gesellschaftliche Reproduktionsbedingungen in einen prinzipiellen Zusammenhang. Sein 1936 bereits mit den Erfahrungen des Faschismus entstandener Aufsatz *Das Kunstwerk im Zeitalter seiner technischen Reproduzierbarkeit* entwickelt die mit dem Film gegebene Gefahr und Potenz, das neue Medium zu den alten, auratischen Kunstwerken angemessenen Bedingungen kontemplativ zu konsumieren oder aber als Chance zur Einübung neuer Wahrnehmungstechniken zu nutzen. Mit Schock, Montage, Wechsel der Einstellungen vermag der Film ein künstlerisches Äquivalent zu den allgemeinen kulturellen Wahrnehmungsformen zu bieten und den Kracauerschen „Kult der Zerstreuung" gerade nicht als Kompensation, sondern – mit Brecht – als nichtaristotelische Rezeptionshaltung zu entwickeln.

Potential einer neuen Rezeptionshaltung

Der enge Konnex von Filmästhetik und Filmrezeption ist für alle frühen Filmtheorien charakteristisch, wenn auch, berechtigt, der Kurzschluss von „Progressivität" der Filmkunst und der Befreiung der Massen eher bezweifelt oder ganz ausgeblendet wurde. Unbestritten der Benjaminschen Bejahung des Films als Nicht-Kunst – und neben ihm, anders, nur noch Kracauer –, wenden sich stattdessen die theoretischen Köpfe unter den Cineasten dem Film als Kunst und somit den Eigenheiten der Filmästhetik zu.

3. Film – Koordinaten einer systematischen Gattungsbestimmung

Bevor die elaborierten Filmtheorien im Einzelnen in den Blick kommen, sollen die Elemente einer Gattungsbestimmung des Films im engeren Sinn vorweggenommen und zusammengefasst werden. Ihr Ansatz ergibt sich aus dem erwähnten Konkurrenzverhältnis des Films zum Buchmarkt und zum Theater, die den Künstlern selbst Anlass zur Reflexion über die traditionellen Künste im Vergleich zur Filmkunst wurden. Jenseits einer generellen Einordnung des Films in einen ästhetischen Wertekanon zwischen E- und U-Kunst orientierten sich Kontrastierungen mit den Gattungen der Kunst an deren traditionellen Kategorien. Das wichtigste Paradigma hatte bereits Lessing 1766 in seiner *Laokoon*-Schrift vorgegeben, als er Literatur als Extension in der Zeit und Malerei als momentane Konzentration im Raum definierte. Indirekt daran anknüpfend, hatten die Theoretiker des Theaters sich seit Richard Wagner darin überboten, dieses nicht allein als Synthese dieser beiden Eigenschaften zu erkennen, sondern mit der Einbeziehung von Tanz sowie Musik als Gesamtkunstwerk und mithin Gipfel der Künste zu feiern. Mit der Trendwende in der Beurteilung des Films vom Kitsch zur Kunst lag es daher nahe, nach der schließlichen Bereicherung des Films mit Ton und Farbe eine neuerliche Prioritätenfrage aufzuwerfen, konnte der Film doch fast alles auch und scheinbar besser, was Theater vermochte: Darstellung von Körpern, Vorführung einer Handlung, bildliche Ausstattung, Untermalung mit Musik.

Film im Ensemble der Künste

Zu Beginn des Jahrhunderts hatte der Vergleich des Films mit dem Theater jedoch andere Gründe. Mit der nachnaturalistischen Moderne vollzog sich

Abkehr vom Realismuspostulat

in allen Künsten ein Umbruch, der sich als Abkehr vom mimetischen Prinzip zusammenfassen lässt und in der Gattungsreflexion zugleich eine Besinnung auf das Wesen von Kunst evozierte. Die vielfältigen Antworten finden ihren gemeinsamen Nenner in der Abkehr vom Realismuspostulat im Sinne der eigenständigen, die Wirklichkeit überschreitenden Kunstwelt. Die Theateravantgarde partizipierte an dieser Entwicklung mit der u. a. der Sprachskepsis der Moderne geschuldeten Abwertung des gesprochenen Wortes zugunsten der Körpersprache, der Lichteffekte, der Raumgliederung. Diese Theaterwelten wollten den empirischen Raum und die empirische Zeit, beides seit Aristoteles die Basiskategorien theatralischer Repräsentation, überschreiten. Vergleicht man die in den ersten beiden Dekaden des 20. Jahrhunderts verfassten Theatermanifeste mit den Möglichkeiten des Films, liegt die Schlussfolgerung nahe, Film an den Grenzen jener Kunstform beginnen zu lassen.

Licht – Raum – Zeit

Drei Schlüsselbegriffe teilen die innovativen Theaterentwürfe mit dem Film: Licht, Raum und Zeit, genauer: die surrealen Wirkungen der Illuminationstechnik, die Aufhebung des homogenen Raums und die Auflösung der Kontinuität der Zeit.

Was anderes ist Film? – Von seiner technischen Basis her Licht-Spiel, von seiner Bildkadrierung her Raumdekonstruktion und -entwurf, von seiner Montagetechnik her Neuordnung von Zeit. Genau diese Kategorien konstituieren die Ästhetik des Films, wie sie seit seiner Anerkennung als eigenständiges Kunstwerk erörtert wurde. Das Theater hat sich damit bekanntlich nicht erledigt. Seine bleibende physikalische Leitdifferenz ist die dritte, also räumliche Dimension, die philosophische heißt mit allergrößtem Anspruch: Leben und Tod. Ins Ästhetische übersetzt, bedeutet diese Dimension des Theaters die Unterscheidung der momentan-körperlichen Realität des Theaterspiels von der imaginären Gegenrealität des Films. Diese imaginäre Gegenrealität ist die vierte Dimension des Films.

II. Filmtheorien

1. Frühe Filmtheorien

Frühe Filmtheorien lassen sich durch zwei Kriterien zeitlich eingrenzen. Sie setzen ein mit dem Aufkommen des Langfilms und der damit unabweisbar gewordenen eigenen künstlerischen Qualität des Films, und sie enden mit dem Abschluss der Ära Stummfilm. Der Stummfilm steht zugleich für die „Reinheit" der ästhetischen Eigenart des Films als ausschließlich visuelles Medium, das im Vergleich zum Theater das Paradox verwirklicht, in der fotografischen Abbildung von Realität gleichwohl eine nichtmimetische und darin avantgardistische Kunst zu etablieren. An dieser Qualität des Films entwickelte der deutsche Psychologe Hugo Münsterberg, der 1897 einen Ruf an die Harvard-Universität annahm, eine der ersten modernen Filmtheorien. Sie erschien 1916 kurz vor Münsterbergs Tod in den USA unter dem programmatischen Titel *Das Lichtspiel. Eine psychologische Studie*, geriet u. a. wegen der im Ersten Weltkrieg für Amerikaner obskuren deutschen Herkunft ihres Verfassers in Vergessenheit und wurde erst 1970 neu publiziert.

Filmtheorie zwischen Langfilm und Tonfilm

Bei Münsterberg findet man die geradezu euphorische Wendung, die den Film nunmehr zur Kunst nobilitierte, in exemplarischer Verbindung mit dem modernen Kunstverständnis und seinen theoretischen Quellen. Zweck der Kunst, so Münsterberg, sei nicht die Nachahmung, sondern die Umformung der Realität. Als Psychologe geht er mit den modernen Kunsttheorien darin konform, dass er sich bei der ästhetischen Umformung von Wirklichkeit auf die Wahrnehmungspsychologie stützt. Ernst Mach und Henri Bergson beeinflussten bekanntlich sehr stark ein neues Kunstverständnis, das – mit dem wegweisenden Titel von Wilhelm Worringer *Abstraktion und Einfühlung* – im Blick des Künstlers bei der Anverwandlung von äußerer Realität „Abstraktion" vor „Einfühlung" in das Objekt der Betrachtung setzte. In diesem Verständnis ist ein Kunstwerk ein Unikat, in dem die subjektive Wahrnehmung des Künstlers der Realität ihre unter der Oberfläche der Erscheinungen verborgenen Gesetze entreißt.

Münsterberg: erste Wahrnehmungspsychologie des Films

Im Unterschied zu dieser produktionsästhetischen Bestimmung, die sich an bildender Kunst und Literatur orientiert, erkennt Münsterberg beim Film den zwingenden Konnex von Produktions- und Rezeptionsästhetik. Seine Filmtheorie verlegt die Wahrnehmungsanstrengung des Künstlers auf die psychische Aktivität des Zuschauers, die freilich erst von der Ästhetik des Films freigesetzt und gefordert wird. Um diese plausibel zu machen, räumt er zunächst mit den am „primitiven" frühen Film belegten Vorurteilen auf, Film reproduziere Realität. Er reagiert damit erstaunlich rasch auf die technischen Neuerungen von Großaufnahmen, Ortswechseln, Zeitsprüngen und Parallelmontagen, wie sie erst 1915 D. W. Griffith in seinem grandiosen Erfolgsfilm *The Birth of a Nation* eindrucksvoll demonstriert hatte. Münster-

Verbindung von Produktions- und Rezeptionsästhetik

berg erfasst, dass der Film mit seinen Möglichkeiten der Manipulation von Raum und Zeit eine Wirklichkeit nicht darstellt, sondern suggeriert, und dem Zuschauer äußerste Konzentration abverlangt, denn: Er kann sich nicht einfach auf das Abgebildete einlassen, sondern muss das Nicht-Gezeigte ergänzen. Film zeigt und zeigt nicht, d. h. erfordert die imaginäre visuelle Ergänzung des bei Großaufnahmen ausgeblendeten ganzen Körpers, den Bezug zwischen einem durch Einstellungswechsel erzeugten Sprung zwischen zwei Räumen, den Sprung zwischen gleichfalls durch Einstellungswechsel vorgestellten Zeiten und schließlich die Simultanität zweier Zeitabläufe. Vor- und Rückblende ermöglichen die Darstellung eines großen Zeitraums, ohne ihn in seiner Gesamtheit vorführen zu müssen. Insgesamt erfährt die in dieser Weise fragmentierte Narration erst im Bewusstsein des Zuschauers zeitliche Kontinuität und räumliche Ganzheit.

Aktivität des Zuschauers — Münsterbergs Rezeptionsästhetik des Films ist im Unterschied etwa zur Benjaminschen Ästhetik, die auf Distanz und Reflexion setzt, eine Einfühlungsästhetik, ohne den Film dabei als manipulierendes Illusionsmedium zu definieren. Vielmehr legt Münsterberg Wert auf die Freiheit der filmischen Darstellung von den der physischen Wirklichkeit anhaftenden Gesetzen von Raum, Zeit und Kausalität. Sein Schlüsselbegriff heißt Suggestion und meint damit nicht die Suggestion von Realität, wie sie die Illusionsästhetik favorisiert, sondern die vom Film ausgehende Suggestion des Zuschauers, die seine psychische Aktivität mobilisiert. Suggestionen funktionieren wie Erinnerungen oder Phantasien, indem sie der Psyche ein Objekt anbieten, an dem diese ihre Assoziationen entzünden kann. Folgerichtig grenzt Münsterberg den Film in allen seinen wesentlichen Elementen vom Theater ab, weil er mit Ausnahme des gesprochenen Worts über alle Darstellungsmittel des Theaters verfügt und – sie gegensätzlich verwendet. Sein Hauptargument besteht darin, dass Theater eine Wirklichkeit räumlich und zeitlich ganzheitlich repräsentiere, während diese Ganzheitlichkeit im Film erst durch eine Übersetzungsleistung von der Wahrnehmung in die Vorstellung geleistet wird.

Licht – die „Musik des Films" — Zugleich scheint die frühe Begeisterung über die „bewegten Bilder", in der sich die Faszination der ersten Kurzfilme erschöpfte, hier zum eigentlichen Wesen des Films gesteigert. Nicht umsonst spricht Münsterberg schon im Titel vom „Lichtspiel". Der Begriff vereint für ihn die Eigenschaft des Films, im freien Spiel des fast transzendenten Mediums Licht die Bewegung und den Rhythmus einer vom Zufälligen und Empirischen gereinigten Wirklichkeit zu entfalten. Münsterberg vergleicht den Film mit Musik, doch bei solcher Emphase der Freiheit im ästhetischen Spiel drängt sich die Assoziation der dem Film noch sehr fernen Kunsttheorie Schillers genauso auf wie die näher liegende Filmtheorie der russischen Filmpioniere.

Analogien zum Montagebegriff der russischen Theoretiker — In der Tat hat Münsterberg vieles von Dziga Vertov, Sergej Eisenstein und Vsevolod Pudovkin vorweggenommen, ohne ihren programmatischen Leitbegriff zu benutzen. „Montage" heißt ihr Zauberwort, mit dem sie den Film schlechthin definieren. Angeregt von Griffiths Filmepen, die bereits mit der Parallelmontage brillierten, erkennen sie in der dem frühen Film noch völlig fremden Technik des Filmschnitts seine ureigene künstlerische Qualität. Ihre Essays über den Film betonen allesamt den mit der Montage gegebenen schöpferischen Umgang mit Raum und Zeit, der nicht allein künstlerischer

Selbstzweck ist, sondern für die russischen Theoretiker konform geht mit einer damals noch lustvollen gesellschaftlichen Experimentierfreude. Die frühe Sowjetunion war für kurze Zeit eben nicht nur ein offenes Feld sozialer Umwälzungen, sondern auch für die Künstler, die sich eins glaubten mit dem großen Projekt. Entsprechend verwehrt sich Eisenstein gegen den Vorwurf des „Formalismus" als Synonym für eine L'art-pour-l'art-Ästhetik, die er gewiss nicht im Sinn hatte. Vielmehr galt ihm wie Pudovkin oder Boris Ejchenbaum die Filmmontage als eine Erkenntnishilfe für den Zuschauer, die gezeigten Ausschnitte von Wirklichkeit waren „richtig", das heißt, den unter der Oberfläche des Sichtbaren existierenden Gesetzmäßigkeiten entsprechend zusammenzufügen. In dieser Hinsicht scheuen die drei weder die Erkenntnisabsicht noch die technische Gemachtheit der Filmkunst, sondern stellen beides explizit heraus. Anders jedoch als die frei schwebenden Phantasien der ebenfalls technik- und revolutionsbegeisterten Futuristen ist ihr vom Film geschaffener Wirklichkeitsentwurf sehr bestimmt. Im Vertrauen auf die gesetzmäßige Entwicklung der Gesellschaft wollten sie im Film keine Gegenwirklichkeit und schon gar keine Kompensation zur bestehenden gesellschaftlichen Erfahrung stiften, sondern ein tieferes Verständnis der Realität selbst.

Die Filmessays der russischen Theoretiker entstanden in der Mehrzahl während der 1920er Jahre als Beiträge einer gemeinsamen Verständigung über „das Wesen des Films", das bei allen individuellen Akzenten im Prinzip der Montage herausgearbeitet wurde. Vertovs Titel *Wir. Variante eines Manifests* (1922) und *Kinoki – Umsturz* (1923) spiegeln am deutlichsten den kulturrevolutionären Impetus der Filmenthusiasten, während Eisenstein mit *Montage der Attraktionen* (1923), *Dramaturgie der Film-Form* (1929) und *E! Zur Reinheit der Kinosprache* (1934), Pudovkin mit *Filmregie und Filmmanuskript* (1928) und *Über die Montage* (noch Anfang der 1940er Jahre) sowie Ejchenbaum mit *Probleme der Filmstilistik* (1927) und Jurij Tynjanov mit *Über die Grundlagen des Films* (1927) sich detailliert der Ästhetik des Films zuwenden (alle hier zitierten Titel folgen der von Albersmeier herausgegebenen Anthologie *Texte zur Theorie des Films* (2003)).

Wissenschaftliche Begründung der formalistischen Ästhetik

Der ausdrückliche Rekurs auf gesellschaftliche Prozesse, der Wunsch, dass der Film sie begleite, spiegele und befördere, zeigt sich besonders in der Schlüsselstellung des Begriffs „Dialektik" bei Eisenstein. Wie der Terminus in der Theorie des Sozialismus den gesetzmäßigen Charakter gesellschaftlicher Prozesse zu fassen sucht, so soll er das Wesen der Filmmontage objektivieren. Eisenstein beruft sich auf die soziale Mission der Kunst und legt Wert darauf, dass der Film Realität nicht naturalistisch abbilde, sondern ein Bewusstsein von Realität erzeuge. In seinem idealtypisch antithetischen Aufbau soll Film Konflikte analog der Wirklichkeit zeigen und aus dem Zusammenprall der Antithesen ein Drittes erzeugen. Das Bemühen um wissenschaftliche Exaktheit zeigt sich sowohl im Begriff der Logik als auch in der beständigen Rückversicherung der naturwissenschaftlichen und technischen Basis des Films. So setzt Eisenstein zwar – er argumentiert am Theater, es ist aber auf den Film übertragbar – auf die emotionale Erschütterung des Zuschauers, will sie aber experimentell überprüfbar und mathematisch berechenbar wissen. Er spricht von den optischen Grundlagen und von „Filmmolekülen". Gleichwohl ist seine Theorie dezidiert eine aus Werkana-

Der Schlüsselbgeriff „Dialektik"

lyse und Wirkungsabsicht kombinierte Ästhetik des Films, die er in seinem Filmschaffen umsetzte und diesem einen bis heute eindrucksvollen Erfolg gesichert hat.

Eisensteins „Montage der Attraktionen"

Auch bei Eisensteins Theorie kann man sich an Eisensteins Termini orientieren. Sie greifen zum einen auf das Vokabular des Theaters zurück und vergleichen wie andere Theoretiker Film mit Theater. Eisensteins Begriff der Dramaturgie des Films jedoch grenzt das neue Medium nicht einfach vom überkommenen ab – er begann seine künstlerische Karriere übrigens als Theaterregisseur und argumentierte also auch hier als Kenner der Praxis –, sondern verbindet den Begriff mit der Strenge seines dem Film vorbehaltenen dialektischen Formprinzips. Ganz anders als beim Theater demonstriert er am Beispiel seines *Bronenosez Potemkin* (*Panzerkreuzer Potemkin*, 1925) die Bildkomposition als „Mise en Cadre" von „Attraktionen", die im dialektischen Dreischritt auf Erkenntnis und ideologische Schlussfolgerungen zielen. Aus heutiger Sicht wäre hinzuzufügen, dass Eisenstein im Sinne der Theorie des Sozialismus ganz selbstverständlich Wissenschaft und Ideologie nicht als Gegensätze auffasste. Das dramatische Verfahren der Montage steht mithin als Inbegriff für Eisensteins Filmkonzept und ist am ehesten vielleicht mit Benjamins ursprünglich an Baudelaires Lyrik entwickeltem und dann auf den Film übertragenen Schock-Begriff als Wahrnehmungsmodus der Moderne verwandt. Wenn Eisenstein sich damit explizit von Pudovkins „epischer" Montagedefinition abgrenzt, die ähnlich wie bei Münsterberg auf die Ergänzung von sukzessive abrollenden Bildfragmenten abhebt, und Pudovkin zugleich seinen Begriff der Dialektik schlicht an das Phänomen Bewegung koppelt, also einem streng philosophischen Anspruch nicht standhält, so ist zumindest Eisensteins Sprache näher am Epischen als seine Idee es zugesteht.

Analogien von Film und Sprache

Zum anderen basiert Eisensteins um wissenschaftliche Exaktheit bemühte Terminologie wie bei anderen auf sprachwissenschaftlichen Begriffen. Sie sprechen von der „Kinosprache" (Eisenstein), der „Filmstilistik" (Tynjanov), der „Syntax" des Films (Ejchenbaum, Eisenstein) und der „Grammatik" des Films (Eisenstein). Die Nähe zu Sprache und Literatur hat der Film ohnehin mit dem Theater gemeinsam, so dass natürlich auch von der Fabel, der Handlung oder dem Sujet eines Films die Rede sein muss, zumal Romanverfilmungen und andere große Filmepen seit den 1910er Jahren auf dem internationalen Markt reüssierten. Diese Übersetzbarkeit der Medien ineinander ist allerdings nicht Eisensteins Punkt, wenn er keineswegs zufällig Film und Sprache vergleicht.

Der Zeichencharakter des Filmbildes

Es geht ihm zudem weniger um die gemeinsame Kategorie der Zeit als um eine der Sprache abgeschaute Theorie der Zeichen. Was bei Münsterberg schon angelegt ist und Tynjanov klar auf den Begriff bringt, hat bei Eisenstein wie stets eine ganz individuelle Note. Wenn Tynjanov nämlich ebenso fundamental wie beiläufig erklärt, das Filmbild verwandle die Dinge in Zeichen, so hat Eisenstein ganz bestimmte Zeichen im Sinn: die japanische Schriftsprache. Sie ist eine Hieroglyphik in der genausten Bedeutung des Wortes, indem sie laut Eisenstein aus zwei selbständigen ikonographischen, also bildlichen Zeichen einen Begriff „explodieren" lässt. Als Beispiele führt er an, dass das Zeichen für Auge und das Zeichen für Wasser zusammen „Weinen" bedeutet und die Summe – oder genauer: die dialektische Aufhebung – von Tür und Ohr „Lauschen" ergibt.

Auch der Rückgriff auf diese buchstäblich exotischen Exempel darf Eisensteins Theatervergangenheit zugerechnet werden, war doch das ritualisierte fernöstliche Theater eine modische Leidenschaft der Theateravantgarden, die Alternativen zum illusionistischen und psychologisierenden Texttheater des Naturalismus suchten. Entsprechend wollte Eisenstein ganz im Gegensatz zur tatsächlichen Wirkung seiner Filme Psychologie und Emotion dem Theater vorbehalten wissen und den Film streng intellektuell ausrichten. Die für heutiges Verständnis vielleicht aufdringliche Didaktik, die Eisenstein damit seinen Filmen zumutet, bleibt allerdings erträglich, weil sie eben nicht über das Wort transportiert, sondern von der Bildsemiotik getragen wird. Und darin besteht das heute interessanteste Moment seiner Filmtheorie: Nicht gegen oder trotz ihrer Emphase von Erkenntnis und Ideologie, sondern über sie führt diese Theorie eine nur dem Film eigene Zeichensprache der Bilder aus, die die Sinne und den Intellekt gleichermaßen ansprechen. Konzeptionelle Parallelen zu Brechts epischem Theater dürfen hier ebenso assoziiert werden wie, einmal mehr, Benjamins Überlegungen zur Kunst. Diese wiederum legt Ejchenbaum nahe, wenn er analog der Eisensteinschen Hieroglyphik in der Filmkunst eine besondere Form der Allegorie erkennen will – eine aus der Synthese von Bild und Begriff gewonnene Stilfigur, die Benjamin am Beispiel des Barock, aber mit Blick auf die Moderne, theoretisch völlig neu begründete.

Abgrenzung vom naturalistischen Theater

2. Die Ontologie des Films und das Realismuspostulat

Während Eisensteins Kunstform des Films scheinbar mühelos semiotische, kognitive und ästhetische Elemente miteinander verbinden konnte und gleichzeitig, wenn auch in seinen Filmen tendenziell deutlich angestrengt, der sowjetischen Staatsideologie und ihrer Kunstauffassung Rechnung trug, so mühten sich gleichsam per Selbstverpflichtung deutsche Filmtheoretiker am Realismuspotential des Films ab. Nicht bei allen – übrigens auch nicht bei Eisenstein – war der Begriff Programm. Als Fokus einer filmtheoretischen Reflexion hatte er jedoch bei Rudolf Arnheim, Béla Balázs und Siegfried Kracauer eine dreifache Bezugsebene: eine material-wahrnehmungsästhetische, eine kunstästhetische und eine – mit Ausnahme Arnheims – politisch-programmatische. Die ersten beiden Ebenen betreffen die bekannte Film-als-Kunst-Debatte, die die schon an der Fotografie diskutierte Entscheidungsfrage zwischen Abbildrealismus als Abbildnaturalismus und Kunst als Gegenentwurf zur Realität erörtert. Diese schon einmal zugunsten des Filmkunstwerks entschiedene Frage flammte beim Aufkommen des Tonfilms als vermeintlicher Rückfall in eine realitätsverdoppelnde Trivialität noch einmal auf. Bei Arnheim findet sich eine polemische Apologie des Stummfilms, die noch Spuren der Verteidigung des Films gegen seine ignoranten Verächter trägt. In Balázs' Essay *Der sichtbare Mensch* von 1924 und in Kracauers *Filmtheorie* mit dem Untertitel *Die Errettung der physischen Realität* von 1960, einem zusammenfassenden Werk seiner über Jahrzehnte praktizierten Filmreflexionen, weisen zudem schon die Titel auf die Erwartung hin, der Film vermöge seiner fotografischen „Beziehung" zur Realität etwas „Wirklichem" zu neuer, zukunftsweisender Sichtbarkeit verhelfen.

Realismus als Programm

Balázs: Der emphatische Realismusbegriff

Der seit 1919 in Österreich, später in Deutschland und von 1932–1946 in Moskau lebende Ungar Balázs verbindet mit dem Film eine große gesellschaftliche Utopie, indem er den mit dem Film evident gewordenen Paradigmenwechsel von der „Gutenberggalaxis" (Marshall McLuhan), also vom Zeitalter der Printmedien, zum visuellen Zeitalter als neues Medium von Wirklichkeitsdurchdringung und gesellschaftlicher Kommunikation feiert. Nichts weniger als die Schaffung eines „lebendigen und konkreten Internationalismus" (Balázs 2001, 22) durch den Kinematographen, indem durch die mimischen und gestischen Ausdrucksmittel des Filmschauspielers und seinen Verzicht auf Sprache der Blick auf das allen Menschen Gemeinsame gelenkt werde und damit körperliche und rassische Unterschiede der Menschen vergessen seien. Merkwürdig zu lesen beim ehemaligen aktiven Revolutionär, Volkskommissar der ungarischen Räterepublik und späteren Emigranten in der Sowjetunion, hat er damit „ein einheitliches Schönheitsideal als allgemeines Ziel der Zuchtwahl" (ebd.) im Sinn, das auf einen „einheitlichen Typus der weißen Rasse" (ebd.) abhebt. Bereits frühe renommierte Kritiker dieses und des 1930 folgenden Werkes *Der Geist des Films* bemerkten bei aller Wertschätzung des großen theoretischen Zuschnitts die gelegentlichen Reibungen und Verwerfungen zwischen Filmästhetik und marxistischer Gesellschaftslehre in Balázs' Argumentation. Dazu gehörte Siegfried Kracauer, aber auch Rudolf Arnheim, der auf den Materialcharakter der aus Beobachtungen, Rezensionen und filmästhetischen Beschreibungen zusammengestellten Bücher abhebt, wenn er pointiert resümiert: „Balázs gibt das vollständige Material zu einer unübertrefflichen Film-Ästhetik. Das Buch, das er nicht geschrieben hat, ist ausgezeichnet." (Arnheim 1974, 235) Für Widersprüche sorgen jedoch weniger der weltanschauliche Überschwang als einige Prämissen seines Kunstbegriffs, der einerseits ganz auf Ganzheitlichkeit und Aura zielt, andererseits von Technikemphase getragen ist.

Das „Wesen" der Oberfläche

Balázs, der auch Schriftsteller und Drehbuchautor war, geht den Film mit fundierter Praxiskenntnis zunächst werkästhetisch als visuelles Kunstwerk an und arbeitet seine Fähigkeit heraus, mit der Darstellung der Oberfläche der Dinge zugleich unter diese Oberfläche vorzudringen. Sein besonderes Augenmerk gilt der Großaufnahme und der Kameraeinstellung im Dienst der Psychologie und der Auffindung des Typischen im Individuellen. Zugleich erhellt Eisensteins polemisch über das Ziel hinausschießender Angriff auf Balázs' Filmästhetik durchaus die entscheidende Differenz zwischen beiden: Wo Eisenstein auf Schnitt und Montage setzt, fordert Balázs „lückenlose Kontinuität" (Balázs, *Der sichtbare Mensch*, 1924). Betont Eisenstein das Allegorische des Filmbildes, so verwirft Balázs mit einem recht engen Verständnis die Allegorie als unfilmisch. Solche unzeitgemäß anmutenden Verdikte gründen auf Balázs' kognitivem und zugleich essentialistischem Anspruch an das Bild, dem er im Unterschied zum Wort nichts weniger als die Aufhebung der Entfremdung des Menschen von seinem unmittelbaren Sein zutraut. – Fast folgerichtig, wenn auch vereinzelt fällt das in möglicher Unkenntnis verwendete Heideggersche Lieblingsverb „wesen", das für Balázs hier beinhaltet, in den Dingen ihre Bedeutung sichtbar zu zeigen. – Gerade Kracauer musste ihm hierin einen fundamentalen Irrtum bescheinigen, indem er in der neuen Sichtbarkeit des Menschen gerade die falsche, weil verdinglichte und eben nicht unmittelbare Konkretheit kapitalistischer Rationalisierung erkennt.

Balázs' Filmtheorie umfasst zusammen mit dem dritten, 1949 erschienenen Buch *Der Film. Werden und Wesen einer neuen Kunst* sowie mehreren einzelnen Essays zweieinhalb politisch wie künstlerisch bewegte Jahrzehnte, so dass Korrekturen, Blickverschiebungen und Uneinheitlichkeiten zwangsläufig zu erwarten sind. Ein durchgängiger Gedanke ist das seit *Der Geist des Films* so benannte Konstrukt vom „absoluten Film", in dem die Form den Inhalt tendenziell aufhebt. Hiermit treibt Balázs seiner Filmtheorie nicht nur jede potentiell missverständliche dokumentierende, abbildhafte Funktion aus, sondern öffnet sie zudem einer komplementierenden Rezeptionsästhetik. In diese integriert er ohne Weiteres – die Montage sowieso – abstrakte und surrealistische Filme, den Ton- und den Farbfilm, indem er sein wichtiges Theorem von der raumzeitlichen Kontinuität nicht etwa werkästhetisch der Totale aus einer einzigen Einstellung, sondern der Assoziationsfähigkeit des Zuschauers abfordert. Typik, Metapher und Symbol zu erkennen, eine Bildnarration zu komplettieren, zeitliche Kontinuität und räumliche Tiefe wahrzunehmen, sind „magische" Rezeptionsleistungen, die voraussetzen, dass das filmische Werk Oberfläche zeigt, Narration fragmentiert und die Ganzheitlichkeit des Raumes und der Zeit aufhebt. In diese komplexe Auffassung passen die surrealistische Nähe von Film und Traum dann ebenso wie die auch von anderen Filmtheoretikern hervorgehobene Identifikation des Zuschauerauges mit der Kamera. Mit dem Film schafft sich der Zuschauer seine eigene Realität und letztlich sich selbst. So vermag Balázs seine ästhetische Utopie vom Film als modernes, seinem Wesen nach kulturrevolutionäres Massenmedium aufrechtzuerhalten.

Balázs: der „absolute Film"

Gegenüber Balázs' Monumentalmosaiken zum Film weist Rudolf Arnheims 1932 publiziertes Opus *Film als Kunst* eine größere Stringenz und Geschlossenheit auf. Sie ergibt sich aus Arnheims zur Neuauflage 1974 noch einmal bekräftigten Überzeugung, dass die Filmproduktion zwar von politisch-weltanschaulichen Gesichtspunkten beurteilt werde, diesen aber die formale Analyse unbedingt vorausgehen müsse. Arnheim, der von 1928 bis 1933 Redakteur der *Weltbühne* war und 1939 ins politische Exil ging, kann dabei gewiss nicht als unpolitischer Denker aufgefasst werden. Jedoch weisen schon seine Arbeiten zum Film die Richtung auf sein 1954 in den USA publiziertes Hauptwerk *Art and Visual Perception. A Psychology of the Creative Eye* (*Kunst und Sehen*, 1954). Arnheim legt hier anhand der visuellen Künste eine umfassende Wahrnehmungstheorie des Optischen vor, für die allerdings der Film um 1930 das entscheidende Medium der Reflexion abgab. Denn Arnheim legt seine Analyse unter dem Einfluss des seit 1929 international dominant gewordenen Tonfilms vor, zu einer Zeit also, da dieser sich noch in der Experimentierphase seiner technischen Möglichkeiten befand und die Filmtheorie ihrerseits ihren ersten Höhepunkt der Ausarbeitung einer den Film generalisierenden Ästhetik des Stummfilms erreicht hatte.

Arnheim: Priorität der formalen Qualität

In dieser Perspektive greift er nach Münsterberg und aus Unkenntnis ebenso wie dieser die bekannte Frage nach der Differenz zwischen Wirklichkeits- und Filmbild auf, um den Film systematisch Punkt für Punkt gegen den Vorwurf der Dokumentation von Realität zu verteidigen. Daher betont

Wirklichkeitsbild und Filmbild

er eingangs alle, wenn nicht illusionistisch-augenscheinlichen, so doch reflektierbaren Unterschiede, die zunächst die alltägliche Wahrnehmung von der filmischen Wahrnehmungsvorgabe unterscheiden. Er insistiert dabei auf die „Materialeigenschaften" des Films. Sie suggerieren, so Arnheim, in der Fläche räumliche Tiefe, verändern Größen- und Formkonstanz, begrenzen das Sehbild, reduzieren die Farbwahrnehmung auf Schwarz-weiß und unterbrechen das raumzeitliche Kontinuum. Seine Leitkategorie bleibt die illusionistische Funktion des Films, die sich allerdings per Kameravermittlung fundamental von der Wahrnehmung der Wirklichkeit unterscheide und die umso perfekter erreicht werde, je klarer der Film den Eindruck einer nur aufs Visuelle gegründeten Ganzheitlichkeit hervorrufe. Diese bezieht sich sowohl auf die raumzeitliche Kontinuität als auch auf die Ergänzung der Bildfolge durch die nichtoptischen Sinneseindrücke, die über das Visuelle zu vermitteln sind. Anders als bei Münsterberg steht aber bei Arnheim nicht die dadurch geforderte psychische Aktivität des Zuschauers im Mittelpunkt seines Interesses, sondern der produktionsästhetisch aufgefasste „Kunstwert" des Films, den er nach der „Reinheit" des dominierenden Ausdrucksmittels Bewegungsbild bemisst.

Film – keine Verdoppelung der Realität

Interessant ist dabei, wie Arnheim aus dieser systematischen Herausdifferenzierung der nichtoptischen Sinneswahrnehmungen Geruchs-, Gleichgewichts- und Tastempfindung aus dem Film die neuen Qualitäten Ton (Geräusch, Musik) und Sprache, die er nochmals korrekt voneinander abgrenzt, als Bestätigung seines Ansatzes auffasst. Sein 1938 publizierter Aufsatz *Neuer Laokoon. Die Verdoppelung der künstlerischen Mittel, untersucht anlässlich des Sprechfilms* greift die am Ende seines Filmbuches behandelte Ablehnung des „Komplettfilms" eigens noch einmal auf, um den Kunstfilm gegen den gleichsam naiven, die Realität schlicht verdoppelnden Effekt des gängigen Sprechfilms zu verteidigen. Eine Parallele zu Eisenstein ergibt sich, wenn er vom Film nicht ein alle künstlerischen Mittel potenzierendes Gesamtkunstwerk erwartet, sondern den gezielten – bei Eisenstein darüber hinausgehend kontrapunktischen – Einsatz der Bild-, Montage- und Tonelemente.

3. Filmtheorie als Philosophie: Siegfried Kracauer

„Kunst im Film ist reaktionär"

Von Siegfried Kracauer liegen zwei geschlossene filmtheoretische Werke vor, die beide im amerikanischen Exil entstanden, dort erstveröffentlicht wurden und ihren materialen Fokus sowie ihre theoretischen Prämissen aus Kracauers Zeit als Redakteur und Filmkritiker der Frankfurter Zeitung (von 1921 bis 1933) beziehen. Im Rückblick auf die Weimarer Republik und ihr Ende erschien 1947 *From Caligari to Hitler. A Psychological History of the German Film* (*Von Caligari zu Hitler. Eine psychologische Geschichte des deutschen Films*, 1960), eine systematisch zusammengefasste Sammlung von Kritiken zum deutschen Film bis 1933, an der sich bis heute die Filmtheoretiker reiben. 1960 veröffentlichte er als Bilanz seiner Jahrzehnte währenden Auseinandersetzung mit dem Film *Theory of Film. The Redemption of Physical Reality* (*Theorie des Films. Die Errettung der äußeren Wirklichkeit*, 1964), ein Werk mit einem gleichermaßen programmatischen wie Widerspruch herausfordernden Titel. Mit Bezug auf die referierten frühen Filmtheorien kann daraus seine provozierende kontrapunktische Hauptthese an den Anfang gestellt werden, nach der Kunst im Film reaktionär ist. Im Unterschied zu allen Bestrebungen, den eigenständigen und alle traditionellen Künste übertreffenden Kunstwert des Films herauszustellen, insistiert Kracauer auf der Eigenschaft des Films als Massenmedium der Moderne, keine Kunst zu sein. Damit polemisiert er gegen einen idealistischen Kunstbegriff, der auf Ganzheit ausgerichtet sei und darin dem Werk eine ideologische Vorgabe voraussetze, die die herrschende Abstraktheit der Realität unterstütze. Wenn man Kracauer damit zu Recht neben andere (Kunst-)Theoretiker der Moderne setzt, so haben seine im Untertitel der Filmtheorie postulierte *Errettung der äußeren Wirklichkeit* und der damit eingeforderte Realismus des Films dafür gesorgt, ihn – teils zu Unrecht – den Traditionalisten zuzuschlagen.

Tatsächlich ist Kracauers Filmtheorie einer genauen Analyse wert. Die Missverständlichkeit beginnt mit der zugespitzten und daher leicht revidierbaren These des ersten Filmbuches, nach der ein direkter Zusammenhang zwischen dem Irrationalismus des expressionistischen deutschen Films und dem Irrationalismus der nationalsozialistischen Ideologie bestehe. Genauer formuliert, bezieht Kracauer Film und Geschichte auf eine gemeinsame mentale Disposition der deutschen Mittelschichten zwischen dem Ende des Ersten Weltkrieges und Hitlers Machtergreifung. Diese Epoche ist bekanntlich gekennzeichnet durch die von Inflation und Wirtschaftskrise neu genährte Katastrophenerfahrung, durch eine allgemeine soziale und psychische Verunsicherung in Zeiten größter politischer Instabilität sowie durch den dadurch bedingten Zusammenbruch metaphysischer Gewissheiten. Als typisch deutsch bestimmt Kracauer die darauf reagierende psychische Empfänglichkeit für alles Dunkle, Mystische und Mysteriöse zusammen mit einem starken Autoritätsbedürfnis. Der zeitgeschichtlich höchst aktuelle mentalitätsgeschichtliche Zugriff ist dabei die eine, erhellende Seite der Kracauerschen Zeitdiagnose, die deterministische Deutung als präfaschistisch die andere, in ihrer hier vorgetragenen Stringenz und Ausschließlichkeit anfechtbare Seite. Noch einmal anders als die historische liegt die spezifisch filmtheoretische Problematik, die sich aus Kracauers Parallelisierung von Mentalitätsgeschichte und Medienpräsentation ergibt.

<small>Eine missverständliche These</small>

Zunächst muss klargestellt werden, dass Kracauers späterer, allgemeiner Begriff von Ideologie als idealistische Ingredienz des ganzheitlichen Kunstwerks hier noch nicht greift. Stattdessen operiert er implizit mit einem Verständnis von Ideologie, das mit der generell kritisierten kleinbürgerlichen deutschen Mentalität kongruiert. Dieser Ansatz gibt seinen Filmbetrachtungen den Maßstab vor. Will man Kracauers Perspektive generell verwerfen, so findet man als Beleg in der beeindruckend großen Anzahl der Filmbesprechungen genügend Beispiele, bei denen er Inhalte, Sujets und Figuren ausschließlich ideologiekritisch interpretiert. Man findet aber ebenso eine Fülle von formalen Analysen, in denen er mentale Figurationen erkennt, aus denen er seine eigentlichen psychologischen Auslegungen gewinnt – seien es die suggestiven Effekte der Kreisblende, der beweglichen Kamera, der Montage, des Rhythmus, der Großaufnahmen oder des Lichts. Wenn Kracauer einleitend Filme als „sichtbare Hieroglyphen" (Kracauer 1979) ver-

<small>Ideologiekritik und Formanalyse</small>

standen wissen will, die die dargestellte Realität zugleich verschlüsseln und enthüllen, erweist er sich in seinen Kritiken als Meister der Hieroglyphendeutung. Sein Fazit hat er im Titel *Die Errettung der äußeren Wirklichkeit* zusammengefasst.

Die Hieroglyphe als Brücke zwischen Semiotik und Soziologie

Der als Schlüssel zum Verständnis des filmischen Mediums eingeführte Terminus Hieroglyphe zeigt dabei nicht nur an, dass man den bekennenden Realisten Kracauer nicht im Gegensatz zu semiotischen Auffassungen setzen muss, sondern schlägt auch die Brücke zum Soziologen Kracauer. Mit seiner Deutung von Oberflächenphänomenen der Realität bewegt er sich in der Nähe von Simmel und Benjamin, um nur zwei der zeitgenössisch wichtigen Kulturphilosophen zu nennen, und teilt mit anderen die Beobachtung des Ornamentalen an den Erscheinungsbildern sozialer Wirklichkeit. In seinem Essay *Das Ornament der Masse* (1927) analysiert er am Beispiel der Tiller-Girls, einer amerikanischen Varieté-Tanzgruppe, die Auflösung ganzheitlicher Körper und Identitäten in einem Massenkörper, dessen Bewegungen von außen geleitet sind. Kracauer erkennt in ihnen den Takt der kapitalistischen Rationalisierung, wie in der Geometrie des Ornaments überhaupt die zur sichtbaren Oberfläche gewordene Realität von Entfremdung. Mit der Kulturindustrie einschließlich Film und dem Sport als Massenvergnügungsmittel hat diese Formulierung das ethisch-philosophische Charakteristikum „Oberflächlichkeit" gemeinsam, insofern im „Kult der Zerstreuung" eine Kompensationsform zum entfremdeten Arbeitsalltag zelebriert wird. Dem gibt sich die Masse insbesondere im Kino hin, wenn sie dort Zuflucht vor der Realität sucht und in gefühlsgeladenen Schein-Welten auch findet. Im Bedeutungsfeld von „Oberfläche" und „Äußerlichkeit" hat Kracauers Kulturkritik ihren essentiellen Punkt, indem hier das „Außen" nicht in einen Gegensatz zum „Innen" gebracht und die „Erscheinung" als Umkehrung des „Wesens" verstanden wird, sondern eben in dieser Erscheinung das Wesen von Verdinglichung und Entfremdung unmittelbar sichtbar macht. In dieser Perspektive werden nicht allein Kracauers Deutungen etwa der Massenornamente im expressionistischen Film evident, sondern auch ihre Entsprechungen in den ästhetisch durchkonzipierten Massenaufmärschen, wie sie in der nationalsozialistischen Ära zum Mittel der politischen Repräsentation wurden. Alltägliche Verbreitung erfuhren sie aber bekanntlich vor allem durch ihre filmische Dokumentation à la Riefenstahl.

Die materiale Qualität der äußeren Wirklichkeit

Nicht in der Verbreitung bestimmter Inhalte, sondern in der suggestiven Möglichkeit des Films wurzelt Kracauers prinzipielle Kritik an „Film als Kunst", wie er sie in seiner Filmtheorie entwickelt. Analog zu seiner Darstellung des modernen Kulturphänomens Oberfläche versteht Kracauer den Film als das zeitgemäße Massenmedium, weil er sich von seinen materialen Voraussetzungen her an diese Oberfläche halten muss. Auf seiner fotografischen Grundlage ist er prädestiniert, „äußere Wirklichkeit" zu zeigen und ihr Wesentliches sichtbar zu machen. Mit der Absetzung des Films von Theater und Roman bestimmt Kracauer das eigentlich Filmische: Es dürfe weder, wie der Roman, eine kontinuierliche Ganzheit anstreben noch, wie das Theatralische, Tragik vermitteln. Beides nämlich setze einen idealistischen Fluchtpunkt der Deutung voraus, während das Filmische Realität erst erforsche. Nach Kracauer besteht von Beginn an die Konkurrenz der „realistischen" mit der „formgebenden" Tendenz in Gestalt der frühen Filmschöpfer Lumière und Méliès. Letzterer brachte die Theaterillusionen und die Spielhandlungen in den Film, worauf sich bald die Kulturindustrie konzentrieren würde, Ersteren aber gebühre das Verdienst der Dokumentation unverstellter Wirklichkeit und alltäglicher Vorfälle. Damit plädiert Kracauer keineswegs für die Verbannung der Spielfilme aus den Kinosälen zugunsten der Dokumentarfilme, sondern für Lumières „realistische" Einstellung zum Medium Film aufgrund seiner fotografischen Materialeigenschaften.

Diese bereits 1927 in einem Aufsatz über Fotografie reflektierten Eigenschaften begreift Kracauer sehr komplex als Bündel von werk- und rezeptionsästhetischen Elementen auf fotomechanischer Basis. Eine spiegelbildliche Abbildfunktion verwirft er selbstredend, indem er sowohl die subjektive Perspektive des Produzenten, nämlich die intentionale „Einstellung" der Kamera, als auch die des Rezipienten in Rechnung stellt. Film eignet daher neben der Wiedergabe von Objektivem ein subjektives Moment der Konstruktion, das in der Wahrnehmung wiederum subjektiv erschlossen wird. Aus diesen Elementen entwirft Kracauer eine Filmtheorie mit einem umfassenden philosophischen Anspruch: „Die ideologische Obdachlosigkeit" (Kracauer 1993) des modernen Menschen – der Begriff ist fast gleich lautend und in gleichem Sinne Lukács' „transzendentaler Obdachlosigkeit" entliehen –, die sich in der Wahrnehmung von disparaten, sich zu keinem Ganzen fügenden Wirklichkeitsfragmenten äußert, gilt ihm als Forderung an den Film, der sich eben keine Deutungshoheit anmaßen darf. Die Verwerfung des Kunstbegriffs, die auffällige Rolle des „Zufälligen" (Kracauer 1993, 97), den er bei der Filmung von Realität walten lassen will, die Betonung der Phänomenologie der Oberfläche und ihrer Hieroglyphen sowie die Beschreibung der Kamera als Voyeur rücken Kracauer terminologisch auffällig in die Nähe der Benjaminschen Philosophie der Moderne. Hinzu kommt das Moment der Erfahrung, die er dem Zuschauer in der filmischen Rezeption auflegt. Die Gesamtheit seiner Filmästhetik weist jedoch in eine andere Richtung, wenn er dem Film letztlich nichts weniger als die „Errettung der äußeren Wirklichkeit" zumutet. Mit einem konventionellen ästhetischen Realismuspostulat hat ein „kryptotheologischer Kern" (Koch 1996, 139) nicht mehr viel zu tun. Vielmehr hebt Kracauer darauf ab, den „Fluss des Lebens" als „ein materielles Kontinuum" (Kracauer 1993, 109) sichtbar zu machen und die Phänomene damit in ihrem ontologischen So-Sein zu erfassen. Somit erhält der Film über seine kultur- und ideologiekritische Aufgabe der „Enthüllung" sozialer Zusammenhänge eine kognitive, ja erkenntnistheoretische Dimension. Als ihr Referenzial muss man das essentialistische Konstrukt der „Natur selbst" (Kracauer 1993, 84) verstehen.

Sichtbarmachung der materiellen Wirklichkeit

Allerdings bleibt Kracauer dabei, mit Berufung auf Panofsky, für den Film eine materialistische Gesinnung zu reklamieren, weil er von der physischen Welt seinen Ausgang zu ihrer Deutung nimmt. Charakteristisch für seine Form des dialektischen Denkens ist am Ende seines Filmbuches sein scheinbar marginaler, nicht ausdrücklich formulierter Rekurs auf die Diskussion um das „Bilderverbot" im Hinblick auf die Darstellbarkeit des Holocaust. Kracauer nimmt eine in der zeitgenössischen Debatte singuläre Position ein, wenn er dem Film die Darstellung des Schreckens nicht nur zubilligt, sondern als notwendigen Tabubruch abfordert, weil man in der

Gegen das Bilderverbot

medialen Vermittlung die Konfrontation aushalte, die man in der Wirklichkeit scheue. Seine schöne Metapher von der Filmleinwand als Athenes Schild, in das Perseus zu blicken wagte, um dann der Medusa das Haupt abzuschlagen, weicht allerdings dem eigentlichen Kern des Repräsentationsverbotes aus und fügt stattdessen seiner Theorie noch ein glanzvolles Argument hinzu.

4. Kunstform der Wirklichkeit: André Bazin

Bild oder Abbild der Realität

Der französische Filmkritiker André Bazin gründete 1951 die Filmzeitschrift *Cahiers du Cinéma*, die für die Entwicklung der Theoriediskussion sowie für die Schulbildung der *Nouvelle Vague* große Bedeutung erlangte. 1958–1962 erschien postum sein Sammelwerk *Qu'est-ce que le cinéma?*, das man als letzten großen Entwurf einer Ontologie des Kinos verstehen kann. Es zieht ein historisches Resümee und hat in seinem uneinheitlichen, keiner stringenten Theoriebildung verpflichteten Konzept indikatorischen Wert für die Entwicklung der Filmtheorie überhaupt: Seit den 1960er Jahren wird Filmtheorie nicht länger als eigene Kunstwissenschaft etabliert, die die Ästhetik des Films an sich ergründet, sondern die ästhetischen, psychologischen, rezeptionsästhetischen und semiotischen Ansätze der früheren Filmtheorien werden weiter spezialisiert und mit anderen theoretischen Schulen kombiniert. Die vier Titel von Bazins Essaysammlung stecken den Rahmen seiner Untersuchung ab: *Ontologie und Sprache*, *Das Kino und die anderen Künste*, *Kino und Soziologie* und schließlich *Eine Ästhetik der Realität: Der Neorealismus*. Von besonderer Bedeutung ist sein Aufsatz *Die Entwicklung der kinematographischen Sprache*, in dem er die Filmgeschichte unter zwei je oppositionellen Begriffspaaren bilanziert. Den geläufigen Unterschied zwischen „Realisten" und „Formalisten" bezeichnet Bazin mit der eigenwilligen Gegenüberstellung von „Regisseuren, die an die Realität glauben", und jenen, „die an das Bild glauben" (Bazin 2004, 91).

Realismus: Schärfentiefe statt Montage

An diese Formulierung anschließend ergibt die Argumentation seines Aufsatzes, dass sich Bazin letztlich als Realist bezeichnen ließe, der an das Bild glaubt. Sein Thema ist die Historisierung des Montageprinzips, wie es der Stummfilm neben der Bildkomposition notwendig als zentrales narratives Element ausgeprägt hat und wie es insbesondere von den sowjetischen Theoretikern einseitig zum Credo der Filmkunst schlechthin erhoben worden war. Interessanterweise setzt Bazin nun nicht den Tonfilm als entscheidende ästhetische Zäsur gegenüber dem Stummfilm, sondern die Entwicklung der Tiefenschärfe (oder, in einigen Übersetzungen, der Schärfentiefe). Ausgehend von namhaften Regisseuren der Stummfilmära wie Stroheim, Murnau oder Flaherty, bei denen die Montage kaum eine Rolle spielte, verweist er das Postulat, Film aus den Elementen Bild und Montage zu konstituieren, in die Geschichte einer noch unvollkommenen Technik, bei der die Bildgestaltung noch dicht an der Wahrnehmungsperspektive des Theaters orientiert sei. Tiefenschärfe hingegen ermögliche erst die „innere Montage", d. h., die Sinnstiftung des Bildes nicht von außen, durch den vom Regisseur gesetzten Schnitt, sondern aus dem Bild selbst. Daraus ergeben sich für Bazin weitreichende Folgen für den Effekt des Bildes, die er an Orson Welles'

Citizen Cane demonstriert. Für ihn wirkt die Tiefenschärfe einer aus einer einzigen Einstellung gedrehten Szene so suggestiv auf den Zuschauer, dass dieser sich in eine engere Beziehung zum Bild als zur Realität wähne. Das bedeutet, nicht der Inhalt, sondern die Struktur des Bildes ist „realistisch". Obgleich dieses Argument nach einem Plädoyer für kathartische Illusionskunst klingt, folgert Bazin aus diesem realistischen Effekt eine aktivere Geisteshaltung des Zuschauers, als sie bei der äußeren Montage möglich ist, weil diese dem Zuschauer die Perspektive des Regisseurs aufzwinge. Das habe schließlich damit zu tun, dass die Einsinnigkeit der Montage aufgegeben werde zugunsten der Vieldeutigkeit des Bildes, das den Zuschauer erst zur Sinnstiftung auffordere.

<small>Realismus als Interpretationsvorgabe</small>

Was Bazin hier skizziert, ist eine historische Poetik des realistischen Films, die in seinem Sammelwerk nicht zufällig bei den italienischen Neorealisten endet. Ähnlich wie Kracauer schrieb Bazin Filmgeschichte als Filmkritiker, der seine Vorlieben klar benannte und dabei, anders als Kracauer, auf eine tiefere theoretische Fundierung verzichtete. Positiv formuliert heißt das, dass die in der Filmtheorie grundlegenden Begriffe „Realismus" und „kinematografische Sprache" zugleich zentral und offen sind. Realismus bleibt für alle Künste ein streitbarer Terminus, die „Sprache" des Films jedoch wird nach Bazin in der Filmsemiotik neu analysiert werden.

5. Film als Sprache – Filmsemiotik

Für eine ausgearbeitete Semiologie des Films, wie sie schließlich in den 1960er Jahren in Frankreich entstand, lagen seit langem verschiedene Voraussetzungen vor. Die eine basiert auf der Erkenntnis, dass dem fotografischen und dem filmischen Bild ein Doppelcharakter eignet. Sie sind, wie gerade die frühen Kunsttheorien von Fotografie und Film herausstellen, Denotat von Realität und Zeichen zugleich. Dieser Zeichencharakter des Abbildes rührt seinerseits sowohl vom konstruktiven Moment der Bildschöpfung durch Ausschnitt, Vergrößerung, Perspektive, Lichtgebung, und andererseits von der subjektiven Perzeption des Zuschauers, der dem wahrgenommenen Bild per Konvention, Erfahrung und Assoziation Bedeutung verleiht. Damit legt bereits die Bildtheorie die Anwendung des kommunikationstheoretischen Modells von Sender – Zeichen – Empfänger nahe, mit dem die Zeichentheorie aufs Engste verbunden ist. Eine weitere Traditionslinie der Filmsemiotik liegt in der u. a. in der sowjetischen Filmtheorie üblichen Analogisierung von Film und Sprache aufgrund des narrativen Charakters des Films, der sich, wie Literatur/Sprache und anders als das Bild, in der Zeit entfaltet. Diese Betrachtung impliziert, dass die Bildnarration ähnlich wie die sprachliche als Sukzession elementarer Einheiten nach definierten Regeln der Verknüpfung untersucht wird, was folgerichtig bei den dezidierten Vertretern der Montagetheorie zum Begriff der Filmsyntax führte. Die Besonderheit der bildlichen anstelle der sprachlichen Basiselemente im Film musste schließlich mit der in der Linguistik zuerst erforschten strukturalen Zeichentheorie zusammentreffen, die durch ihre nicht auf verbale Sprache festgelegten Modelle zum Vergleich sprachlicher und nichtsprachlicher Zeichen geeignet ist.

<small>Traditionslinien einer Zeichentheorie des Films</small>

II. Filmtheorien

Mitry: erster systematischer Vergleich von Sprache und Film

In der Geschichte der Filmtheorie markiert das Werk *Estétique et psychologie du cinéma* (2 Bände, 1963 und 1965) des französischen Filmhistorikers Jean Mitry den Übergang zwischen den ontologischen Film-als-Kunst-Theorien und der Anwendung außerfilmischer Theorien als methodisch-hermeneutische Zugriffe auf den Film. Unter dem durchgängigen Aspekt, Film als Sprache zu verstehen, versucht Mitry die bislang systematisierte Ästhetik des Films mit einer Psychologie im Sinne einer Rezeptionstheorie zu verbinden. Sein semiotischer Ansatz besteht in der Anwendung des Saussureschen Begriffspaares von Signifikat und Signifikant auf das Filmbild. Dieses werde in dem Moment zur Sprache, in dem es über seine „durch sich selbst" signifikante Mitteilung, also seine repräsentative Funktion, etwas aussage. Sobald es mehr darstelle als das Objekt, werde es symbolisch, der Signifikant verwandle sich in ein neues Signifikat. Indem das Filmbild sein Repräsentationsobjekt forme, es weiterhin in dialektische Kontinuität zu anderen Bildzeichen und diese in einen zeitlichen, metrischen und lautlichen Rhythmus versetze, entstehe im Film eine geistige Transfiguration des Realen.

Peters: sprachliches Syntagma und Bildkombination

In Mitrys Konzept haben Theoreme verschiedener Wissenschaftler Eingang gefunden. Nicht zufällig hat er sein Bildverständnis an einem Eisenstein-Film demonstriert, man erkennt aber auch Parallelen zu den Ausführungen des Strukturalisten Roman Jakobson zum Film oder von Roland Barthes. Einen wichtigen Baustein zu einer Filmsemiologie legte der Holländer Jan-Marie Lambert Peters 1962 in seinem Aufsatz *Die Struktur der Filmsprache*, in dem er Wort- und Bildsprache als Kommunikationssysteme untersucht, die beide mit Zeichen operieren. Zweck der Kommunikation ist das Verstehen der Zeichen, für das Peters einen entscheidenden Unterschied feststellt. Das Wort transportiere ein Konzept als eine vom Denken abgeleitete Abstraktion, das Bild hingegen ein Perzept als eine von der Wahrnehmung abgeleitete Abstraktion. Obgleich Peters im Folgenden die Ähnlichkeiten des sprachlichen Syntagmas mit der Bildkombination des Films systematisiert, verweist die Komplexität, die er für die Wahrnehmungslenkung des Films allein durch die möglichen Kamerapositionen veranschlagt, auf die Grenzen der Beschreibung des Films als Sprache. Wenn er diese Grenze selbst zieht, indem er den Unterschied zwischen Filmkunst und Filmsprache analog zum Unterschied zwischen Wortkunst und Wortsprache setzt, nimmt er in gewisser Weise zugleich die Kritik an dem wichtigsten französischen Filmsemiotiker, Christian Metz, vorweg.

Metz: Applikation der Saussureschen Linguistik

Metz hat zwei Bände zur Semiologie des Films vorgelegt: *Essais sur la signification au cinéma* (1968 und 1971, Bd. 1 dt. *Semiologie des Films*) sowie *Langage et cinéma* (1971, dt. *Sprache und Film*). Vor den ihm sehr bewussten Grenzen sind die Möglichkeiten hervorzuheben, die Metz' detaillierte Systematik der Filmsprache auf der Grundlage der Saussureschen Linguistik erarbeitet hat. Aus der strukturalen Linguistik entnimmt er die Begriffspaare Denotation und Konnotation sowie Paradigma und Syntagma, um Beschreibungsmodi für die Art und Weise zu gewinnen, wie Film Bedeutung produziert, die vom Zuschauer dekodiert werden muss. Wie u.a. Mitry vor ihm stellt er die Doppeldeutigkeit des Bildes als Darstellung eines Objekts – die denotative Bedeutung – und die daran geknüpfte konnotative Bedeutung fest, die kulturell konnotiert ist. Allerdings besteht zwischen beiden Komponenten kein Widerspruch, da das konnotative Element sich unmittelbar an das denotative anfügt. Anders als in der Sprache kann das Zeichen daher nie völlig arbiträr sein. Daher weiß er sich mit ausdrücklichem Verweis auf Mitry mit diesem darin einig, dass die Filmsprache den Analytiker vor die Frage stellt, wie Denotation im Film funktioniert. Die mit einem anderen Begriff der Sprache analogisierte Filmgrammatik ist anders als die lineare Grammatik der Sprache: Eine bestimmte syntaktische Verknüpfung ergibt einen bestimmten Sinn. Denselben Sinn kann die filmische Sprache verschieden und mit verschiedener Wirkung mitteilen, das heißt, die Denotation wird in jedem Fall konnotiert.

Metz erläutert seine Erkenntnis am Beispiel von zwei Möglichkeiten, im Film Simultanität auszudrücken. Die eine bestehe in der linearen Montage zweier Ereignisse, die durch einen Zwischentitel als gleichzeitig erklärt werden, die andere im klassischen Exempel der Parallelmontage. Nimmt man die bildkompositorischen, akustischen, farblichen u.a. Gestaltungsmittel hinzu, dann ist deutlich, dass Film nicht anders verfahren kann als seine Mitteilung in ein multipel denkbares, auf jeden Fall sehr komplexes Syntagma von Kodierungen zu setzen. Der Terminus Syntagma verweist auf eine zweite Schwierigkeit, Film als Sprache zu beschreiben. Eine kleinere Einheit als die in der Sprache entsprechend bezeichnete Wortgruppe kann nach Metz für den Film nicht angenommen werden. Das Bild allein gerinnt zum Ikon, doch der Film baut sich weder aus diskret isolierbaren ikonografischen Bildern noch aus auf ein Element reduzierbaren Einstellungen auf, sondern aus akustisch unterstützten Bildfolgen, deren kleinste Einheit er als filmisches Syntagma bezeichnet. *(Das Syntagma als kleinste filmische Einheit)*

Aufgrund dieser sehr komplexen kleinsten Einheit des Films hat Metz die vielfach kommentierte Schlussfolgerung abgeleitet, dass Film zwar über eine langage, aber nicht über eine langue verfüge, in Anlehnung an Saussure also über eine Sprachlichkeit ohne zugrunde liegendes Sprachsystem. *(Langue oder langage)*

Bei den Syntagmen unterscheidet Metz acht Typen, die in sich jeweils wieder differenziert werden können: die autonome Einstellung, das parallele Syntagma, das Syntagma der zusammenfassenden Klammerung, das deskriptive Syntagma, das alternierende Syntagma, die Szene, die Sequenz durch Episoden und die gewöhnliche Sequenz. Diese Syntagmen werden im einzelnen Film mit verschiedener Häufigkeit verschieden kombiniert, wobei das System eines Films seine eigentliche Bedeutung in den Übergängen der einzelnen Syntagmen konstituiert. Film ist daher nach Metz im Wesentlichen „Strukturierungsarbeit".

Metz' Filmsemiotik entstand Ende der 1960er Jahre im Rahmen einer internationalen Diskussion, zu der die italienische Schule mit Pier Paolo Pasolini, Gianfraco Bettetini, Emilio Garroni und Umberto Eco, die Moskau-Tartu-Schule mit Jurij Lotman und der Engländer Peter Wollen beitrugen. Einig waren sich alle darin, dass der kinematografische Code komplexer Natur ist, folglich lag ein Fokus der Diskussion in der Binnendifferenzierung dieser Codes. Pasolini unterscheidet zwei Ebenen der Gliederung, nämlich die Einstellungen und die Organisation der Gegenstände innerhalb dieser Einstellungen. Analog zum sprachlichen Phonem bezeichnet er diese, einem Vorschlag Lotmans folgend, als Kinem und plädiert, anders als Metz, für eine langue des Kinos. Eco geht von einer dreifachen Gliederung des kinematografischen Codes aus, der sich erstens hierarchisch aus ikonischen Fi- *(Internationale semiotische Diskussion)* *(Pasolini)* *(Eco)* guren entfaltet, die aus dem Wahrnehmungsparadigma abgeleitet sind. Sie können zweitens ikonische Zeichen bilden und drittens neuerliche Zeichen, so genannte „Photogramme", erzeugen. An dieser Gliederung ist wichtig, dass die Zeichen der jeweils höheren Ebene nicht in die Teile der niederen zerlegt werden können, sondern eine Funktion dieser darstellen, die sich zugleich durch einen höheren Grad an Komplexität auszeichnet. Diese Aufladung mit Bedeutung erfolgt diachronisch, also in der zeitlichen Sukzession. Bettetini und Wollen schließen an das Zeichenmodell des Linguisten Peirce an und übertragen die Typologie von Ikon, Index und Symbol auf die Bildzeichen, um dann aus deren Dominanzverhältnissen und Überlagerungen Klassifikationen von Filmstilistiken abzuleiten.

Bettetini, Wollen

Alle diese Theoretiker folgern, dass die Filmsprache ein äußerst komplexes, polyvalentes System von verschiedenen Codes darstellt, das letztlich mit einem universellen Modell, und sei es noch so ausdifferenziert, nicht beschreibbar ist. Dies hypothetisch vorausgesetzt, wäre es eine Deduktion aus einer allgemeinen Semiologie der Kunst, die materialästhetische Aspekte ebenso einschließt wie rezeptionsästhetische. Die Verortung der einzelnen Filmsemiotiken nicht nur in der linguistisch geprägten Semiotik, sondern ebenso in einer allgemeinen Kulturtheorie auf der Basis eines Kulturbegriffs als Sprache, wie sie Lotman entwickelt hat, sowie der Kommunikationstheorie, der Erkenntnistheorie und der Psychoanalyse zeigt die Richtungen an, in denen Filmtheorie weiter entwickelt wird.

Die komplexe Codifizierung des Films

6. Psychoanalytische Filmtheorien

Im semiotischen Kommunikationsmodell befindet sich der Rezipient in der Position, die Bedeutungsvorgaben der filmischen Konstruktion zu dechiffrieren. Damit ist er in eine kognitive Rolle gedrängt, die den Hinweis, dass das Bild auch oder sogar vornehmlich emotional wirke und dann aber doch, wie etwa bei Peters, zur Abstraktion führe, unter das Begriffliche subsumiert. In dieser kaum ausgearbeiteten, werkästhetisch determinierten Rezeptionsbestimmung finden frühere Rezeptionsüberlegungen Platz, die verschiedene Aspekte beleuchten. Ihren Ausgang nehmen sie sämtlich in der Wahrnehmungsleitung des Zuschauers durch die Kamera, die entweder illusionistisch ausfallen kann wie in der Mise en Scène des klassischen Hollywoodkinos oder distanziert-reflektierend, wie Eisenstein oder Benjamin in der Hoffnung auf die verfremdende Wirkung des „Apparates" postulierten. Münsterberg, Arnheim u. a. setzen allgemein auf die Aktivierung der Wahrnehmung und der Imagination als kreative Effekte des Kinos.

Vorläufer: Psychologie der Wahrnehmung

Solche Psychologien der kinematografischen Wahrnehmung werden in den 1970er Jahren auf eine völlig neue Grundlage gestellt und zu einer geschlossenen Theorie geformt. Sie entsteht in Frankreich im allgemeinen theoretischen Kontext der Kritik der 1968er-Euphorie, die sich vor allem als ideologiekritisch und psychoanalytisch verstand, und beschreibt die Interaktion zwischen Zuschauer und Leinwandgeschehen als Subjektentwurf mit Hilfe Lacanscher Termini. Ihre Hauptwerke sind Jean Louis Baudrys *Cinéma: Effets idéologiques produits par l'appareil de base* (1970) und *Le dispositif: approches métapsychologiques de l'impression de réalité* (*Das Dispo-

Psychoanalyse des Kinos

Baudry, Metz

sitiv: Metapsychologische Betrachtungen des Realitätseindrucks, 1994) sowie Metz' *Le Signifiant imaginaire* (1975) und weitere Aufsätze. Sie gehen sämtlich von einer libidinösen Beziehung des Zuschauers zum Film aus, die nach den Regeln der Ökonomie des Begehrens beschrieben wird. Insofern setzen Baudry und Metz in einem ersten Schritt Film als Analogie einer spezifischen Form der Phantasietätigkeit voraus, nämlich dem Traum. Nach Freud manifestieren sich im Traum unbewusste, vorsprachliche Triebwünsche, die von Resten des Tagesbewusstseins, also des Sprachlichen und des Symbolischen, zensiert werden. Dabei wird der Traum vom Träumenden als real erlebt, ebenso wie das Filmerlebnis durch den Zuschauer, der, wie schon andere Kinointerpreten herausstellten, im Dunkel des Raumes und in der Wahrnehmung des Filmbildes die konventionellen, kognitiv gesetzten Koordinaten von Raum und Zeit außer Kraft setzt. Die Situation gleicht also der Rückversetzung in einen regressiven Zustand des Vorbewussten, in dem hier die Leinwand und dort das Traumbild zur narzisstischen Verschmelzung einladen. Für diese traum- und kinotypische Konstellation zieht Baudry Platons Höhlengleichnis zum Vergleich heran, um die erkenntnistheoretische Frage, ob das Schattenbilder wahrnehmende Subjekt pure Realität sieht, ein Abbild der Realität oder nur einen wahrnehmungspsychologisch erzeugten Effekt von Realität, auf das Kino zu übertragen.

Die Fragen sind in der Filmtheorie vertraut. Für die Antwort spielt die Bestimmung des wahrnehmenden Subjekts eine Rolle, das sich, wie beide herausstellen, nur zum Teil in der Situation des unbewusste Triebwünsche halluzinierenden Kindes befindet. Schon für den Traum reklamiert Freud den Eingriff des Ich in das Es, und nicht anders erfährt sich das rational determinierte Ich des Zuschauers, das sich nicht vollständig in die libidinös regierte Bildwelt zu entlassen vermag. Für die genauere Erkundung dieser Doppelstruktur des wahrnehmenden Subjekts finden drei psychoanalytische Basistheoreme von Freud und Lacan, die bereits in Lacans *Das Spiegelstadium als Bildner der Ichfunktion* ausformuliert sind, Eingang in die Psychoanalyse des Kinos. Lacans zentrale subjekttheoretische These besteht darin, dass das Ich einem imaginären Selbstbild unterworfen ist, das in der Illusion von Ganzheitlichkeit Selbstverkennung bedeutet, in der Erkenntnis dieser Täuschung aber Erfahrung und Bewusstsein eines Mangels evoziert. Diese Erfahrung entsteht durch den Einbruch des Symbolischen in das vorsprachliche Imaginäre. Selbsterkenntnis bedeutet die Gewissheit der Gespaltenheit zwischen dem unbewussten, virtuellen Spiegel-Ich und dem durch das symbolische, gesellschaftliche Andere fremdbestimmten Subjektideal. Das zweite relevante Theorem ist in Freuds Fort-Da-Spiel beschrieben, das eine über die Sprache konstituierte Relation von Anwesenheit und Abwesenheit realisiert, das dritte der Ödipuskomplex als Forderung nach Unterwerfung unter die gesellschaftlichen Regeln. (Lapsley, Westlake 1988)

Die gespaltene Wahrnehmung des Zuschauers

Baudry analogisiert die Beziehung von Zuschauer und Leinwand mit dem Spiegelphänomen. Als entscheidend nimmt er die Blickbeziehung des Zuschauers zum Bild an, die von einem zentralperspektivischen Punkt aus Allmacht und Kontrolle suggeriert und somit das individuelle Subjekt selbstbestimmt und ganzheitlich zu konstituieren scheint. Diese Position ist identisch mit der seit der Renaissance in der Malerei trainierten überblickenden, beherrschenden und Bedeutung setzenden Perspektive des Subjekts zur

Baudry: das Spiegelbild als Trugbild

Realität. Insofern der Filmzuschauer mit dieser Blickperspektive jedoch die außerindividuelle, fremdgesetzte Bildkonstruktion der Kamera übernimmt, die Rahmen, Einstellung, Bildfolge usw. vorgibt, erweist sich die Allmachtsphantasie des Zuschauers als imaginäre Selbsttäuschung. Der „Apparat" formt einen Text, den der Zuschauer als Konstrukt seiner eigenen Bildschöpfung missversteht. Die psychologische Wirkung dieser Illusionsmaschine konvergiert mit dem Warencharakter der Filmindustrie, die ihr Geschäft mit der Lust an den Bildern macht.

Metz: die Lust an der Täuschung

Baudrys Theorie läuft auf eine Ideologiekritik der Institution Kino hinaus, das die Selbstentfremdung des Individuums in der kapitalistischen Gesellschaft zementiere. Metz popularisiert in seiner Weiterentwicklung und partiellen Kritik die psychoanalytische Ebene der Baudryschen Konstruktion, indem er die Mechanismen der visuellen Lust genauer analysiert. Nach seiner These zeichnet sich Kino vor allen anderen visuellen Künsten dadurch aus, dass es ein Spiel von Anwesenheit und Abwesenheit initiiert, nach Freud also ein Fort-Da-Spiel. Während im Theater ein fairer Deal zwischen dem Exhibitionismus des Schauspielers und dem Voyeurismus des Zuschauers abläuft, bei dem beide physisch präsent sind, finden im Kino die Produktion des Schauobjekts und seine Rezeption zeitlich versetzt und jeweils bei Anwesenheit des einen und Abwesenheit des anderen Parts statt. Metz konzentriert sich auf die Kinosituation und geht der Doppelstruktur dieses Vergnügens an der imaginären Präsenz des Anderen auf den Grund. In dieser imaginären Präsenz des Anderen wird die regressive Lust an einer Bildprojektion aktiviert, die auf Selbstverkennung und Täuschung beruht. Zum anderen funktioniert diese Täuschung niemals perfekt, denn der Zuschauer ist immer der Zuschauer nach dem Spiegelstadium, also im Wissen um das Symbolische. Zudem imaginiert er nicht seinen eigenen Körper, sondern reproduziert nur die Position der lustvollen Evokation des Abwesenden, das die Kamera konstruiert hat. In die regressive Befriedigung ist also immer ein einschränkendes Element der Reflexion eingeschrieben, oder anders gesagt: Die primäre narzisstische Lust ist immer bedroht vom Bewusstsein des Verkennens bzw. des Mangels. Die Täuschung erscheint somit als Element in einem Spannungsverhältnis zur gleichzeitigen Ent-Täuschung im Wissen um die reale Abwesenheit des imaginär Präsenten. Genau diese „Lücke" setzt das Begehren immer neu in Gang, und der solcherart in einem Double Bind von Befriedigung und Begehren befangene Zuschauer ist nach Metz der Fetischist. Der Fetischist ist nicht der – gar in ideologischer Absicht – Selbstentfremdete und Getäuschte, sondern er erfreut sich an der Balance zwischen Regression und Kontrolle, die ihm seine Position im Zuschauerraum garantiert.

Gleichsetzung des Imaginären und des Symbolischen

Mit einem nicht minder räumlich-metaphorischen Begriff wird dieses Moment der „Lücke" handwerklich überbrückt in der „Suture", d.i. der „Nahtstelle" zwischen dem im Kino immer gleichzeitig aktivierten Imaginären und Symbolischen. Wenn das Lacansche Schema die Beziehung zwischen dem Subjekt, seiner imaginären Projektion und der symbolischen Intervention räumlich darstellt und daher die Applikation auf das Dreieck von Zuschauer, Projektions- bzw. Wahrnehmungskegel Blick und Leinwand geradezu idealtypisch erlaubt, hält sich auch die anschließende Argumentation an das geometrische Modell des psychologischen Vorgangs. So wie das symbolische Andere die vermeintliche Totalität der Selbstprojektion beschädigt, begrenzt der Bildrahmen die imaginäre Präsenz und verweist damit auf die reale Absenz eines Raumes außerhalb der Projektion. Dieses sich dem Blick entziehende, also seiner Kontrolle nicht unterworfene Andere bildet ein stets präsentes störendes Moment der Schaulust. Dass es zugleich ein potenzierendes, die Täuschung der regressiven Imagination verwandelndes Moment ist, wird am Schuss-Gegenschuss-Verfahren demonstriert. Hier muss der Zuschauer aus dem Alternieren zweier partieller Räume kognitiv einen ganzheitlichen rekonstruieren. In der Perspektive der Psychoanalyse der Schaulust erhält diese bereits in jeder frühen Filmtheorie hervorgehobene elementare Einsicht die Dignität einer Schlüsselerkenntnis: In dieser Aktivität durchdringt der Zuschauer die unbewusste Lust an der regressiven Entgrenzung mit der rationalen, symbolischen Konstruktion eines homogenen Raumes und bewahrt so das Eine im Anderen auf.

7. Feministische Filmtheorien

Lacans Psychoanalyse stellte die zentrale Argumentation für die postmoderne Dekonstruktion des Subjekts bereit, in dessen kritischer Fortsetzung sich feministische und Gender-differenzierende Schulen und Methodologien herausbildeten. Die psychoanalytisch-feministische Theorie ist dabei nur eine neben anderen Richtungen in der Genderforschung, die sich allerdings in Bezug auf das Kino besonders anbot. Grundlegend ist hier die britische Schule mit Laura Mulvey und Claire Johnson, die das Lacansche Konstrukt von Unbewusstem, Imaginärem und Symbolischem einer Gender-Revision unterziehen. Mulveys Essay *Visual Pleasure and Narrative Cinema* (1975, dt. *Visuelle Lust und narratives Kino*) leistet eine komplette Dekonstruktion der Theorie entlang einer Achse asymmetrischer Differenzen von männlich und weiblich – asymmetrisch deshalb, weil den Repräsentationsformen des Männlichen keine adäquaten des Weiblichen entsprechen, sondern das Weibliche als Repräsentationsobjekt der männlich definierten Libido, des Unbewussten, des Begehrens, der Schaulust, der Subjektkonstitution erscheint. Unabhängig von den Inhalten der filmischen Signifikation basiert die komplette semiotisch-psychoanalytische Konstruktion auf einer binären Struktur, die sich als männlich/weiblich dechiffrieren lässt und seit den 1970er Jahren in der feministischen Literaturwissenschaft bzw. linguistischen Philosophie analog der Filmtheorie kritisch revidiert wird.

Feministische Adaption der Spiegeltheorie

Laura Mulvey

So partizipiert die feministische Filmtheorie an einer Entwicklung, die sich über die verschiedenen Phasen der Frauen- bzw. Genderforschung methodologisch nachvollziehen lässt. Die ideologie- und sozialkritische Richtung und die Psychoanalyse werden Mitte der 1970er Jahre tendenziell durch postmoderne Schulen abgelöst, ohne dass der geschlechterkritische Ansatz verloren geht. Vielmehr geben Lacans Subjekt- und Sprachphilosophie sowie Derridas Theorie der Dekonstruktion die Kategorien und das Instrumentarium vor, die Denk- und Beschreibungsmuster des kulturellen, sprachlichen, ästhetischen Textes gendertypologisch zu dechiffrieren. Sie arbeiten insbesondere heraus, dass und inwiefern sich die patriarchalischen Strategien der Macht auf einen Referenten beziehen, der nicht „die Frau",

Der männliche Blick auf das weibliche Objekt

sondern das bereits männlich determinierte Bild von der Frau bzw. von Weiblichkeit ist – eine These, die in der Filmwissenschaft unmittelbare Evidenz hat. So analysiert Mulvey idealtypisch, wie das Bild der Frau im Film als Signifikant für das männliche Unbewusste fungiert und die von Baudry und Metz aufgezeigte Doppelstrategie des filmischen Blicks, nämlich die Dynamik von Begehren und Befriedigung der Kontrolle des Subjekts zu entziehen und wieder zu unterwerfen, auf dem Feld männlicher Imaginations- und Symbolisierungsprozesse ausgetragen wird. Ihr Objekt ist nicht ein weibliches Subjekt oder ein weibliches Symbolisches – was es nach Freudscher und auch Lacanscher Definition auch nicht sein kann –, sondern es ist das Nichtsymbolische, Nichtsprachliche, d.h.: der weibliche Körper. Weiblichkeit hat in diesen Systemen ihren Platz ausschließlich als Projektionsfläche des Männlichen und wird so zum Signifikanten männlicher Subjektstrategien. Damit ist die Frau als Subjekt aus dem kinematografischen Diskurs als einer voyeuristischen und fetischisierenden Blickrelation ausgeschlossen.

Doane: die Konstruktion des weiblichen Zuschauers

Die Terminologie beim Wort nehmend, fragt u.a. Mary Ann Doane, wie die Zuschauerin einen auf Kastrationsangst gegründeten Fetisch etablieren solle, wenn sie eine Kastration aufgrund ihres Mangels nicht zu fürchten habe.

Wie für die poststrukturalistische feministische Wissenschaft insgesamt, besteht die theoretische Herausforderung hier in der paradoxen Notwendigkeit, ein weibliches Subjekt zu konstruieren, das die definierenden Elemente der schon immer männlich besetzten Kategorie Subjekt umgeht. Mit Rekurs auf Luce Irigaray, Hélène Cixous und Julia Kristeva hat die poststrukturalistische feministische Theorie diese Forderung zwangsläufig als propatriarchalisch und essentialistisch verworfen und sich damit in die Situation versetzt, das empirische Subjekt Frau in der Kritik einer Theorie zu positionieren, die dieses Subjekt nicht vorsieht. Mulvey verfährt konsequent und ist dafür genauso oft zitiert wie kritisiert worden, weil sie sich strikt innerhalb des Lacanschen Zuschauer-Leinwand-Konstruktes von Baudry und Metz hält und es im streng terminologischen Wortsinn dekonstruiert. Das heißt, dass sie dieses System der Signifikation als männlich determiniert offenlegt und folgerichtig als generell ungeeignet für die Konstruktion einer weiblichen Subjektivität und einer weiblichen Schaulust verwirft. Sie hat einerseits die Geschlossenheit der semiotisch-psychoanalytischen Kinotheorie für eine prinzipielle Kritik geöffnet, andererseits damit nichts weniger als ein anderes Kino postuliert.

Individuum, Rasse, Klasse, Geschlecht

Die Einwände gegen Mulvey setzen am ihrerseits geschlossenen, idealtypisch strukturalistischen und damit unhistorischen Charakter ihrer Intervention an und entwickeln ihr Konzept in verschiedene Richtungen weiter. Aus der US-amerikanischen genderorientierten Filmtheorie sind hier vor allem Theresa de Lauretis, Ann Kaplan, Kaja Silverman, Mary Ann Doane und Joan Copjec zu zitieren. De Lauretis geht davon aus, dass in die frühe feministische Kritik noch die marxistischen, d.h. ideologischen und semiotischen Paradigmen eingeschrieben sind, die sie analysiert. Im Gegensatz dazu erklärt sie ihr Konzept in *Alice doesn't. Feminism Semiotics Cinema* (1982) darin, „exzentrische" Lektüren dieser Diskurse vorzuschlagen, die sich an Individuum, Klasse, Rasse und Geschlecht orientieren. Sie beabsichtigt eine politische Intervention gegen die Konstrukte von Kino, Sprache, Narration, Imagination in Gestalt einer diskursiven Praxis, die Weiblichkeitsbilder als Fluchtpunkt der Kultur und Bedingung eines hegemonialen Diskurses aufzeigt, der sich nicht auf komplexe weibliche Identitäten beziehen lässt. Mit Derrida spürt sie die ausgeblendeten Diskontinuitäten, Vermeidungsstrategien von Bedeutung und den leeren Raum zwischen den Signifikanten auf, um einen Platz in den sprachlichen und visuellen Systemen zu finden, der keine Repräsentationen, Symbolisierungen und projektiven Subjektentwürfe besetzt. Wie Mulvey fragt sie nach alternativen narrativen Konzepten für die Narrativierung und Visualisierung anderer sozialer Subjekte. Es geht dabei um den Entwurf flexibler und multipler Identitäten, die die Opposition von männlich und weiblich verwerfen, indem sie zugleich mit dem Paradigma von Rasse, Klasse und Geschlecht als offenem, nicht auf eine psychosexuelle Identität festgelegten Konstrukt die konventionellen, undurchlässigen Geschlechterkategorien dekonstruieren. In dieser Richtung bewegen sich auch die Überlegungen von Silverman u. a., die die männliche Subjektivität jenseits sexueller Determinationen aufsuchen, an die patriarchalische Machtstrukturen konventionell gebunden waren.

Subjekt jenseits von Repräsentation

Doane konzentriert sich auf die Blickrelation zwischen Zuschauer und Leinwand und behauptet, zunächst konform mit dem Lacanschen Konstrukt, dass die „Repräsentation des Weiblichen im Bild" eine spezifische Nähe und eine „Überidentifikation" der Zuschauerin bewirkt, in deren mangelnder Distanz die imaginäre Signifikation von selbst zusammenbricht. Die andernorts konstatierte Aufhebung der Raumkoordinaten im Kinoerlebnis erhält hier einen spezifischen Sinn, indem Doane eine weibliche „Innensicht" bzw. eine flexible Wahrnehmung reklamiert, die es erlaubt, aus dem starren Schema der einseitig geschlechterkodierten Raumperspektive herauszutreten. Wie auch Copjec schreibt sie in die „Apparatetheorie" des Kinos die sexuelle Differenz ein und expliziert damit den kulturellen Ort, den weibliche Identität zu verlassen hat – jenseits der ikonografischen Setzungen. Statt der unmöglichen Subjektkonstruktion schlägt sie eine „Maskerade" von multiplen Identifikationen für beliebige individuelle Zuschauer vor. Damit geht zwangsläufig eine Flexibilisierung der Freudschen bzw. Lacanschen Basistheoreme von Ödipus- und Kastrationskomplex einher. Indem die Identifikationspotentiale nicht länger an ein männlich-narzisstisch besetztes Weiblichkeitsbild gebunden sind, eröffnen sich Spielräume für eine nicht länger einsinnige, sondern interaktive Beziehung zwischen Zuschauer und Leinwand. Wenn sich diese Entwürfe an der Perspektive von Zuschauer und Imaginationsobjekt orientieren, so fokussieren de Lauretis und Mulvey in weiteren Forschungen mit anderen die narrativen Strukturen der ödipalen Konstruktion, mit denen die Bildkonstruktionen eng verbunden sind. Einschlägig für diese Erkenntnis stehen die Narrationen des klassischen Hollywoodkinos, in denen sie trotz der Zentrierung um die männliche Lust Potenziale der Auseinandersetzung mit weiblicher Identität entdecken.

Einschreibung der sexuellen Differenz

Diese Fragestellungen befinden sich insofern näher am ursprünglichen kritischen Ansatz, als sie sich an Strukturen und Sujets des Kinos orientieren, die für ein weibliches Publikum auch wegen ihres emanzipatorischen Gehalts interessant sind. Man erinnere sich, dass frühe Kinodebatten in kul-

Deutsche feministische Filmtheorie

turpädagogischer Absicht vor den Gefahren des Kinos für Frauen warnten, weil Filme und Stars Identifikationsangebote enthielten, die gerade nicht weibliche Unterwürfigkeit unter patriarchalische Normen trainierten. Heide Schlüpmanns große Studie *Unheimlichkeit des Blicks. Das Drama des frühen deutschen Kinos* (1990) belegt eindrucksvoll die Vorzüge umfänglicher Materialrecherchen und komplexer historischer Herangehensweisen gegenüber rein deduktiven theoretischen Ableitungen. Schlüpmanns Buch steht mit am Beginn eines vehementen internationalen Interesses am frühen Kino, das noch nicht vom Mainstream aus Hollywood überformt war und sich in jeder Hinsicht im Stadium des Experiments befand. So wie sich dessen Attraktion für ein weibliches Massenpublikum keineswegs mit „falschem Bewusstsein" über seine Verführbarkeit erklären lässt, sondern im Gegenteil eine kulturelle Novität nicht bevormundeter Freizeitbestimmung darstellte, so vielfältig erwiesen sich die weiblichen Rollen und weiblichen Erzählperspektiven, die hier dargeboten wurden. „Realismus" erscheint eine plausible Kategorie, mit der sich Sujets aus Melodramen und Familiengeschichten, aus Komödien und Kriminalstücken mit der Lebenswelt der Zuschauerinnen vergleichen ließen. Der „weibliche Blick", den die Autorin insgesamt für das Spektrum ihrer Untersuchungen einnimmt, ist zugleich ihr Gegenstand: Entgegen der pauschalisierenden These vom – strukturell! – männlichen Blick des Zuschauers auf das Weiblichkeitsimago auf der Leinwand beobachtet Schlüpmann den weiblichen Blick der Protagonistinnen – der Stars als Diven, Vamps, Femme fatales, Mütter usw. –, der von weiblicher Macht und männlicher Ohnmacht „spricht". Der Stummfilm, der ohne das zentrale Medium des Symbolischen, die Sprache, auskommen muss, entfaltet eine Blickregie, die den Blick der Kamera zumindest konterkariert.

Die deutsche feministische Filmwissenschaft, die sich über die Zeitschriften *Frauen und Film* (1974–76) und *Camera obscura* (seit 1974) etablierte, war für verschiedene theoretische Ansätze offen, orientierte sich eine Zeitlang eng am Autor(inn)enfilm und hat mit Namen wie Gertrud Koch, Heike Klippel und Annette Brauerhoch eine an der Kritischen Theorie orientierte Richtung favorisiert.

8. Philosophie des Kinos: Gilles Deleuze

Bergsons Philosophie der Zeit

Der französische Philosoph Gilles Deleuze hat eine zweibändige Abhandlung über das Kino vorgelegt: *Cinéma 1. L'image-mouvement* (1983, dt. *Kino 1. Das Bewegungs-Bild*, 1989) und *Cinéma 2. L'image-temps* (1985, dt. *Kino 2. Das Zeit-Bild*, 1991), mit der er indirekt die in den 1960er und 1970er Jahren entwickelte Semiologie und die Psychoanalyse des Kinos kritisiert. Seine Theorie führt in die Entstehungszeit des Kinos zurück, indem Deleuze sie auf die universelle Bildauffassung des Philosophen Henri Bergson gründet, die dieser um 1900 vorgelegt hatte.

Krise der Wahrnehmung

Bergson griff in die Debatten der Wahrnehmungstheorie ein, die ausgehend von Ernst Machs *Die Analyse der Empfindungen* (1886) einen großen Einfluss auf die Philosophie und die Kunsttheorie nahmen und dann durch Einsteins Relativitätstheorie in ein spannungsvolles Verhältnis zu den Naturwissenschaften gerieten. Für die Wahrnehmungstheorie wurde die Neudefinition von Raum und Zeit unmittelbar relevant. Erkenntnistheoretisch betrachtet scheiden sich die Geister bei der so genannten Krise der Psychologie in der Anerkennung oder Leugnung einer vom Bewusstsein unabhängigen, außersubjektiven Realität. Während Mach seinerzeit mit der folgenreichen These schockierte, dass die Dinge nur Bündel von Empfindungen seien und die Idee vom Ich als von der äußeren Realität abgegrenzte Einheit „unrettbar", etabliert Bergson für das klassische Koordinatensystem von Subjekt, Objekt und Wahrnehmung sowie Raum und Zeit eine ganz eigene Schule, die sich weder von der realistischen noch von der idealistischen Denkrichtung vereinnahmen lassen will. Dies erfolgt durch die Annahme, dass die Materie eine Gesamtheit von Bildern sei, von denen sich „der Leib" und „das Gehirn", als Bilder verstanden, qualitativ nicht unterscheiden. Auf keinen Fall vermögen sie es, die äußeren Dinge aus einer Vorstellung heraus zu schaffen. Vielmehr nimmt die Wahrnehmung das Objekt insoweit auf, als es ihr Interesse berührt, daher behauptet Bergson, dass Wahrnehmung und Objekt zusammenlaufen. In der subjektiven Vergegenwärtigung der äußeren Dinge wirkt jedoch eine zweite „Präsenz", das Gedächtnis, das uns nicht in die Beziehung zur Materie, sondern zum Geist versetzt. (Deleuze 1990).

Über die aktuelle Präsenz hinaus verfügen die Bilder über eine weitere Qualität, nämlich eine Beziehung zur Dauer. Das bedeutet, dass Bilder immer Bilder in Bewegung sind, sie sind Gegebenheiten in einem kontinuierlichen Fluss. Wenn die Wahrnehmung einerseits nur eine aktuelle Präsenz des Bildes abruft, so fügt ihr das Gedächtnis sogleich wieder eine vergangene hinzu. Anders gesagt, gibt das Gedächtnis der Materie/den Bildern ihre zeitliche Kontinuität zurück. Die Geist und Materie, Objekt und Gedächtnis verbindende Kategorie ist bei Bergson also das zeitliche Kontinuum, das in sich verschiedene Qualitäten haben kann und per se Bewegung darstellt. Dieses Absolute nennt Bergson die Dauer. Sie ist eine heterogene Qualität, die nicht in diskrete Einheiten zerlegbar ist, und unterscheidet sich darin prinzipiell vom Raum, der homogen und diskret zerlegbar erscheint. In dieser Qualität ist der Raum nichts anderes als die Ordnung einer Ausdehnung, die sich an einem momentanen, aktuellen Schnitt in der Bewegung der Dauer herstellt. Die Wahrnehmung fügt die Momentbilder mittels des Gedächtnisses in eine zeitliche Dimension. Für dieses Verhältnis von „unbeweglichen Schnitte(n) plus abstrakte(r) Zeit" (Deleuze 1990, Bd. 1, 25) greift Deleuze Bergsons Bezeichnung „kinematografische Illusion" auf, um daraus seine an Bergson angelehnte Theorie des Kinos abzuleiten. Weil Film im Gegensatz zu Bergsons Bestimmung des Schnitts als Segment einer Kontinuität diskrete Bilder in eine Sukzession versetzt, die er im Apparat vorbeiziehen lässt, sei er das typische Beispiel für eine „falsche Bewegung". (ebd., 14) Indem der Film aber zugleich die separaten Einstellungen durch Montage, bewegliche Kamera und Projektion miteinander verbinde, simuliere er so vielleicht die natürliche Wahrnehmung, so dass „man schon immer gefilmt hat, ohne es zu wissen?" (ebd.) Deleuze führt in seiner Kinotheorie drei Bergson-Kommentare aus, die er unmittelbar auf das Kino bezieht. Danach hat die Materie als Gesamtheit von Bildern die Eigenschaft, von Licht durchtränkt zu sein: „Es handelt sich wirklich um ein bereits aufgenomme-

Zeitkontinuum als „kinematografische Illusion"

Deleuze: Bergson-Kommentare

nes und entwickeltes Foto in allen Dingen, und für alle Punkte, wenngleich um ein ‚transluzides'". (ebd.) Anders als durch den Grad ihrer Durchleuchtung können Bilder nicht wahrgenommen und voneinander unterschieden werden. Dieses Licht ist also nicht Bewusstsein, es kommt nicht von außen auf das Bild, sondern ist ihm als materiale Qualität immanent. Die „Lichtfiguren" (ebd., 89) reagieren aufeinander und differenzieren die Materie in „Raum-Zeit-Blöcke". (ebd.)

Typen des Bewegungsbildes

Weil diese Lichtfiguren in der Bewegung von Aktion und Reaktion aufeinander bezogen sind, eignet ihnen ein zeitliches Moment, das Deleuze mit Bergson als Intervall definiert. Das Intervall beschreibt den zeitlichen Abstand zwischen den Lichtfiguren, und zwar immer noch innerhalb ihrer universellen, materiellen Gesamtheit. Eine zweite Referenz der Bilder entsteht durch die menschliche Wahrnehmung der Bilder, die selektiv verfährt. Sie begrenzt oder kadriert das Bild, indem sie den Referenzen der Bilder untereinander, ihrer „objektiven", wechselseitigen und dezentrierten Wahrnehmung die subjektiv zentrierte Wahrnehmung hinzufügt. Das nennt Deleuze

Wahrnehmungsbild

das eigentliche Wahrnehmungsbild. Es steht am Beginn einer dreifachen Klassifizierung von Bewegungsbildern, die je verschieden Bildelemente, Bildganzes und Dauer kombinieren. Der zweite Bildtyp entsteht durch die Verzögerung der Reaktion auf die selektive Wahrnehmung. Die Wahrnehmung hält das Bild gewissermaßen an, um die richtige Reaktion zu prüfen. Diese Reaktion oder Aktion gehört zur Wahrnehmung des Bewegungsbildes als ihre andere Seite. Dabei übersetzt sich das zeitliche Intervall in eine räumliche Konfiguration, die nicht mehr, wie beim Wahrnehmungsbild,

Aktionsbild

Eliminierung, Auswahl und Bildfeldbegrenzung leistet, sondern durch die Zentrierung der Wahrnehmungsachse vom Subjekt aus einer „Krümmung des Universums" bewirkt, die die „virtuelle Einwirkung der Dinge auf uns und unsere mögliche Einwirkung auf sie" absteckt. (ebd., 95) Das so entstehende Bild heißt Aktionsbild. Der dritte Typ des Bewegungsbildes entsteht durch eine weitere subjektive Zugabe zu Wahrnehmung und Aktion,

Affektbild

den Affekt. Der Affekt dehnt das Intervall, er verzögert die Aktion und liegt deshalb zwischen Wahrnehmung und Aktion.

Das sensomotorische Schema

Die Gesamtheit dieser doppelt referenziellen, also untereinander und auf das Subjekt bezogenen Bildbeziehungen nennt Deleuze mit Bergson das „sensomotorische Schema", wobei alle drei Bildtypen immer gleichzeitig, aber in verschiedener Konzentration und Kombination auftreten. Nach der jeweiligen Dominanz in diesen Kombinationen fasst Deleuze Bildtypen zusammen und analogisiert sie mit Filmbildern. So identifiziert er das Wahrnehmungsbild vornehmlich in der Totale, das Affektbild in der Großaufnahme und das Aktionsbild im epischen Film. In dessen typischem Handlungsschema wird der Ablauf des alternierenden Schemas von Situation und Aktion besonders evident, während das Affektbild eine Entität darstellt, die ein Einzelnes aus dem raumzeitlichen Zusammenhang löst und ihm eine eigene Totalität verleiht. Aus der Organisation der Abfolge der Bildtypen ergibt sich die filmische Narration.

Zeichencharakter der Bilder

Gleichzeitig schließt er an die Klassifikation der Zeichen von Peirce an mit der Unterscheidung von Zeichen der Erstheit, die ausschließlich auf sich selbst verweisen, Zeichen der Zweitheit, die nur aufgrund einer anderen Sache auf sich verweisen, und der Zeichen der Drittheit, die Beziehungen zwischen Zeichen herstellen. Dem entsprechen Wahrnehmungsbild, Aktionsbild und schließlich das gesamte Ensemble der Bildkombinationen in der Erzählhandlung.

Diese hier nur auf ihrer ersten Ebene wiedergegebene Differenzierung überführt Deleuze in verschiede Verknüpfungsmöglichkeiten und demonstriert diese wiederum an Regisseuren und Schulen der Filmgeschichte, wie z. B. den Kompositions- und Montagetechniken des frühen sowjetischen, amerikanischen, deutschen und französischen Kinos. Obgleich er seine Abhandlung nicht als Filmgeschichte verstanden wissen will, sondern als Systematik der Bilder, unterlegt er der Krise des Aktionsbildes, mit der der erste Band schließt, und seiner Ablösung durch das Zeitbild, dem der zweite gewidmet ist, eine historische Argumentation. Diese ergibt sich aus der in der Doppelreferenz der Bildbeziehungen beschriebenen Film-Zuschauer-Relation.

Schon bei frühen Filmtheoretikern hatte sich die Art der Identifikation des Zuschauers mit der Kamera als Schlüsselfrage einer kathartisch-einfühlenden oder kritisch-reflektierenden Haltung erwiesen. Beide sind nach Deleuze im Automatismus des sensomotorischen Schemas angelegt, wobei die beiden Totalitarismen Faschismus und Stalinismus die unkritisch einfühlende Haltung kultivierten und manipulatorisch ausbeuteten. Durch die Fusion von Hitler als „mentaler Automat" (Deleuze 1991, Bd. 2, 338) mit dem Hollywoodkino ist die konventionelle Repräsentation von Realität, die den Kurzschluss von Zuschauer und Film produzierte, im Film obsolet geworden. Daher verbot sich für ein politisches Kino, wie es Deleuze beispielsweise im italienischen Neorealismus verstand, die Anknüpfung an diese Tradition. Den Bruch damit beschreibt Deleuze folgerichtig als Unterbrechung des sensomotorischen Bandes, nach dem das Bewegungsbild funktioniert, durch das Zeitbild. Im Unterschied zum Bewegungsbild, das eine Realität immer in Bezug auf ein zeitliches Kontinuum repräsentiert, löst sich das Zeitbild aus dieser Einbindung und wird damit reine, direkte oder transzendentale Zeit. Es impliziert nicht mehr, wie das Bewegungsbild, die Abwesenheit einer Bewegung, sondern produziert diese erst. Es füllt kein Intervall, sondern wirkt als singuläres, eigenständiges opto-akustisches Zeichen. Das bedeutet, dass etwa im neuen realistischen Kino die Bilder von Realität selbstreflexiven Charakter erhalten. (Deleuze 1991) Sie beziehen sich nicht auf ein Ganzes und liefern keine Interpretation von Realität, sondern konstituieren eine eigene Realität für sich, die der Zuschauer dechiffrieren muss und die Deleuze mit Bazin als „Tatsachen-Bild" bezeichnet.

Historische Verortung des Zeitbildes

Als einen ganz eigenen, komplexen Bildtyp jenseits des Bewegungsbildes stellt Deleuze das Kristallbild vor, das er am spezifischen Realismus der Nouvelle Vague etwa bei Resnais demonstriert. Das Kristallbild leistet genau das, was die Metapher vom Kristallinen beschreibt: Es ist in sich transparent und bricht, bündelt und zerstreut verschiedene Projektionen. Darin ist es ein Zeitbild von besonderer Art, denn es löst den aktuellen Moment nicht einfach aus einer Kontinuität heraus und lässt ihn gerinnen, sondern stellt ihn in eine diskontinuierliche Beziehung von Gegenwart, Vergangenheit und Zukunft. Anders als das Erinnerungsbild, das Gegenwart in eine direkte Relation zur Vergangenheit versetzt, und anders als das Traumbild,

Auflösung der Zeit im Kristallbild

das psychologisch deutet, verschmilzt das Kristallbild Reales und Imaginäres, Aktuelles und Virtuelles. In der Doppelbewegung lässt es Gegenwart verstreichen und wendet sich der Zukunft zu, zugleich aber bewahrt es die Gesamtheit der Vergangenheit. Das Kristallbild schafft seine eigene, autonome Zeit.

III. Filmanalyse

1. Das semiotische Modell

Alle Filmtheorien, die die Gattungsspezifik des Mediums behandeln, diskutieren zugleich die geeigneten Kategorien zur Analyse des Films. Analog der Kategorien angrenzender Künste adaptieren sie deren begriffliches Instrumentarium für den Film. Das heißt, dass von der Malerei und der Fotografie Bildkomposition und Perspektive, Licht und Farbgebung als Elemente der Filmanalyse ihre Gültigkeit behalten, ebenso wie Plot, Handlung, Figurencharakteristik und -konstellation, Spannungsbogen und Performation aus der Literatur bzw. der darstellenden Kunst sowie Komposition und Rhythmus aus der Musik. Narratologie und Linguistik stellen die Begriffe für den diskursiven Apparat und die syntaktische Konstruktion, aus der allgemeinen Kunsttheorie bleiben Termini wie Genre und Sujet, Motiv und Symbol relevant. Während die frühe Filmtheorie die Kategorien filmspezifisch zu adaptieren versuchte und die dem Film eigenen, aus Kamera und Montage abgeleitet, hinzufügte, hat sich die neuere Filmtheorie weitgehend von den ästhetischen und technischen Beschreibungsmodellen abgewandt und die Filmanalyse in allgemeinere Theoriezusammenhänge aus Kulturwissenschaft, Psychologie und Philosophie integriert. Dagegen hat die Entwicklung der Kommunikationstheorie und der Semiotik in den 1960er Jahren ermöglicht, Ansätze der frühen Filmtheorie fruchtbar zu machen, die Film als ein Kommunikationsmedium in der Relation zwischen Produzent – hier verstanden als Kollektivum von Drehbuchschreiber, Regisseur, Kameramann, Techniker, Darsteller – und Rezipient verstehen. Damit wird Film als komplexes Zeichensystem in den Blick gerückt, das wiederum relativ isoliert von Autor und Rezipient Gegenstand einer „Textanalyse" nach dem Vorbild der linguistischen Semiotik werden kann. Dieser Analyse blieb der im Wesentlichen erfolgreiche Versuch vorbehalten, die Elemente der verschiedenen Gattungen in einem komplexen System von visuellen, akustischen und sprachlichen Zeichen aufeinander zu beziehen und damit eine Art Megaapparat zu schaffen, der Film mit anderen Künsten vergleichbar macht und gleichzeitig seine Spezifika integriert.

<small>Semiotik als Fluchtpunkt der Filmanalyse</small>

Im Hinblick auf eine solche Synthese aus außerfilmischen und genuin filmischen Bestandteilen stellt Thomas Kuchenbuch in seinem grundlegenden Buch *Filmanalyse. Theorien. Methoden. Kritik* (2005) mit Metz fest, dass Film diejenigen Elemente, die vor und außerhalb des Films existieren, mit denen kombiniert, die durch die Kameraaufzeichnung und nach ihr durch Schnitt und Montage entstehen. Diese additive Anordnung auf einer Ebene erlaubt vorerst die Klassifizierung der Zeichen nach den herkömmlichen Kategorien der darstellenden Kunst, die in den Film eingehen und von ihm speziell anverwandelt worden sind. Dafür zitiert er folgende, aus-

<small>Außerfilmische und filmische Codes</small>

schließlich für den visuell-gegenständlichen Bereich ausgeführte hilfreiche Übersicht von Hartmut Bitomski, der sich wiederum an Metz anlehnt:

	Singuläres aktuelles Zeichen	Allgemeine kulturelle Codes	Spezielle kulturelle Codes	Filmspezifische Codes und Zeichen
Figuren	Auge Hand Mund etc.	Sprache Gebärden Physiognomie Statur etc.	Gestus Rolle Charakterfach Darstellerschule etc.	Star-Typus: die „blonde Frau" bei Hitchcock, die „Beine von Marlene" etc.
Handlung Plot Aktion	Ein „Gang zum Fenster", das Türschloss verschließen etc.	Küssen Verfolgen Flüchten Streiten etc.	„suspense" „boy meets girl" Monolog etc.	Happy End Showdown Vampir-Kuss etc.
Schauplatz Orte Räume	„Ort" des Verbrechens „Treffpunkt" etc.	„Amerika" „Großstadt" „ländliche Gegend" etc.	„Kitchensink" Architektur etc.	„Western"-Landschaft die „unbeleuchtete Straße" im Krimi die „Treppe" im Horrorfilm etc.
Ausstattung Deko Objekte	Das „Indiz" Requisit etc.	der „Buick" Fingerabdruck Schmuck etc.	„Louis Quinze" „Sansculotte" etc.	„Revolver" im Action-Film „Koffer mit Geld" im Krimi etc.

Was vor und außerhalb des Films entsteht, ist innerhalb des Films den filmischen Zeichen zuzuordnen. Singuläre Zeichen sowie die kulturellen Codes haben gemeinsam, dass sie allgemeine Verständlichkeit beanspruchen dürfen, ebenso wie die filmspezifischen Codes, die sich in der Filmgeschichte als konventionell etabliert haben. Wie die Tabelle anführt, gehören dazu auf der Bildebene typisierte Figuren, Handlungselemente und Räume, die insbesondere in Genrefilmen ein Set an Klischees bereitstellen, das Erwartungshaltungen bedient und zum Verständnis des Films unverzichtbar ist. Auf der sprachlichen Ebene sind hier typisierte Dialoge anzuführen, etwa die einsilbigen, nur Stichworte vorgebenden Dialoge des Westerns, die Verhörtechniken des Detektivfilms, Verführungs- oder Entsagungsszenen des Melodrams, der Wortwitz der Komödie. Einen besonderen, in der Übersicht nicht eigens ausgewiesenen Bereich bilden die kinematografischen Codes, die mit den technischen und wahrnehmungspsychologischen Grundlagen des filmbildlichen Diskurses zusammenhängen. Sie stellen den Teil der filmspezifischen Codes, die durch Kamera und Montage geschaffen werden. Dazu gehören Lauf-Bilder, Kamerageschwindigkeit, Blenden und verschiedene Typen der Montage. Entsprechende Elemente gelten für den Tontrakt in der Bearbeitung von Sprache, Musik und Geräuschen. (Kuchenbuch)

Diese Codierungen kann man als Basis der Dechiffrierung beim Prozess des Film-Verstehens auffassen. Während die Dechiffrierung mit konventionellen Zeichen operiert, die dem einzelnen Film stereotype Wiedererkennungseffekte unterlegt, erfordert das Verständnis des individuellen Films die Arbeit am Detail in der Kombination von Bildanalyse und Narration, unterstützt durch den Tontrakt. Das hierfür ausgebildete begriffliche Instrumentarium erfasst die filmspezifische und kinematografische Umsetzung der Bildnarration, also den durch Kamera und Schnitt hergestellten Bezug zu ihrem zeitlichen Verlauf. Ironischerweise wird man damit auf die schlichte, ursprüngliche Definition des Films als bewegte Bilder zurückgeführt. Es wird sich zeigen, dass der bekannte Teufel im Detail dabei in den Techniken der Verknüpfung zu finden ist.

Film-Verstehen auf Zeichenbasis

2. Bild und Raum

Die Bildkomposition im Film entspricht der Wortbedeutung, die sie in Malerei und Fotografie hat. Sie beinhaltet die Anordnung aller visuellen Elemente innerhalb des Bildrahmens. Figuren und Gegenstände im Raum treffen eine Aussage, die sich nicht durch ihre je singuläre Bedeutung allein ergibt, sondern wesentlich durch die Beziehung ihrer Größen, Proportionen, der Linienführung, der Gestaltung von Flächen, Formen und Farben. Daraus ergibt sich ein „ganzes" Bild, in dem wir die Wiedergabe einer bestimmten Realität erkennen. Hinter dieser scheinbar trivialen Feststellung verbirgt sich eine Relation von Wahrnehmungskonventionen und Realitätsillusion, deren historischen Charakter Rudolf Arnheim an bekannten Beispielen aus der Geschichte der Fotografie und des Films illustriert und die an ihrem Vermögen gemessen wurden, Wirklichkeit „naturgetreu" darzustellen:

Raumillusion als Realitätsillusion

> Reaktionen auf Fotografien und Filme haben gezeigt, daß die immer weitergehende Naturtreue in der bildlichen Darstellung die Illusion des Lebens selbst hervorruft. Die ersten, 1890 gezeigten Filme waren technisch so ungeschliffen, dass sie uns heute kaum die Illusion von Realität vermitteln, aber schon allein die Tatsache, daß dem Schwarzweißbild Bewegung zugefügt wurde, reichte aus, um die ersten Zuschauer vor Angst aufschreien zu lassen, als der Zug direkt auf sie zuraste. Merkwürdigerweise brachte das Aufkommen des Farbfilms kaum eine weitere Steigerung; doch der raumfüllende Ton sorgte vorübergehend dafür, daß Bildtiefe und -volumen beträchtlich gesteigert wurden. (Arnheim 1978, 131)

Arnheims Belege für die „Lebensechtheit" des Bildes betreffen jedes Mal denselben Effekt, nämlich die raumerzeugende Wirkung im Bild. Danach entsteht Tiefe im Film durch Bewegung, durch Raumton und durch perspektivische Darstellung. Arnheim greift, hier nur an einer der vielen historischen Schnittstellen in seiner Abhandlung *Kunst und Sehen* (1978), die wahrnehmungspsychologische Komponente bei der Betrachtung von Bildern auf, für die er grundsätzlich zwei Aspekte voraussetzt: den Zug zur Vereinfachung und den Zug zur Generalisierung. Demnach verfährt Sehen selektiv, nimmt also subjektiv wesentliche und nicht alle Elemente des betrachteten Objekts auf, gleichzeitig werden ein wahrgenommenes Element

Vereinfachung und Generalisierung bei der Raumwahrnehmung

oder einzelne Objekte zu einem Ganzen ergänzt. Beide Vorgänge gehen von der nicht zu eliminierenden Bedingung aus, durch Erfahrung und Erinnerung dem Bild eine Bedeutung zu geben. Es gibt also, wie die Wahrnehmungspsychologie längst weiß, kein naives, voraussetzungsloses Sehen, sondern nur eines, das die Gegenstände sofort in einen Zusammenhang zueinander ordnet und interpretiert.

Räumliches Sehen — Diese Interpretation sucht nach Äquivalenz zwischen Erfahrung und Dargestelltem, was im zwangsläufig zweidimensionalen Bild zuallererst bedeutet, die dritte, die Tiefendimension, hinzuzufügen. Dabei ist das räumliche Sehen eine Fähigkeit, die sich an der abgeschätzten Entfernung der Dinge zueinander, ihrer Größe und ihrer Überlagerung im Sehfeld, ihrer Licht- und Schattenverhältnisse, ihrer Farbintensität sowie der Schärfe ihrer Konturen orientiert. Nach Arnheim ist die Verräumlichung des Sehens soweit habituell geworden, dass „(e)in Muster (...) dreidimensional (erscheint), wenn es als Projektion einer dreidimensionalen Situation gesehen werden kann, die strukturell einfacher ist als die zweidimensionale". (Arnheim 1978, 242) Strukturell einfacher kann hier nur heißen, dass die empirischen Dimensionen eben dreidimensional sind.

Künstlerische Evokationen räumlicher Wahrnehmung — In der Geschichte der Malerei lässt sich nachvollziehen, wie die empirische Wahrnehmung nicht etwa 1:1 im Bild umgesetzt, sondern benutzt wird, um eine räumliche Wahrnehmung gezielt zu evozieren und damit eine Bildbedeutung zu stiften. Die realistische Malerei verfährt dabei anders als die abstrakte, beiden gemeinsam ist aber die Formgebung, die Fläche und Raum aufeinander bezieht. Wenn jene darauf bedacht ist, die Gestaltung hinter dem Thema, dem „dynamischen Spiel" von „sichtbare(n) Ausdruckskräfte(n)" (Arnheim 1978, 133) verschwinden zu lassen, so rückt diese die Anordnung reiner Formen in den Vordergrund. „Gute Form", so Arnheim in Bezug auf realistische Darstellung, „zeigt sich nicht". (ebd.) Neben der räumlichen eignet Bildern auch eine zeitliche Dimension, die Arnheim ähnlich wie später Deleuze der „kinematografischen" Wahrnehmung zuordnet. Er versteht sie als eine Struktur des Bewusstseins, die abgesehen von räumlicher Ganzheit auf zeitliche Kontinuität ausgerichtet ist und daher, wie Deleuze es ausdrücken würde, bestimmte Bildtypen zu „Handlungen" ergänzt.

Zeitliche Sukzession und räumliche Wahrnehmung — Diese Überlegungen vorauszuschicken scheint notwendig, um die häufige Äußerung zu relativieren, nach der der frühe Film wegen seiner technischen Unvollkommenheit hinsichtlich der Tiefenschärfe der angestrebten Realitätsillusion entgegenwirkte. Gezeigt werden sollte vielmehr, dass bereits jedes zweidimensionale Bild dreidimensional und damit „realitätsnah" wahrgenommen wurde, bevor die frühen „Movies" durch die zeitliche Sukzession eines Vorgangs, der per se nur im ausgedehnten Raum stattfinden kann, eine weitere, äußerst wirksame Raumillusion vermittelten, und bevor der Raum füllende Ton die Illusion des Dreidimensionalen vervollständigte. Bildwahrnehmung, so sollte hier vermittelt werden, ist räumlich. Wenn man von dieser Prämisse aus die Wahrnehmung jedes einzelnen Filmbildes und der Bildfolge spezifizieren will, befindet man sich an dem Punkt, an dem frühe Filmtheorien das Revolutionäre des neuen Mediums festmachten – bei der Bedeutung des „Apparates" bzw. der Kamera und der vielfältigen Möglichkeiten, mit denen das technische Medium die Wahrnehmung zu steuern und zu bereichern vermag. Und genau diese Vielfalt schlägt sich in der Vielfalt der deskriptiven Termini nieder.

Die erste relevante Kategorie ist die Perspektive der Kamera. Wie der Maler mit seiner Position dem Betrachter eine Wahrnehmungsperspektive vorgibt, so die Kamera des Fotografen bzw. des Kameramanns. Die Kameraperspektive bezeichnet die Stellung der Kamera zur aufgenommenen Szene und wird darin gewöhnlich mit der Funktion verglichen, die in der Literatur der Erzählinstanz zugeschrieben wird. In beiden Medien beschreibt die Perspektive die Position des „Blicks" des Betrachters, einschließlich des ihm inhärenten kognitiven, psychologischen und moralischen Kommentars. Auf der Skala zwischen Objektivität und Subjektivität können sich Erzähler/Kamera zwischen einer distanzierten und lediglich beobachtenden Haltung und einer distanzlosen, involvierten Position befinden. Die Kamera kann mehr wissen/zeigen als die abgebildete Person, sie kann sich neutral des Wissens enthalten oder ihren Wissens-/Blickhorizont mit dem der Figur identifizieren. Die irrtümlich als üblich angenommene objektive Sicht der Kamera ist gerade im Spielfilm keineswegs dominierend, vielmehr wechselt die Kamera ständig zwischen objektiver und subjektiver Position. Objektiv meint im Grunde die Position, in der die Kamera in Augenhöhe einer Figur frontal auf das Geschehen gerichtet ist. [Kameraperspektive]

Subjektive Kamera, auch mit Point of View bezeichnet, bedeutet die Übernahme des Blick- und Wissenshorizonts der Figur. Doch schon die Kamerahöhe – zwischen Frosch- und Vogelperspektive – kommentiert, desgleichen die verkantete Kamera (schräg zum Bild, so dass es zu kippen scheint). Vor allem bleibt die Kamera in der Regel nicht statisch auf einer Position stehen. Hier wird zugleich deutlich, dass Kameraoperationen entscheidend an die technische Entwicklung der Kamera und ihres Zubehörs gebunden sind. [Subjektive Kamera, verkantete Kamera]

Die ersten Kameras waren statisch. Daraus folgt ein gleich bleibender Einstellungswinkel, der nur durch den nachträglichen Schnitt verändert werden konnte, daher der Eindruck der von einem Punkt auf eine gleich bleibende Bühne gerichteten Theaterperspektive. Neben der vorherrschenden statischen Kamera gibt es jedoch im frühen Film um 1900 Kamerabewegungen mit dem Heranfahren der Kamera an ein Objekt, das dadurch immer größer erscheint und gleichzeitig den Bildrahmen einengt. Damit ist eine narrative Möglichkeit gegeben, aus einem größeren Zusammenhang die Aufmerksamkeit auf einen Gegenstand oder auf eine Figur zu fokussieren und sie damit psychologisch zu interpretieren. Entsprechend haben Kameraschwenks eine narrative Funktion, indem sie einen Vorgang verfolgen und entwickeln oder indem sie eine nur aus der Einstellung heraus nicht erfassbare Totale entfalten. [Statische Kamera]

Eine qualitative Entwicklung brachte die bewegte Kamera, die auf Fahrzeuge montiert wurde und damit größere Räume nicht nur abbildete, sondern wahrnehmbar machte. Die bewegte Kamera hatte ihren ersten Höhepunkt in den 1910er Jahren in den italienischen und amerikanischen Historienfilmen, die große Schauplätze eindrucksvoll einfangen mussten. [Bewegte Kamera]

In den 1930er Jahren perfektionierte die Erfindung der Handkamera die Möglichkeiten der bewegten Kamera, doch ihren eindrucksvollsten Triumph hatte sie mit der „entfesselten Kamera" Karl Freunds in Murnaus Produktio- [Entfesselte Kamera] nen der 1920er Jahre, namentlich mit den Kamerafahrten des hauptsächlich dafür berühmten *Der letzte Mann* (Friedrich Wilhelm Murnau, 1924). Hier wird die Kamera dezidiert in subjektiver Perspektive eingesetzt, um die seelische Verfassung des Protagonisten zu verbildlichen. Das Aufkommen des Tonfilms schränkte die Möglichkeiten der bewegten Kamera vorübergehend ein, weil sie mit einer Schallisolierung (Blimp) ausgerüstet werden musste. Die nächste Modernisierung wurde Ende der 1940er Jahre mit hydraulisch steuerbaren Kameras auf einem Wagen – Dolly – oder mit einem Kran erreicht, der eine komplette Beweglichkeit in alle Richtungen gestattete. Diese Neuerung wurde erst durch die Computertechnik abgelöst. (Historische Angaben nach Robert Müller 2002.)

Einstellungsgrößen

Wenn bereits die Position der Kamera eine außerordentliche Flexibilität in der „Erzählperspektive" gewährt, ergibt sich durch die Einstellungsgrößen eine breitere Differenzierung in der narrativen Gestaltung. Die Einstellungsgröße beschreibt das Verhältnis von Einzelobjekt oder Figur/Figurengruppe und Umgebung in dem von der Kamera erfassten Bildraum. Nach abnehmender Distanz der Kamera zu ihrem Objekt unterscheidet man Supertotale

Totale, Halbtotale, Halbnahaufnahme, Nahaufnahme, Detailaufnahme

oder Panorama, Totale (Long Shot), Halbtotale (amerikanische Einstellung, Medium Shot), Halbnahaufnahme (Close Shot), Nahaufnahme (Close Shot) und Groß- oder Detailaufnahme (Close-up). Eine narrative Komponente haben diese Einstellungsgrößen insofern, als sie bestimmte Fokussierungen vornehmen, die ein Erzähltext verbalisieren müsste, und weil sie Funktionen der Erzählperspektive übernehmen. So übernimmt die für Landschafts-

Establishing Shot Supertotale

bilder und Establishing Shots (Eröffnungsbild des Films) typische Totale oder Supertotale (Panorama, Extreme Long Shot) die Perspektive des auktorialen Erzählers, indem sie den kompletten Handlungsraum überschaut, in dem die Figuren agieren werden. Die Einbettung der Handlung in ein Ganzes unterstellt die Objektivität, die etwa in Historienfilmen der Einordnung des Geschehens in einen vorab gedeuteten geschichtlichen Verlauf – oder mit Lyotard: der „großen Narration" – dient. Westernfilme beginnen häufig mit einer Totale auf die Prärie, Film noirs mit einer Draufsicht auf den „Dschungel" der Großstadt, Science-Fiction-Filme mit einem im unendlichen Weltraum kreisenden Planeten oder Raumschiff. In der Halbtotale konzentriert sich die Kamera auf die in ihrer charakteristischen Umgebung agierenden Figuren, die von den Knien an aufwärts erfasst werden, und von der Halbnahaufnahme (Figur im Brustbild) an nähert sie sich der Physiognomie und damit der psychischen Ausleuchtung der Figuren, die im Close-up eine extreme, voyeuristische Qualität erreicht. Halbnahaufnahmen werden bei

Schuss-Gegenschuss-Verfahren

Dialogen im Schuss-Gegenschuss-Verfahren (alternierende Einstellungen auf die jeweils sprechende Person) bevorzugt, sie zitieren gleichsam in wörtlicher Rede.

Beleuchtung

Zur Bildkomposition gehört ganz wesentlich die Beleuchtung, die aus historischer Sicht von den technischen Standards der Lichtquellen und der Lichtempfindlichkeit des Filmmaterials abhängt. Die wichtigsten Phasen unterscheiden die frühen Jahre (1895–99) mit der ausschließlichen Verwendung des natürlichen Lichts im Freien, darauf folgt bis 1904 die bereits differenzierte Nutzung des Sonnenlichts mittels seiner Umlenkung in Ateliers. In der dritten Phase, bis etwa 1915, wurden mit dem Kohlebogenlicht künstliche Lichtquellen eingesetzt, die die unter Naturbedingung ausschließlich mögliche Frontalbeleuchtung um die Lichtformate Seitenlicht, Gegenlicht und Dreiviertelhinterlicht ergänzten. Erst 1915 beginnt in Hollywood die elektrische Ausleuchtung der Studios und dadurch die vollständige Unabhängigkeit vom natürlichen Licht. (Samlowski/Wulff 2002) Wenn in den ersten zwei Jahrzehnten des Films die entscheidenden technischen Neuerungen seitens der Lichtquellen entwickelt wurden, die durch die Verbesserung der Kameralinsen und durch die Entwicklung von Farbfilmmaterial komplettiert wurden, waren damit alle Variationsmöglichkeiten des gezielten Einsatzes von Licht und Farbe bereitgestellt. Das bedeutet einerseits die Möglichkeit, natürliches Licht und seine Wahrnehmung vollständig zu simulieren und damit einen realistischen Effekt zu erzielen, andererseits die Abkoppelung von natürlichen Lichtverhältnissen. Gesamtszenario, einzelne Objekte und Figuren können mittels verschiedener Lichtquellen voneinander abgetrennt werden. Prinzipiell dient die Ausleuchtung zur Erzeugung von Stimmungen.

Man unterscheidet den High-Key-Stil, bei dem durch ein Führungslicht von oben, ergänzt durch seitliche Lichtquellen (Fülllicht), der Bildraum vollständig und gleichmäßig ausgeleuchtet wird. Schatten und Grauabstufungen entstehen dabei nicht, während der Low-Key-Stil einzelne Figuren oder Gegenstände „ins Licht rückt" und so hervorhebt. Er dient der Wahrnehmungslenkung, durch Kontrastwirkung und Licht-Schatteneffekte zudem der atmosphärischen Dramatisierung. Davon profitierten vor allem der expressionistische Film, der Film noir und der Horrorfilm.

High-Key-Stil
Fülllicht

Low-Key-Stil

Dass der Versuch, Einzelbild und Bildkomposition im Film zu beschreiben, die narrative und damit zeitliche Dimension nicht ausklammern kann, liegt im Wesen des Films als Element einer Bildfolge begründet. Wenn die Kamera sich innerhalb einer Einstellung bewegt, wird nicht nur der erwähnte Raumeffekt, sondern parallel ein zeitlicher Ablauf erzeugt. Dies erfolgt mittels Kameraschwenk (Drehung der Kamera um eine beliebige Achse) bzw. Kamerafahrt (vgl. bewegte Kamera, die Kamera wird an einem fahrbaren Gerät befestigt oder als Handkamera von einer sich bewegenden Person geführt und dynamisiert so die Bewegung). Dabei wird zugleich fortwährend der Rahmen des Einzelbildes (Kader, Frame – Begrenzung des Bildausschnitts) fortwährend verschoben. Die im frühen Film retrospektiv als primitiv eingeschätzte Technik, die noch unvollkommen die Sichtfeldbeschränkungen der statischen Kamera überwand, gewinnt neue Bedeutung in der Auseinandersetzung um den realistischen gegenüber dem konstruktiven Charakter des Films. Denn in Kombination mit der technisch vervollkommneten Tiefenschärfe oder Schärfentiefe (Bereich des Filmbilds, in dem die Gegenstände oder Personen auch noch im Hintergrund scharf erscheinen) wurden Plansequenzen (Sequenze Shot, Sequenz aus einer einzigen ungeschnittenen Einstellung) als bewusst eingesetztes Stilmittel des realistischen Kinos möglich. Dabei ist zu beachten, dass Realismus sich hier vom Illusionskino dadurch unterscheidet, dass die Schärfentiefe nicht die natürliche Wahrnehmung wiedergibt, bei der die Schärfe der Konturen in Richtung Bildhintergrund abnimmt, sondern im Gegenteil alle Objekte im Raum gleich scharf konturiert. Verknüpft mit Plansequenzen, wird mit dieser Technik eine Fülle von Details von gleichrangiger Priorität sichtbar.

Kameraoptionen

Kameraschwenk, Kamerafahrt

Rahmen

Tiefenschärfe/ Schärfentiefe
Plansequenzen

3. Mise en Scène und Montage

Mise en Scène und Montage

An der Kategorie Schärfentiefe lässt sich beispielhaft zeigen, wie Film als Kunstmedium durch die Technik der nur ihm eigenen Darstellungsmittel definiert ist. Schärfentiefe ist vorerst nur eine scheinbar geringfügige Errungenschaft der Kameratechnik, die als stilistisches Instrument eingesetzt wird. André Bazin allerdings hat ihr nichts weniger als das Potential eines „dialektische(n) Fortschritts in der Geschichte der Filmsprache" (Bazin 2004, 103) zugebilligt. Diese Nobilitierung der Schärfentiefe knüpft Bazin an den vielleicht umstrittensten Begriff nicht allein der Film-, sondern der Kunstwissenschaft überhaupt, den Realismus. Im Unterschied zu den frühen Film- (bzw. Fotografie-)als-Kunst-Debatten geht es bei seiner Auffassung von Realismus nicht um den Realität dokumentierenden statt formenden Charakter des Films, sondern um die Doppelbedeutung von Realismus als „humanistische(r) Weltanschauung" und „Regiestil" (ebd., 97). Der erste Aspekt ist dem zweiten insofern vorausgesetzt, als der in seinem Verständnis realistische Stil dem Zuschauer die Freiheit lässt, die im Film dargestellte Welt zu interpretieren. Das wiederum impliziert das alte humanistische Postulat, dass – in leichter Abwandlung der berühmten Marxschen These – die Welt interpretierbar sein muss, um sie zu verändern. Und an der Deutungsmacht des Regiestils über die dargestellte Welt etabliert Bazin sehr grundsätzlich die Opposition der Verfahren von Mise en Scène und Montage.

Montagetypen

Montage war der Leitbegriff der russischen Filmkünstler und -theoretiker (Eisenstein, Pudovkin, Vertov), mit dem die Gestaltungsmacht des neuen Mediums gefeiert wurde. Wie im Theoriekapitel ausgeführt, verband sich hier die Emphase für den Film als Montagekunst mit einer gesellschaftlichen Utopie, die beanspruchte, Wirklichkeit zu verändern, indem man diese neu interpretierte und buchstäblich neu zusammensetzte. Solche Intention akzentuiert, im Gegensatz zu Bazins Präferenz der Mise en Scène, die Fähigkeit der Montage, die raumzeitliche Kontinuität zu überwinden. Dabei beinhaltet Montage (Schnitt, Editing, Cutting) das Grundverfahren der Filmtechnik, einen kontinuierlich aufgenommenen Filmstreifen nachträglich neu zu schneiden und neu zusammenzufügen. Auf dieser simplen handwerklichen Bearbeitung des Rohmaterials beruht ein wesentlicher gestalterischer Spielraum für die narrative Codifizierung des Films. Auf der zeitlichen Ebene der Handlung dient sie der chronologischen Organisation, die mittels Vor- und eher seltenen Rückblenden und durch Straffung und Beschleunigung der Handlung eine Funktion des literarischen Erzählers übernimmt. Die Basis für die zeitliche Strukturierung bilden die Schnittfrequenzen, die zum Beispiel durch Erhöhung des Tempos immer kürzerer Einstellungen wahrnehmungspsychologisch den Effekt der Beschleunigung erzielen (Beschleunigungsmontage).

Beschleunigungsmontage
Parallelmontage

Die Beschleunigungsmontage wird beispielsweise bei Verfolgungsjagden als Sonderfall der Parallelmontage (alternierende Folge zweier Handlungsstränge, die dadurch den Eindruck von Simultanität erwecken) eingesetzt, die Griffith seit *The Birth of a Nation* (1915) berühmt machten. Diese Montagetypen zeigen, wie die Montage etwa durch Spannungserzeugung die Rezeption des Zuschauers lenkt.

3. Mise en Scène und Montage

An der Rezeption war Eisenstein insbesondere durch die Montage der Attraktionen interessiert, unter der er die Kombination sinnlich und psychisch expressiver Elemente verstand, die beim Zuschauer eine kathartische Wirkung erzielen sollten. Diese Dynamisierung des Bildes integrierte er in seine grundlegende, zugleich auf kognitive Einsichten zielende dialektische Montage, die nach dem dramatischen Prinzip von Opposition und Steigerung Kollisionen zeigt und rhythmisch miteinander verbindet.

Montage der Attraktionen

dialektische Montage

Die Montage der Attraktionen dient der argumentativen Funktion der Filmerzählung. Die auch von Bazin zitierte berühmte Filmsequenz aus *Panzerkreuzer Potemkin* (1925) schneidet zum Beispiel drei unterschiedliche steinerne Löwen so hintereinander, dass sie als prophetischer Aufruf nur eines Löwen zum „Erwachen" gedeutet werden müssen. Der erste schläft, der zweite richtet sich auf, der dritte brüllt. Die evidente Symbolik dieser Bildfolge deutet die Dynamik des im Film gezeigten Aufstandes und appelliert gleichzeitig an den Zuschauer, sich der Logik dieser revolutionären Aktion anzuschließen. Ähnlich funktioniert der sog. Kuleschow-Effekt, dessen Erfinder Lew Kuleschow experimentell vorführte, wie die Montage eines Gesichtsausdrucks mit jeweils verschiedenen ikonografischen Bildern in demselben Gesicht einen jeweils anderen Ausdruck wahrnehmen lässt. Das Gesicht erhält dadurch also eine eindeutige Zuschreibung. Genau das wirft Bazin der konzeptionellen Verabsolutierung der Montage vor: Montage manipuliert den Zuschauer, Mise en Scène aktiviert ihn. Montage fügt der Realität etwas hinzu, während die Mise en Scène Realität lediglich enthüllt, sie in ihrer Mehrdeutigkeit belässt und den Zuschauer zur Interpretation auffordert. Darin liegt für Bazin die unbestrittene, „metaphysische" Aufgabe des Films, ihre Realisierung findet er in der meisterhaften Handhabung der Schärfentiefe in Orson Welles' *Citizen Kane* (1941). Zugespitzt lautet seine These: Realismus ist räumlicher Realismus, seine Wirkung beruht auf Authentizität.

Kuleschow-Effekt

Die Priorität des Raums, und zwar genauer die dem Theater entlehnte Einheit des Ortes, ergibt sich aus der polemischen Opposition gegen die Bezugsgröße der Montage, die Zeit. Gegen die Verfechter einer technisch argumentierenden „Entwicklungstheorie" des Films, die eine Tendenz vom raumbezogenen frühen Film bis zu den virtuosen Montageformen in der Spätphase des Stummfilms behauptet, zeigt er im späten Stummfilm eine ebenfalls mit der Mise en Scène operierende, auf Montageeffekte verzichtende Linie bedeutender Regisseure wie Stroheim, Murnau und Flaherty auf. Während die Favorisierung der Montage beim Aufkommen des Tonfilms in die Krise geriet, führte der Tonfilm diese Linie weiter, indem er zur stärkeren Respektierung des Raumkontinuums zwingt. Die Differenzierung wird hier durch die innere Montage, die sorgfältige Komposition des Bildraums, geleistet. Konsequent findet Bazin das realistische Raumkonzept im französischen Film der 1930er Jahre und im italienischen Neorealismus fortgesetzt, Stilepochen, die sich wie später die Nouvelle Vague der Analyse einer als krisenhaft verstandenen gesellschaftlichen Wirklichkeit verpflichtet fühlten.

Innere Montage

Wenn Bazin die Montage nicht aus der Filmkomposition verbannt wissen möchte, sondern durch sie die mit der Schärfentiefe perfektionierten Möglichkeiten der Mise en Scène in ihre sinnvollen Schranken verwiesen sieht,

Unsichtbare Schnitte – Jump Cut

muss auf die Technik der unsichtbaren Schnitte/Montage hingewiesen werden. Anders als das dargestellte Realismuskonzept und im Gegensatz zu den Vertretern der konstruktivistischen Apparatetheorie dient sie vornehmlich dem Illusionskino mit dem Ziel, die Montage möglichst zu verschleiern. Eine ihrer Varianten ist der Jump Cut (Sprung-Schnitt), ein Trick, der eine zu lang dauernde kontinuierliche Bewegung im Raum unauffällig verkürzt, indem er ein Stück davon herausschneidet. Die unsichtbare Montage verfolgt das dem Hollywoodkino pauschal zugeschriebene Wirkungskonzept, den Zuschauer möglichst wehrlos der Traumfabrik Kino auszusetzen. Indikatorisch für den Unterschied zu Bazins Mise en Scène soll hier nur angeführt werden, dass im Illusionskino die Schärfentiefe äußerst restriktiv eingesetzt wird, um sich die Aufmerksamkeitslenkung des Zuschauers zu sichern.

4. Narrative Modelle

Einstellung – Szene – Sequenz

Alle zeitlichen Dimensionen des Films haben eine narrative Funktion, wobei die Entfaltung der Mise en Scène und die Montage ihre beiden grundlegenden Möglichkeiten beschreiben. Dennoch haben die Montagetechniken das begriffliche Instrumentarium bereitgestellt, das die Spezifik des filmischen Erzählens erfasst. Das betrifft die Gliederung der narrativen Einheiten nach Länge und Funktion, die teils dem Theater, teils der Narratologie entlehnt sind: Einstellung, Szene, Sequenz. Einstellung bedeutet hier die kontinuierliche Bildfolge zwischen zwei Schnitten, Szene ist eine Handlungseinheit, Sequenz eine große räumliche, zeitliche und thematische Einheit, vergleichbar dem Aufzug des Dramas oder dem Romankapitel. Während sich folglich in der Einstellung die Potentiale der Mise en Scène entfalten, kommt es bei Szene und Sequenz auf die Verknüpfungstechniken an, mit denen der Film die semantischen Gliederungen organisiert. Hier sollen zwei prominente Modelle vorgestellt werden, Christian Metz' Tabelle der großen Syntagmen, die sich mit der „Syntax des Films" an die linguistische Begrifflichkeit anlehnt, und David Bordwells Systematisierung der Narration im Spielfilm, die die Systematik der russischen Formalisten mit Erkenntnissen der strukturalistischen Erzählforschung kombiniert.

Metz' große Syntagmen

Metz geht von der semiotischen Opposition der Ebene der diegetischen Signifikate und der Ebene der filmischen Signifikanten aus. Die diegetische Instanz umfasst das gesamte Feld der Handlung einschließlich des Ortes, der Zeit und der Figuren, die filmische Instanz deren syntaktische Verbindung. Beide Gliederungen sind in ihren einzelnen Elementen aufeinander zu beziehen. Die möglichen Varianten baut Metz stufenweise in acht Typen sog. autonomer Segmente auf. Danach besteht die erste Stufe der diegetischen Ebene in einer Handlungsepisode, die er autonomes Segment nennt und die filmisch entweder in einer oder in mehreren Elementen realisiert werden kann. Im ersten Fall spricht Metz von einer autonomen Einstellung (1. Typ), im zweiten von einem Syntagma. In einem zweiten Schritt werden die Syntagmen in chronologische und achronologische unterteilt. Die achronologischen Syntagmen werden entweder als paralleles Syntagma (2. Typ) oder als Syntagma der umfassenden Klammerung (3. Typ) realisiert.

4. Narrative Modelle

Das parallele Syntagma entspricht der Parallelmontage, mit dem zweitgenannten bezeichnet Metz eine Serie von Szenen, die eine bestimmte, mit der Handlung verbundene Realität illustrieren. Beiden ist gemeinsam, dass sie auf der diegetischen Ebene der Handlung nicht fixiert werden können. Das wiederum eignet den chronologischen Syntagmen, die dem zeitlichen Ablauf der Handlung folgen und entweder Simultanität oder Konsekution ausdrücken. Die erstgenannten definiert Metz als deskriptive Syntagmen (4. Typ), sie dienen der Konstitution eines Raums, während die zweite Gruppe die eigentlichen narrativen Syntagmen vereint. Erst mit dieser Gruppe führt Metz die zeitliche Achse der Diegese mit der filmischen Konstruktion zusammen. Auch hier gibt es zwei Varianten, das alternierte Syntagma (5. Typ), das mehrere Abläufe im Wechsel zeigt – das ist die direkte begriffliche Entsprechung der Parallelmontage – und dabei Simultanität fortschreitender Handlungen zum Ausdruck bringt, und das lineare narrative Syntagma, das nur einen Handlungsstrang umfasst. Chronologische Syntagmen unterteilen sich in kontinuierliche, sie bilden eine räumlich-zeitliche Ganzheit, die Metz Szene (6. Typ) nennt, und diskontinuierliche, die er als Sequenzen bezeichnet. Sequenzen sind durch Sprünge gekennzeichnet und haben entweder die Struktur einer Serie von Episoden (7. Typ) oder sind gewöhnliche Sequenzen (8. Typ), die Elemente einer Handlung auslassen, die für das Verständnis unwichtig sind. Im Schema (Albersmeier 2003) stellt sich das System folgendermaßen dar (siehe S. 58).

Metz' Klassifizierung hat den Vorzug, umfassend und komplex die Subelemente einer Filmsyntax zu ordnen, und den Nachteil, kompliziert zu sein – zu kompliziert und abstrakt jedenfalls, um sie in einer konkreten Filmanalyse so umzusetzen, dass die Beziehung zwischen Diegese und filmischem Code sinnfällig herausgearbeitet werden könnte. Dennoch hat Metz' Klassifikation der autonomen Einstellungen und Syntagmen pragmatisch orientierte Beschreibungen beeinflusst wie zum Beispiel Kuchenbuchs Typologie von Montageeinheiten, die Struktur und Sinnstiftung enger miteinander verbindet. Kuchenbuch unterscheidet insgesamt sechs denkbare logische Montageeinheiten: erzählende, beschreibende, Montage-Einheiten der abstrakten Relationen, Traum- und Erinnerungsbilder, Zeitsprünge und Parallelität. Die erzählenden Einheiten stellen den Fortgang der Geschichte her und sind entweder in raumzeitlicher Kontinuität gestaltet (Szene – aus einer Einstellung oder mit kaum merklichen Schnitten) oder in szenischer Montage. Wenn die beschreibenden Einheiten, wie bei der Mise en Scène ausgeführt, der räumlichen Orientierung dienen, sind die im engeren Sinn narrativen Typen der szenischen Montage durch Raum- und Zeitsprünge gekennzeichnet. Hilfreich für die semantische Dekodierung ist vor allem die Klassifizierung von Bildrelationen in Typen der relationalen Montage, die neben den raumzeitlichen geistige Bezüge zwischen den Elementen herstellen. So werden in der vergleichenden Montage zwei Phänomene bildlich miteinander in Beziehung gesetzt und damit gedeutet, in der synekdochischen und metonymischen Montage Teile zu einem Ganzen ergänzt, in der symbolischen und der metaphorischen Montage interpretieren Bildsymbole oder Metaphern die Handlung – hier sei an Eisenstein und Kuleschow erinnert –, die – mit Metz – Montage der zusammenfassenden Klammerung reiht separate Bildeinstellungen zu einem narrativen Zusammenhang, die assoziative

Adaptionen der Syntagmenklassifikation

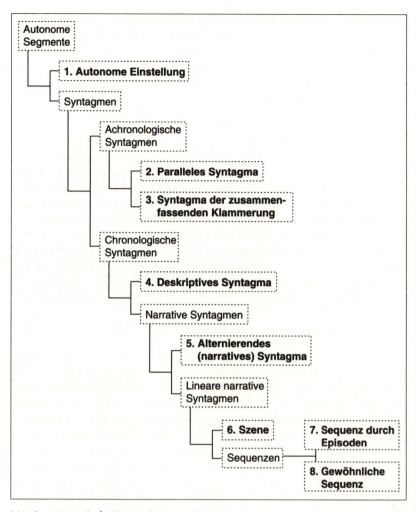

Metz' syntagmatische Kategorien; aus: Monaco

Montage schließlich belässt solche Reihungen in einer vagen Verklammerung. (Kuchenbuch 2005)

In Bezug auf Metz wurde mehrfach festgestellt, dass die erhellende Fundierung der Filmanalyse in der Terminologie einer allgemeinen strukturalen Linguistik die verwirrende Konsequenz nach sich zieht, konventionelle Termini der Filmwissenschaft mit narratologischen, dramaturgischen und linguistischen Begriffen zu überschneiden. Mit dieser Ambivalenz muss allerdings jedes Vorhaben rechnen, das die Spezifik einer Kunstgattung auf allgemeine ästhetische oder textuelle Grundlagen zurückführen und sie so kommunizierbar machen will. Für eine Filmtheorie evident, geht auch David Bordwell in seinem Buch *Narration in the Fiction Film* (1985) von zwei Basistheoremen der antiken Erzähltheorie aus. Danach setzen diegetische Theorien auf die literarischen und verbalen Aktivitäten, also das Erzählen („telling"), mimetische Theorien hingegen auf die lebendige Repräsentation,

Bordwell: „telling" statt „showing"

also das Zeigen („showing"). Ursprünglich für Epos und Theater entwickelt, sind sie beide gleichermaßen auf jede Kunstgattung anwendbar. Wie schon beschrieben, haben Bilder eine narrative Dimension, und umgekehrt verweisen einige Termini der Erzähltheorie auf den bildlichen, genauer: deiktischen Aspekt des Erzählens: Erzählperspektive, Point of View, Camera Eye, die begriffliche Äquivalenz von „showing" bzw. „telling" für die neutrale bzw. auktoriale Erzählsituation. Die Linguistik fasst unter dem Begriff „Deixis" (Zeigfeld) alle Elemente, die einen sprachlichen Sachverhalt in einer Personen-, Raum- und Zeitstruktur verorten und damit die Sprechsituation kennzeichnen.

Die Bedeutung der strukturalistischen Linguistik und Erzählforschung für den Film ergibt sich einmal aus der Tatsache, dass sie teils an der großen Romanliteratur des 19. und 20. Jahrhunderts geschult ist, die der Film aufgreift, und ein ausgefeiltes Instrumentarium für die Beschreibung komplizierter Zeit- und Erzählstrukturen entwickelt hat. Das gilt insbesondere für Emile Benveniste und Gerard Génette. Als generelle Leitdifferenz kann die Unterscheidung von „énoncé" und „énonciation", „discours" und „histoire" (Benveniste) festgehalten werden, die Genette in „récit", „histoire" und „narration" modifiziert. Roland Barthes unterscheidet ebenfalls „récit" und „histoire", bei Metz hieß dieselbe Unterscheidung filmspezifisch Film und Diegese usw. Strukturalistische Basistheoreme

Als entscheidende Prämisse übernimmt Bordwell nunmehr von Metz, dass der Film ein „discours" ist, der sich als „histoire" maskiert. Mit anderen Worten: Es gibt keine „histoire" *vor* dem „discours". Diese für die Literatur so eindeutig nicht zu treffende Antwort konvergiert hier mit der gleichfalls aus der Literaturwissenschaft bekannten Frage nach der Autorschaft oder dem Subjekt des Erzählens. Aus zwei Gründen verwirft Bordwell eine vor- oder außerfilmische Instanz des Erzählens, einschließlich der These, dass die Kamera diese Funktion übernähme. Der erste Grund kommt aus dem Produktionsverfahren des Films, das immer ein kollektives, von Drehbuchautor, Regisseur, Kameramann, den Darstellern, den Beleuchtern, dem Cutter bestimmtes ist und daher die Annahme einer einheitlichen intentionalen Instanz der Produktion negiert. Der zweite Grund setzt das diskursive, insbesondere das Montageprinzip des Films mit der Rezeptionssituation in Beziehung und insistiert konform mit Metz darauf, dass die „histoire" im Prozess der Dekodierung des „discours" im Kopf des Zuschauers entsteht. Nur der Zuschauer unterstellt einen „impliziten Autor". Bordwell: Film als „histoire" maskierter „discours"

Angelehnt an vergleichbare Theorien der russischen Formalisten entwickelt Bordwell – zur Abgrenzung von der Idee der „énonciation" – in wiederum anderer Terminologie seine Theorie der Filmnarration, die diesen Prozess des Film-Schaffens in der Interaktion von narrativer Vorgabe und rezeptiver Leistung analysiert. Seine Leitbegriffe sind Fabel (analog zu „story", „histoire"), Sujet („plot") und Stil, die beiden Letzteren sind aufzufassen als Hauptkategorien des „discours". Die Fabel, wie betont kein vorfilmisches Ereignis, umfasst die Handlung in chronologischer und kausaler Ordnung in einem gegebenen zeitlichen und räumlichen Feld. Sie kann in Personen, Personenkonstellationen, Handlungselementen, Ort und Zeit verbal zusammengefasst werden. Das Sujet modelliert die Fabel, es arrangiert die Präsentation der Fabel in der Narration. Es konstruiert Aktionen, Wendepunkte, Fabel – Sujet – Stil

Zeitverhältnisse in einem dramaturgischen Verlauf. Der Stil setzt die filmischen Mittel der Fabelkonstruktion ein, mit Bild und Ton ist er das materiale „Vehikel" des Sujets. Fabel und Sujet sind nach dem Prinzip der narrativen Logik, der Zeit und des Raums aufeinander bezogen. Die einzelnen Verfahren der Sujetkonstruktion setzen eine Erwartungshaltung des Zuschauers in Bezug auf die Fabel voraus und bedienen sich durch die Kombination und Komposition von selektiven Informationen der Lücken („gaps"), wodurch die kreative Leistung des Zuschauers herausgefordert wird.

Historische Periodisierung

Dieses Modell hat Bordwell, je nach der Relation seiner drei Hauptkategorien, in einer historisch-systematischen Anwendung plausibel gemacht. Er differenziert die klassische Narration, die Art-Cinema-Narration, die historisch-materialistische und die parametrische Narration. Für die klassische setzt er den Hollywood-Film bis 1960 als repräsentativ an, sie selbst besteht in einer kausal strukturierten Fabel, die im Sujet realistisch, das heißt raumzeitlich und psychologisch, adäquat umgesetzt wird. Davon unterscheidet sich die artifizielle Sujet-Konstruktion durch Lücken in Gestalt zeitlicher und räumlicher Sprünge, die dem Zuschauer eine ungleich größere Rezeptionsleistung hinsichtlich der Rekonstruktion der Fabel abverlangen. Während man dem klassischen Kino schlicht den Stempel „Hollywood" aufdrücken kann, streuen die Beispiele der artifiziellen Filmerzählung über das gesamte europäische und teils das amerikanische Kino, filmgeschichtlich signifikant setzt Bordwell sie etwa seit dem italienischen Neorealismus und dem französischen Autorenkino an. Die historisch-materialistische Erzählung definiert er wenig überraschend – und ohne Ressentiments – als ideologisch linkslastig und lässt sie im frühen sowjetischen Kino beginnen. Sie zeichnet sich durch eine spezielle Rhetorik aus, eine auf Sujetebene arrangierte argumentative Lenkung des Zuschauers, wie sie zum Beispiel Eisensteins Montagetechnik intendiert. Festzuhalten ist, dass es sich nicht um verbale oder bildliche Propaganda handelt, sondern um über Montage oder etwa Brechtsche V-Effekte sowie episch statt kathartisch funktionierende formale Konstruktionen. Die in Anlehnung an einen terminologischen Vorschlag von Noël Burch so genannte parametrische Narration fokussiert den Stil unabhängig von den Typen der Fabel-Sujet-Relation. Sie beschreibt epochenunspezifisch eine auffällig individuelle, „poetische" Gestaltungsvorliebe einzelner Regisseure.

5. Sprache und Ton

Film als Sprache – Sprache im Film

Die komplex ausdifferenzierten Modelle zur Beschreibung der Narration im Spielfilm bedienen sich der Terminologie der Erzähltheorie und der Linguistik, ohne ein einziges Mal die Sprache im Film auch nur zu erwähnen. Das hat bei den für die Theoriebildung konstitutiven frühen Filmtheorien vordergründig damit zu tun, dass sie selbstverständlich vom Film als Stummfilm ausgingen, bei den linguistischen Modellen damit, dass sie die Bildfolge als Text analog zum sprachlichen Text betrachten. Prinzipiell jedoch bleibt die Prämisse richtig, dass der bildlich eingeblendete Sprachtext und die akustisch vermittelte Sprache wie auch Musik und Geräusch eine Zu-Tat zum Film sind, die mit der Erfindung des Tonfilms eine qualitative Bereicherung bedeuteten. Sie vermochte die pantomimische Expressivität des Stummfilms auf ein „realistisches" Maß zu reduzieren und Übersetzungen im eingeblendeten sprachlichen Subtext überflüssig zu machen.

Die im Stummfilm eingeblendeten Zwischentitel dienten der Information über Ort, Zeit, Handlungsverläufe und -hintergründe sowie der Wiedergabe von Dialogen, alles unerlässliche Elemente der Information also, die nicht ins Bild aufgenommen werden konnten, weshalb sich auch die „Kunst" des Stummfilmregisseurs nach der Fähigkeit bemaß, auf diese illusionsstörenden Hilfsmittel zu verzichten. Von diesen Schriftzusätzen zu unterscheiden sind grafisch ins Filmbild eingearbeitete Schriftzeichen – das berühmteste Beispiel sind die Inserts in *Caligari* – sowie indikative Sprachzeichen wie Namensschilder an Häusern oder Hotels, Reklame, Straßenschilder usw. Darüber hinaus gibt es als Schriftmedium eingeblendete Textstücke wie Briefe, Tagebücher, Chroniken, Buchseiten, die dem Bildmedium bewusst kontrapunktisch gegenübergestellt werden. Solche medialen Selbstreflexionen treten im späteren Stummfilm häufig auf, zum Beispiel in Murnaus *Nosferatu* oder in Langs *Mabuse*-Filmen. Schriftelemente dieser Art sind dem Tonfilm erhalten geblieben.

Zwischentitel im Stummfilm

Kein Stummfilm kam ohne Musik aus. Bekanntlich wurden von Beginn an Aufführungen von Musik begleitet, weil erst der Ton zum Film die lebendige Wirkung der bewegten Bilder vervollkommnete – jeder kann empirisch überprüfen, dass ein ohne Ton ablaufender Film einen gespenstischen Eindruck macht. Mit Musik wurde zugleich bei der Montage von Filmen experimentiert, die analog musikalischer Bauformen gestaltet wurden, wie etwa Ruttmanns *Berlin, die Symphonie einer Großstadt* (1927) oder Victor Eggelings *Symphonie diagonale* (1924). Auch Eisenstein analogisierte Montage mit musikalischen Kompositionen und war nicht zufällig einer der Ersten, der für einen Film (*Panzerkreuzer Potemkin*, 1925) eine eigene Filmmusik komponieren ließ. Damit wird die Filmmusik zum Bestandteil der Narration mit der Funktion, diese zu untermalen oder zu kommentieren. Sie kann dabei entweder synchron und parallel oder asynchron und kontrapunktisch eingesetzt werden, um Personen, Handlungen oder Milieus zu charakterisieren. Unerlässlich ist Musik zur Evokation von Stimmungen, wie sie für bestimmte Handlungsinhalte oder Genres typisch sind, also etwa tragische Töne am Ende des Melodrams, aufpeitschende bei einer Gefahr in Abenteuer- oder Kriminalfilmen, optimistische bei einem Happy End oder einer Rettung, gruselige bei Horrorszenen, kämpferische bei einer Schlacht usw. Damit kann Musik eine indikative Funktion erfüllen wie die Geräuschkulisse, die unmittelbar zum Verständnis und zum Illusionseffekt beiträgt. Eine narrative Funktion hat Musik dort, wo sie szenische Kontinuität herstellt. Das ist zum Beispiel dann wichtig, wenn durch eine hohe Schnittfrequenz die räumliche Kontinuität unterbrochen wird oder wenn sie leitmotivisch an vorangegangene Szenen anknüpft.

Musik im Stummfilm

Eine eigene Bedeutung haben komplette Filmmelodien, meistens Lieder, die in die Handlung integriert werden. Der erste Tonfilm, Alan Croslands *The Jazz Singer* (1927), begeisterte das Publikum mit der kompletten Einspielung der Lieder des berühmten Sängers und Protagonisten Al Jonson, während von den Dialogen nur ein winziger, wenige Minuten andauernder Ausschnitt akustisch umgesetzt wurde, alle anderen sind in Stummfilmtradi-

Filmmelodien

tion als Schrift unterlegt. Überhaupt reüssierte der Tonfilm als Musikfilm mit eigens auf seine Stars zugeschnittenen Liedern – Marlene Dietrich wäre ohne die Songs der Lola im *Blauen Engel* (1929) so wenig prominent geworden wie Zarah Leander in den deutschen Filmen der 1930er Jahre. Seitdem führen Filmmusiken ein Eigenleben auf Schallplatten und CDs, und es ist oftmals nicht auszumachen, ob der Film zur Kreation von Musikstars beiträgt oder diese umgekehrt einem Film erst zu seiner Popularität verhelfen.

Sprache im Film

Anders sieht es bei der gesprochenen Sprache im Film aus. Niemand außer Spezialisten käme auf die Idee, ein Drehbuch zu lesen, denn anders als der dramatische Text als Spielvorlage für das Theater fällt der Filmdialog in der Regel knapp, sogar lakonisch aus, weil auch im Tonfilm das Bild den Hauptteil der sprachlichen Funktion des Theaters oder der Erzählung übernimmt. Wie im Theater jedoch treiben Dialoge im Film die Handlung voran.

On
Off

Monologische Teile sind erzählerische Elemente in Figurenrede, also innerhalb der Szene (On), daneben kann ein Erzähler außerhalb der Szene (Off) auftreten, um über Hintergründe, Motivationen oder ausgelassene Handlungselemente zu informieren oder diese zu kommentieren. Der anonyme, keiner Figur zuzuordnende Erzähler entspricht dem auktorialen oder personalen Erzähler der literarischen Erzählung. Eine spezielle Technik dabei ist das Voice over, die Unterlegung einer Szene durch Off-Ton.

Voice over
Verknüpfung von Sprache und Bild

Voice over ist eine der möglichen Verknüpfungen von Ton- und Bildtrakt. Nach Kuchenbuch können für das Verhältnis von Sprache und Bild generell drei Modi der Verknüpfung unterschieden werden. Zum Ersten ist die syntaktisch-formale Relation zu beachten, die eine Aussage mit dem Schnittrhythmus der Montage in Beziehung setzt. Das heißt, eine einfache Aussage kann mit einer einfachen Montage analogisiert werden, eine komplexe mit einer komplizierten oder umgekehrt, einfache Einstellungen kontrastieren mit einer komplizierten Aussage. Zum Zweiten gibt es die semantisch-inhaltliche Relation zwischen Bild und Sprache. Sie weist aus, ob die Sprache zum Bild eine Beziehung hat oder nicht. Wenn das der Fall ist, dann konkretisiert und vereindeutigt Sprache das Bild in einer bestimmten, singulären Situation. Umgekehrt wird im Grad der Abstraktion der Sprache vom Bild erfasst, inwieweit Sprache über den konkreten und aktuellen Bildinhalt hinausgeht, indem sie Verallgemeinerungen formuliert. Darüber hinaus können Sprache und Bild nach ihrem Richtungssinn beurteilt werden, je nachdem, ob die Sprache das Bild konform erklärt oder ihm widerspricht und es als Täuschung deklariert. Zum Dritten besteht zwischen Sprache und Bild eine kontextuell-situative Relation, in der Verweisungszusammenhänge ausgedrückt werden. Das Bild kann eine Aussage zum Beispiel durch bestätigende oder einschränkende Assoziationen kommentieren. (Kuchenbuch 2005)

6. Die Literaturverfilmung

Literatur als „Kunstgarantie"

An die Wort-Bild-Relation knüpft sich auch das Zwitterphänomen „Literaturverfilmung" an, das hier absichtlich nicht als Genrebezeichnung erscheint. Denn bereits die Herleitung fast sämtlicher konventioneller Genres aus literarischen Vorbildern verdeutlicht, dass Literatur an sich kein bestimmtes Filmgenre generieren kann. Der Blick auf die Literaturverfilmung ist filmgeschichtlich vielmehr zweifach mit dem nicht weniger oszillierenden Terminus „Autorenfilm" konnotiert. Für den Anfang einer ersten Periode der „Literaturverfilmung" setzen Albersmeier/Roloff für Deutschland die Jahre 1912/13 an, in denen Filmproduzenten namhafte Autoren zum Verfassen von Drehbüchern ermutigten, um den Film im Kanon der Künste aufsteigen zu lassen. Diese Periode innerhalb der Film-als-Kunst-Debatte veranschlagen sie bis in die 1960er Jahre, während sich mit Alexandre Astrucs und François Truffauts Initialaufsätzen der Nouvelle Vague im Frankreich der 1950er Jahre eine neue, zweite Diskussion um den „Autorenfilm" entzündete. Nach mehr als einem halben Jahrhundert der Versuche, der Wortsprache eine adäquate Bildsprache zu erfinden, forderte Astruc die Befreiung von der Tyrannei der Bildsprache im Verhältnis von 1:1 im Vergleich zur Schrift und begehrte die Subtilität des erreichten Niveaus der Schriftsprache für den Film. Truffaut übersetzte dies mit dem Postulat, der „Geist" statt des Buchstabens des literarischen Werkes sei der Garant für die „Treue" gegenüber dem adaptierten literarischen Werk.

Truffauts bestenfalls metaphorische Terminologie vom literarischen „Geist", der „Texttreue" oder auch der „Äquivalenz" von Text und Film, weist in ihrer polemischen Abgrenzung aber in eine bestimmte Richtung. Truffaut wendet sich an aktuellen Beispielen gegen billige, klischeehafte, der Literatur nachempfundene Illustrationen des Literarischen im Film, die unter dem Namen „psychologischer Realismus" firmierten. Wenn er mit dem Autorenfilm – der Begriff fällt in dem Essay ein einziges Mal – so etwas wie den zweifellos identifizierbaren Individualstil eines Regisseurs meint, ist damit für seine Definition noch nicht viel gewonnen. Auch Astruc bleibt mit seinem berühmt gewordenen Begriff von der „Kamera als Federhalter" („cámera-stylo") zum „Ausdruck des Gedankens" im Ungefähren. Jedoch konnten Astrucs und Truffauts Aufsätze gerade dadurch zur nachträglichen „Gründungslegende" (Felix 2003, 23) der Nouvelle Vague werden, da deren namhafte Regisseure sowohl literarische Vorlagen adaptierten als auch, wie Resnais mit Marguerite Duras und Alain Robbe-Grillet, von vornherein mit namhaften Autoren für ihre Drehbücher zusammenarbeiteten. Gleiches gilt für den deutschen Autorenfilm, bei dem etwa Wim Wenders in Peter Handke einen kongenialen Autor für *Die Angst des Tormanns beim Elfmeter* (1972) und bei der *Wilhelm-Meister*-Verfilmung *Falsche Bewegung* (1975) fand. Überhaupt versuchten sich die Regisseure des neuen deutschen Films auffällig häufig an literarischen Vorlagen, man denke an Schlöndorffs *Der junge Törless* (1966, nach Musil), *Die verlorene Ehre der Katharina Blum* (1975, nach Böll), *Die Blechtrommel* (1979, nach Grass), *Eine Liebe von Swann* (1983, nach Proust), Fassbinders Literaturadaptionen von *Fontane Effi Briest* (1974) über *Bolwieser* (1977) bis *Berlin Alexanderplatz* (1980) nach Döblin, oder noch Werner Schröters Verfilmung des Bachmann-Romans *Malina* (1990).

Die Übersetzbarkeit des Sprachlichen ins Bild bleibt das eigentliche Problem der filmischen Adaption von Literatur. Im Sinne der Autorentheorie ist sie abzugrenzen von der gängigen, „naiven" Verwertung einer literarischen Vorlage als Stoff. Sie geht zugleich über die semiotisch-strukturalisti-

Autorenfilm

Unverfilmbarkeit von Literatur?

schen Versuche hinaus, Film und Literatur unter der Leitkategorie „Text" einander anzunähern, insofern sie sich dort wesentlich auf das Narratologische konzentriert (vgl. dazu das grundlegende Buch von Irmela Schneider 1981). Zwei wichtige Kategorien können dabei helfen, die Problematik zu beschreiben, die des Erzählers oder, ganz klassisch, des Epischen, und die der Metapher. Generell wird der Literatur der Moderne die Nähe zum „Filmischen" in der Tendenz bescheinigt, dass sie die Instanz des Erzählers aus der Narration zurückzieht und sich an die Oberfläche, mithin das Visuelle, hält. Die Erzählposition des „showing" dominiert vor der des „telling". Dennoch löst diese Annäherung das grundsätzliche Problem nicht, zumal filmische Adaptionen von Literatur gerade die großen klassischen Romane des 19. Jahrhunderts bevorzugen oder auch diegetisch sehr komplexe Werke des 20. Jahrhunderts. Diesen wird dann nicht selten eine „unzulässige" Vereinfachung oder gar Verfälschung vorgeworfen, wie etwa der in der Tat simplifizierenden Fernseh-Verfilmung der *Jahrestage* von Uwe Johnson durch Margarete von Trotta (2000). Umgekehrt „Unverfilmbarkeit" zum Kriterium von Literarizität zu erheben, erscheint eher als snobistischer Rundumschlag denn als ernsthafte Antwort auf die Frage, „(w)ie ‚literarisch' (…) ein Film sein (kann)", die Ursula Link-Heer an Eric Rohmers *La marquise d'O* (1976) exemplarisch erörtert.

Epische Distanz im Film

Die Frage zielt auf die prinzipielle Polarität von epischer Distanz und bildlicher Unmittelbarkeit, die bereits dort deutlich ausgespielt wird, wo indirekte Rede wörtlich in Dialog übersetzt wird. Bleibt etwa im Aussprechen syntaktisch ausgefeilter Redepartien die im Textlichen enthaltene Mittelbarkeit erhalten, erscheint sie als direkte Figurenrede zwangsläufig verfremdend. Das Epische wird gestisch, ganz im Brechtschen Verständnis: eine Rede, in der die Figur zitiert statt „für sich" zu sprechen. Dass dieser Effekt nicht auf die Umsetzung Kleistscher Sprache beschränkt ist, zeigen die Literaturverfilmungen von Danièle Huillet und Jean-Marie Straub, die das Prinzip bei so unterschiedlichen Autoren und Textarten wie Bölls *Billard um halb zehn* (*Nicht versöhnt oder Es hilft nur Gewalt, wo Gewalt herrscht*, 1965) oder Hölderlins *Der Tod des Empedokles* (1986) umsetzten oder auch Fassbinder in *Fontane Effi Briest* (1974). Fassbinder stellt die im Titel schon angekündigte Literarizität durch Worttreue her, „altmodische" Zwischentitel und Off-Kommentare des auktorialen Erzählers. Vor allem aber erscheint der literarische Text in der direkten Umsetzung in den Figurendialog plötzlich als deutlich überhöhte Sprache, die den Figuren eine unnatürliche Steifheit verleiht. Statt den historischen Roman filmisch zu aktualisieren, wird er vorerst in eine vergangene Ferne gerückt, um dann, scheinbar paradox, mittels der gehobenen Sprache auf einer abstrakten Ebene für eine zeitgenössische Interpretation der dort abgehandelten Eheproblematik wieder offen zu werden. Bei all diesen Beispielen wird deutlich, dass die Schrift im Film, der literarische Text mittels seiner Raum schaffenden Distanz im Bildmedium, eine ganz andere, verfremdende Wirkung stiftet.

Ich-Erzähler im Film

Eine Besonderheit stellt die Adaption eines literarischen Ich-Erzählers dar, weil die im Text selbstverständlich anmutende Identität von erzählender und erzählter Figur im Film eher ambivalent wirkt. Grundsätzlich kann die Erzählerposition von einem Off-Erzähler und/oder der Kamera übernommen werden, wobei die direkte Entsprechung von erzählerischer Innensicht und subjektiver Kamera für die Präsentation der Story problematisch wird. Das berühmteste Beispiel der Transformation der Ich-Perspektive in die subjektive Kamera ist Robert Montgomerys Chandler-Verfilmung *The Lady in the Lake* (1947, dt. *Die Dame im See*). Der Detektiv Marlowe fungiert als Off-Erzähler und Figurensprecher, erscheint aber selbst mit Ausnahme einer Anfangsepisode niemals direkt im Bild, was seiner offensichtlichen Präsenz in der Story widerspricht – der Versuch gilt als „grandios gescheitert" (Werner 2000, 88). Andererseits stehen beispielsweise bei Oskar Mazerath in Schlöndorffs *Die Blechtrommel* die dargestellte kindliche Figur und die ihr angepasste kommentierende Off-Stimme im Widerspruch zueinander. Der starke Eindruck des Bildlichen, den Montgomery ganz zu vermeiden sucht, erhält hier Übergewicht. Die Beispiele mögen als ein weiteres Indiz dafür gelten, dass Bild und Text niemals „adäquat" ineinander übersetzbar sind.

7. Filmprotokolle

Grundlage jeder Filminterpretation bildet die protokollierte Filmanalyse, die allerdings als Gesamtheit einer Aufzeichnung sämtlicher Codes und deren Verknüpfung schwer zu leisten ist und in der so zustande kommenden Form auch zu umfänglich wäre, um praktikabel zu sein: Dem Textbuch müsste ein „Buch" der Einstellungsgrößen und -längen, ein Protokoll der Kameraführung, eines des Tontrakts und schließlich der Handlungs- und Figurenanalyse beigefügt werden, und damit hat man noch keine Interpretation, die klärt, was dies alles miteinander zu tun hat. Protokolle müssen also selektiv verfahren, abhängig vom Ziel der Untersuchung, und sie müssen die Komplexität der erfassten Details übersichtlich gestalten.

Sequenzprotokoll

Zur Darstellung eines ganzen Films dient das Sequenzprotokoll, das den Film nach Handlungseinheiten aufschlüsselt und mindestens vier Rubriken umfasst: Sequenznummer, Zeit im Verlauf und absolute Zeit, Handlung, nach Wahl hinzugefügte Besonderheiten der eigentlichen kinematografischen Codes und des Tontrakts. Weder in den einschlägigen Einführungsbüchern noch in der fünfbändigen *Fischer Filmgeschichte*, die jeder Interpretation ein Sequenzprotokoll anfügt, finden sich einheitliche, standardisierte Vorgaben. So variieren eher inhaltlich ausgerichtete Protokolle mit rein formalen, die Einstellungsgrößen, -längen und Kamerabewegungen fixieren. Der Begriff „Sequenz" wird nicht gleich angewandt, es gibt für normale Spielfilmlängen Sequenzzählungen von weniger als zehn bis zu fünfzig. Hier verwischen sich die Grenzen zwischen Bild (mitunter praktikable kleinere Einheit in einem Raumkontinuum), Szene und Sequenz.

Will man eine Sequenz oder Szene genauer betrachten, empfiehlt sich das Einstellungsprotokoll, das jede einzelne Einstellung dokumentiert und nach Zählung und Zeitprotokoll Kameraführung, Einstellungsgrößen, Bildkomposition, Handlung, Dialog sowie den übrigen Tontrakt im Detail ausweist. Grafische Umsetzungen spezialisieren sich ausschließlich auf die kinematografischen Codes.

Einstellungsprotokoll

Möglich ist ein Montagediagramm, das auf der vertikalen Achse Sequenzen benennt und in kleinere Einheiten gliedert, und horizontal Montageformen nach ihrer narrativen Umsetzung qualifiziert: erzählerische, hand-

Montagediagramm

Einstellungsgrafiken lungsorientierte, kommentierende, symbolische usw. (Kuchenbuch 2005) Einstellungsgrafiken veranschaulichen entlang einer Zeitachse die Folge der Einstellungen nach ihrer Länge, vertikal nach den Einstellungsgrößen.

Schnittfrequenzdiagramme Schnittfrequenzdiagramme zeigen, was der Name sagt: die Schnittfrequenz pro Szene/Sequenz. Diese grafischen Darstellungen dienen zunächst der Objektivierung der formalen Aussage. Was sie darüber hinaus aussagen, muss für den einzelnen Film spezifisch erwogen werden, kann aber auch für Genrecharakteristika und semantische Klassifikationen einzelner Sequenzen relevant sein. Totalen zum Beispiel sind charakteristisch für Mastershots in Western und Historienfilmen, Nahaufnahmen psychologisieren und werden gehäuft in Melodramen gebraucht, Halbtotalen und Halbnaheinstellungen sind dialog- und handlungsorientiert und kommen konzentriert in Actionpassagen vor usw. Was im Einzelnen einige dieser Protokollformen leisten können, soll ein Beispiel zeigen.

8. Beispielanalyse: Rainer Werner Fassbinder: *Die Ehe der Maria Braun*

Die Daten zum Film

Bundesrepublik Deutschland (Albatros/Trio/WDR) 1978, 35 mm, Farbe, 116 Min.
R: Rainer Werner Fassbinder. B: Peter Märthesheimer, Pea Fröhlich, nach einer Idee von Rainer Werner Fassbinder. K: Michael Ballhaus. M: Peer Raben. D: Hanna Schygulla (Maria Braun), Klaus Löwitsch (Hermann Braun), Ivan Desny (Karl Oswald), Gottfried John (Willi), Elisabeth Trissenar (Betty), Gisela Uhlen (Mutter), Günter Lamprecht (Wetzel), Hark Bohm (Senckenberg).

Sequenzprotokoll

Sequenznummer	Zeit in Min./Sek.	Dauer in Min./Sek.	Inhalt
1	0–3.23	3'23''	Vorspann: Hitlerporträt – Eheschließung im Bombenhagel – Zeit: wahrscheinlich letzte Kriegsmonate
2	3.23–22.50	19'27''	Suche nach Hermann und Entschluss zum Neuanfang: Zeitsprung – Nachkriegswinter, ärmliche Küche – Maria sucht am Bahnhof nach Hermann – Suppenküche – Maria und Betty beratschlagen die Zukunft – Tauschgeschäft: ein Kleid – Vorstellungsgespräch in der Bar – ein ärztliches Attest – Hermanns Bild kommt unter die Räder

3	22.50–34.17	11'27''	Bill – Mr. Bill liebt Maria: Nachricht von Hermanns Tod – Maria wird schwanger
4	34.17–41.58	7'41''	Tauschverkehr: Hermanns Rückkehr und Bills Tod – Hermann geht für Maria ins Gefängnis – Maria besucht Hermann im Gefängnis
5	41.58–1.09.42	21'44''	Karl Oswald und Marias Aufstieg zur Mata Hari des Wirtschaftswunders: Bills Kind verloren – Bekanntschaft mit Oswald – neue Perspektiven im Geschäft und in der Liebe – Hermann ist einverstanden
6	1.09.42–1.18.08	8'26''	Oswald macht mit Hermann einen Deal: Gespräch Maria mit Willi über seine Ehe mit Betty – Rechtsanwalt betreibt Hermanns Begnadigung – Ehegespräch mit Betty über Willi – Oswald besucht Hermann im Gefängnis
7	1.18.08–1.28.30	10'22''	Hermann kommt frei und verschwindet: Geburtstagsparty bei Mama und ihrem neuen Mann – Hermann will Marias Geld nicht – Maria verpasst Hermanns Entlassung
8	1.28.30–1.44.26	15'56''	Endspiel mit Oswald: Einzug ins neue Haus – Maria ist gut im Geschäft und unglücklich zu Hause – tyrannisiert Oswald – Hermann schickt jeden Monat eine Rose – Oswald stirbt – Maria bricht zusammen
9	1.44.26–1.54.45	10'9''	Hermanns Rückkehr und Katastrophe: Hermann steht vor der Tür – Maria euphorisch – Senckenberg bringt das Testament – Gasexplosion
10	1.54.45–1.56	1'15''	Abspann: Die deutschen Bundeskanzler von Adenauer bis Schmidt (außer Brandt)

Kommentar

Aus diesem Sequenzprotokoll können Inhalt, Aufbau des Plots und Figurenkonstellation abgeleitet werden.

Inhalt: Einen Tag nach der Trauung während der letzten Kriegsmonate muss Hermann Braun an die Front. Als im ersten Winter nach dem Krieg Züge mit Heimkehrern den Bahnhof ihrer Stadt erreichen, begibt sich Maria Braun mit einem Plakat auf dem Rücken auf die Suche nach Nachrichten über ihren vermissten Mann. Der wenig später zurückkehrende Ehemann ihrer Freundin Betty bringt die Nachricht von Hermanns Tod. Währenddessen leidet die Familie – Maria und ihre Mutter – Not und Maria entschließt sich, in einer Bar für amerikanische Soldaten zu arbeiten. Sie geht mit dem schwarzen Soldaten Bill ein Verhältnis ein, Bill versorgt dafür die Familie mit Lebensmitteln. Plötzlich kehrt Hermann zurück und ertappt das Paar in flagranti. Nachdem Hermann zunächst Maria zu Boden schlägt, kommt es zu einem Kampf zwischen den Männern, Maria erschlägt Bill mit einer Flasche. Vor dem Militärgericht bekennt sich Hermann des Totschlags für schuldig und geht ins Gefängnis. Maria hat unterdessen gelernt, ihren Körper und ihren Charme einzusetzen. Auf einer Bahnfahrt lernt sie den Fabrikanten Karl Oswald kennen und wird seine Mitarbeiterin und Geliebte. Sie verdient gut und will so ein Leben nach Hermanns Freilassung aufbauen. Vor ihr geheim gehalten, besucht indessen Oswald Hermann im Gefängnis und trifft mit ihm die Abmachung, dass ihm Maria bis zu seinem Tod, den er schwer krank erwartet, gehört und Hermann ins Ausland verschwindet. Maria, die inzwischen eine komfortable Villa bewohnt, leidet schwer unter der für sie unverständlichen Situation, bis Oswald stirbt und Hermann vor der Tür steht. Jetzt könnte die Ehe endlich beginnen, doch Maria zündet sich am Gasherd eine Zigarette an, bläst die Flamme aus und vergisst, das Gas abzudrehen. Nachdem Senckenberg mit einer Anwältin gekommen war und Oswalds Testament verlesen hatte, durch das Maria und Hermann in den Besitz seines Vermögens gelangen, entzündet Maria für eine neue Zigarette ein Streichholz, das ausgeströmte Gas explodiert.

Figurenkonstellation: Die Protagonistin Maria Braun steht jeweils zwischen zwei Männern, von denen immer einer abwesend ist. Solange Hermann als vermisst bzw. tot gilt, lebt sie mit Bill, bei Hermanns Auftauchen wird Bill erschlagen. Solange Hermann im Gefängnis ist, lebt sie mit Oswald, als der stirbt, kehrt Hermann zurück. So ist sie, vermeintlich, immer der Motor der Handlung, die im Wesentlichen darin besteht, dass Maria sich für ihre große Liebe prostituiert. Untypisch für einen Dreieckskonflikt ist dabei, dass die Liebhaber jeweils vom Ehemann wissen und der, im zweiten Fall, auch vom Liebhaber. Während in der ersten Geschichte der Konflikt sofort heftig ausbricht und für den Liebhaber tödlich endet, gibt es in der zweiten Geschichte das geheime Einverständnis der beiden Männer. So wie Maria ihre Liebe verkauft, um diese zu retten, so wird sie selber verkauft. Alle anderen Figuren haben keine handlungstreibende Funktion, sondern dienen in Nebenhandlungen der Illustration der historischen Situation.

Aufbau: Die Geschichte wird chronologisch erzählt, einen erkennbaren und nachvollziehbaren Zeitsprung gibt es nur zwischen Vorspann und erster Handlungssequenz.

Mit Ausnahme der größeren Montageeinheiten werden jedoch die spezifischen filmischen Codierungen vom Sequenzprotokoll nicht erfasst. Das leistet das Einstellungsprotokoll. Das soll hier für die ersten beiden Sequenzen – der Vorspann enthält bereits ein Handlungssegment – vorgestellt werden.

8. Beispielanalyse: Fassbinder: *Die Ehe der Maria Braun*

Einstellungsprotokoll der ersten Sequenz (Prolog)

Einstel-lungs-nummer	Zeit in Min./Sek.	Dauer in Min./Sek.	Kamera	Inhalt/Dialog	Ton
1	0	16''		Schwarzer Hintergrund, rote Schrift: Rainer Werner Fassbinder Foundation presents: einen von Albatros, Michael Fengler, Trio-Film Duisburg sowie dem West-deutschen Rundfunk produzierten Rainer-Werner-Fassbinder-Film	
2	Einsatz bei 0.16	4''	frontal, nah	Hitlerporträt – darüber die Schrift: Eine …	Bomben-einschläge, Einsturz-geräusche
3	0.20	2''	frontal, halbnah	Brautpaar zwischen 2 Mauern	wie 2
4	0.22	2''	frontal, Halb-totale	Außenansicht: Standesamt 3	wie 2
5	0.24	2''	wie 2	wie 2; beide sagen „Ja"	wie 2
6	0.27	3''	wie 3, dann Zoom auf das Schild über der Tür	wie 3	
7	0.29	2''	groß	Auf dem Boden Urkun-de mit dem Namen Braun	wie 2
8	0.31	19''	frontal, Halb-totale	Menschen fliehen aus dem Haus, darunter Ma-ria und Hermann sowie der Standesbeamte; Her-mann zu ihm: „Nicht weglaufen"	wie 2
9	0.50	5''	frontal, Halb-totale	Maria fällt zu Boden Hermann schleppt den zappelnden Beamten herbei	wie 2, fortan über-blendet von getragener sinfoni-scher Musik

10	0.55	1''	frontal, halbnah	Maria auf dem Boden, hält die Urkunde fest	wie 9, fortan überblendet vom Geschrei eines Neugeborenen
11	0.56	2''	frontal, Halbtotale	Hermann mit dem Beamten	wie 10
12	0.58	2'17''	frontal, halbnah	Standesbeamter wird zur Unterschrift gezwungen und läuft weg, Explosion – Bild friert ein	wie 10, Detonation
13	3.15	7''		Weißer Bildhintergrund, rote Schrift: Ein Film von Rainer Werner Fassbinder. Für Peter Zadek	Ton verstummt langsam

Kommentar

Bildkomposition: Melodramatische Bildwelt – Geschichte im Stillstand

Fassbinder verstand das Melodram mit einem der Sirkschen Filmtitel als *Imitation of Life*. Damit fasst er die ästhetisch-ideologische Überformung der Lebensauffassung als Schicksalsdrama auf, bei der die gesellschaftlich bedingten Lebenssituationen und ihre Widersprüche als naturgegeben hingenommen werden. So mag der Einzelne sich gegen sein Schicksal auflehnen und von ihm geschlagen werden, die Schuld für Erfolg und Misserfolg sucht er allemal bei sich selbst. Die typische melodramatische Figurenkonstellation stellt eine starke, emanzipatorische Frauengestalt in den Mittelpunkt, die sich zwischen zwei Männern entscheiden muss, in der Regel Vater und Liebhaber oder Ehemann und Liebhaber. Der Konflikt ist tragisch angelegt und wird daher mit höchstem emotionalem Aufwand und intensiver Psychologisierung der Figuren ausgetragen. Dieses innere Drama findet seine bildliche Entsprechung in Nah- und Großaufnahmen und einer üppigen, expressiven Ausstattung. Wenn Fassbinder in *Die Ehe der Maria Braun* nicht einen melodramatischen Konflikt vor dem historischen Hintergrund der Nachkriegszeit und des Wirtschaftswunders zeigt, sondern diese Zeit selbst als Melodram im Sinne von Geschichte im Stillstand, so wird dieses Konzept in der gesamten Bilddramaturgie umgesetzt. Sie wäre als Verräumlichung der Zeit oder die Einfaltung der Zeit in den Raum zu beschreiben. Dieses Konzept realisiert sich im Einzelnen

– durch eine mehrfache, durch Bildsymbolik hergestellte narrative Kreisbewegung: Der Vorspann beginnt mit einem Porträt Adolf Hitlers, der Abspann endet mit einem Porträt des damals amtierenden Bundeskanzlers

Helmut Schmidt, dem die Reihe der Bundeskanzler seit Konrad Adenauer in Negativaufnahmen vorangeht. Die zweite Rahmung wird mit dem Feuer am Ende des Vorspanns und zu Beginn des Abspanns gegeben, damit verbunden eine weitere mit der Großaufnahme der Zigaretten in der 1. Sequenz und der am Gasherd entzündeten Zigarette in der letzten. (Abb. 5 u. 24) Die Zigaretten am Anfang stehen symbolisch für Marias Korrumpierbarkeit, durch die sie ihr Doppelleben beginnt. Eine letzte Rahmung erfolgt durch den Establishing Shot des Vorspanns, die symmetrisch von zwei Ruinenwänden gerahmte Aufnahme des Brautpaars, komplementiert durch die Vorbereitung zur zweiten Hochzeitsnacht, die das endlich wieder vereinte Paar auf dem Bett der neuen Villa zeigt (Abb. 1 u. 20).
- dadurch, dass die historische Situation nur durch wenige Bildverweise markiert wird, ansonsten dominieren private Szenarien. Die historischen Markierungen sind, außer den erwähnten Porträts: in der Küche die Radionachrichten mit den Suchmeldungen vom Roten Kreuz, die Bahnhofsszene, in der Maria mit ihrem Suchschild auf dem Rücken die Züge mit den Kriegsheimkehrern erwartet, die Suppenküche im Bahnhof mit den amerikanischen Soldaten dazwischen, die Bar für das amerikanische Militär, das Militärgericht, der Schwarzmarkt – alles in der 2. Sequenz, sowie in der letzten die Radioeinblendungen mit der Adenauer-Rede zur Wiederaufrüstung Deutschlands und der Reportage von der Fußballweltmeisterschaft 1954 (Abb. 3, 4, 6).
- durch die Dominanz von Innenaufnahmen überhaupt. Es gibt nur wenige Szenen, die im Freien spielen. Diese Schauplätze sind im Vorspann der Platz vor dem Standesamt (Abb. 2), in der 2. Sequenz der Bahnhof, die Stadtlandschaft mit Trümmerfrauen, durch die Maria mit ihrer Freundin Betty geht (Abb. 8), der Schwarzmarkt, das Picknick mit Bill hinter dem Wohnhaus von Marias Familie (Abb. 10), und wiederum erst in der letzten Sequenz der Vorgarten vor Marias Villa (Abb. 25). Wichtig an diesen Außenaufnahmen ist außerdem, dass sie niemals einen Schauplatz genauer identifizieren. Die Stadt ist anonym und zeigt außer der Villa am Ende kein einziges „ganzes" und unversehrtes Haus, es gibt nur Ruinen (Abb. 7, 16, 17).
- durch den vollständigen Verzicht auf Totalen. Dieser Verzicht korrespondiert mit der Sparsamkeit bei den Außenaufnahmen, die immer nur den Blick auf einen Ausschnitt in der Halbtotalen freigeben. Dadurch entsteht niemals wirklich der Eindruck, dass etwas „im Freien" passiert und die Figuren tatsächlich einen Handlungsraum zur Verfügung haben. Vielmehr erscheinen sie umgekehrt als Objekte ihrer Umwelt (Abb. 7, 9, 16, 17).
- durch die Komposition der Innenräume. Auch sie zeigen nie einen Raum in seiner Gesamtheit, sondern verstellen den Blick durch Möbel, Balken, Gegenstände. Oftmals führt die Schärfentiefe tief in den Raumhintergrund, so dass die Figuren als Gefangene eines klaustrophobischen Raums erscheinen. Diese Bilddramaturgie wird in der Lichtführung durch den Low-Key-Stil unterstützt. Das Dunkel herrscht vor (Abb. 3, 12, 13, 14, 20, 21).

In dieser Sicht kann man die komplette Narration an repräsentativen Bildern nachvollziehen:

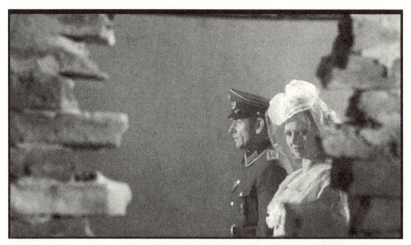

Abb. 1: Im Vorspann erscheint als Establishing Shot symbolträchtig das Brautpaar, sie in Weiß, er in Wehrmachtsuniform. Die Halbnahaufnahme rahmt das Doppelporträt durch zwei aufgebrochene Mauern, der Hintergrund ist ein undefinierbares Braun, Hermann schaut auf den von der Mauer verdeckten Standesbeamten, der eben das Jawort einfordert.

Abb. 2: Schlussbild des Vorspanns, das über etwa 2 Minuten als Filmstill festgehalten wird, während in blutroter Schrift die Daten über die Leinwand laufen. In der Halbtotalen auf dem Boden Hermann, der sich schützend über Maria wirft. Unter dem Lärm der Detonationen ringsum fallen Aktenblätter aus dem demolierten Standesamt zu Boden, im Vordergrund ein Bild der Verwüstung, im Hintergrund die gähnend schwarze Türöffnung wie ein Sog in die Tiefe. Durch die Fixierung wird das Bild zu einem zweiten Establishing Shot für die kommende Filmhandlung.

8. Beispielanalyse: Fassbinder: *Die Ehe der Maria Braun* **73**

Abb. 3: Maria in der Küche, halbnah vor dem Volksempfänger, aus dem eine monotone Litanei der Vermisstenmeldungen ertönt. Im Bildhintergrund die gespannt und sorgenvoll auf Maria blickende Mutter. Der Raum ist verwinkelt, das ganze Bild lässt im Halbdunkel nur düstere olivgrüne und bräunliche Farbtöne erkennen.

Abb. 4: Halbnah die Menschen in der Suppenküche. Maria mit ihrem Suchplakat auf dem Rücken, niemand beachtet mehr die Inschrift auf der Wand im Hintergrund, bei der das letzte Wort des Slogans „Alle Räder rollen für den Sieg" durch den herabgefallenen Putz symbolisch ausgelöscht ist. Die Bedürftigkeit der Heimkehrer nach einer warmen Suppe spricht eine andere Sprache. Bis auf die weiß leuchtenden Töpfe, das Tischtuch (!) und die Häubchen der Rot-Kreuz-Schwestern ist die Farbgebung wieder in den militärischen Tarnfarben braun und oliv.

Abb. 5: Großaufnahme von überragender Symbolkraft: Maria hat ihrer Mutter die von einem Amerikaner geschenkten Zigaretten angeboten. Die Gier, mit der die Mutter danach greift, wird in die Leinwand füllende Größe der aufgebrochenen Packung übertragen. Der Seitenstreifen der zweiten Packung trägt ironischerweise die Aufschrift aus der Gegenwart (Bundesrepublik Deutschland) – ein Detail zur historischen Verklammerung von erzählter Zeit und Erzählzeit. Mir der Bestechung durch die Zigaretten wird die Mutter ihre moralischen Skrupel überdecken und Maria das auf dem Schwarzmarkt für Mutters Brosche eingetauschte Kleid für die Arbeit in der Bar ändern.

Abb. 6: Maria trifft scheinbar zufällig den Händler, mit dem sie bereits verabredet ist. Dass hier eine illegale Aktion vorbereitet wird, zeigt die voyeuristische Perspektive der Kamera aus dem dunklen Hauseingang heraus.

8. Beispielanalyse: Fassbinder: *Die Ehe der Maria Braun* **75**

Abb. 7: Dunkle Machenschaften in dunklen Hauseingängen hinter dunkler Brille: Fassbinder als Schwarzhändler halbnah, die Kamera fokussiert ihn vor hellem Hintergrund, die Ausleuchtung des Gesichts wird durch die Brille hintertrieben – er bleibt anonym.

Abb. 8: Maria und Betty, beide noch mit den Suchplakaten auf dem Rücken, vor der nicht identifizierbaren Trümmerlandschaft, rechts im Bildhintergrund sind die Trümmerfrauen am Werk. In der Halbnahaufnahme wird der Blick auf den Himmel nicht freigegeben, so dass das von Mauern umschlossene Szenario wie ein Innenraum wirkt. Das einzig unversehrte Objekt ist die weiß leuchtende Badewanne, ein absurdes Detail, es signalisiert ebenfalls einen Innenraum. Hier allerdings ist buchstäblich das Innere nach außen gekehrt: ein Haufen Trümmer.

Abb. 9: Close-up für das Symbol eines zu Ende gegangenen Lebensabschnitts: Maria wirft das Suchplakat „unter die Räder" eines fahrenden Zuges.

Abb. 10: Das Picknick im Freien, ermöglicht durch Bills kulinarische Zuwendungen an Maria, zeigt eine sehr gelöste, locker auf den Waldboden verteilte Gesellschaft. Betty mit ihrem heimgekehrten Ehemann, Marias Mutter, Maria und Bill muss man rechts hinter dem Rahmen vermuten, wohin die Mutter blickt. Typisch für diese Außenaufnahme ist die Kameraposition von innen, die das Draußen sofort in den Fensterrahmen zwingt und zudem den Zuschauer gleich Opa zum Voyeur auf die leger positionierten Menschen macht. Diese Lockerheit ist zu ausgestellt und zu künstlich, um glaubhaft zu wirken.

8. Beispielanalyse: Fassbinder: *Die Ehe der Maria Braun* **77**

Abb. 11: Die melodramatische Situation par excellence: Der Ehemann ertappt seine Frau mit dem Liebhaber. Die Dreieckssituation ist eindeutig sichtbar. Rechts der massige nackte Körper Bills, links die eben von Hermann zu Boden geschlagene Maria, Hermann selbst in der Mitte und im von außen einfallenden Tageslicht, das allerdings nur auf seinen Hals und den offenen Kragen fällt. Sein Gesicht bleibt im Halbdunkel, gleichwohl ist der eher resignierte als zornige Ausdruck erkennbar. Hermann hat seinen Fuß nur halb in der Tür, dabei wird es auch ohne Bill bleiben. Der Raum ist abgedunkelt und unübersichtlich, die große Fläche des Betts schimmert nur undeutlich, in warmem Halblicht dagegen Marias nackte Arme und Rückenpartie.

Abb. 12: Wie ein Gangstertrio erscheint die eben zusammengefundene Allianz des Wirtschaftswunders: hinten im Auto der Geschäftsmann Oswald, rechts am Steuer sein Buchhalter Senckenberg, links ganz Dame und mit einem leichten Lächeln sinnend nach vorn blickend Maria.

Abb. 13: Schärfentiefe in die Zimmerfluchten von Oswalds Wohnung. Gediegene Bürgerlichkeit signalisieren die Bibliothek mit Kruzifix ganz hinten, der mittlere Raum mit dem Arbeitstisch und dem Flügel, vorn eine Art bronzener Samowar. In der Bildmitte ein Kronleuchter über Oswald, doch kommt das wenige Licht in dem im Übrigen dunklen Raum durch einen schmalen Spalt von außen. Oswald befindet sich in der Bildmitte und ist trotzdem ganz klein, umschlossen vom Interieur.

Abb. 14: Das kompositorische Komplement zu Oswalds Wohnung ist der wiederum in die Tiefe führende Besucherraum des Gefängnisses. Dort war die Bildperspektive von links leicht diagonal nach hinten, hier ist sie es von rechts. Eine Halbtotale mit zwei Rückenansichten, wobei der Polizist im Vordergrund rechts dominiert. Er wirft einen langen Schatten auf das Paar im Hintergrund, der sich in Hermanns Schatten auf der Wand fortsetzt. Hermann senkt den Kopf, daher ist sein Gesicht nicht zu erkennen. Maria hat Geld gebracht, das Hermann gleich ablehnen wird. Deutlich gehört sie mit ihrem schicken Mantel und Hut nicht in diese düstere Atmosphäre, die von den archaischen Zellentüren noch verstärkt wird.

8. Beispielanalyse: Fassbinder: *Die Ehe der Maria Braun*

Abb. 15: Unmittelbar folgend: Hermann kehrt in seine Zelle zurück. Der Bildaufbau ist spiegelbildlich zum vorherigen, diesmal trennt der Polizist Maria und Hermann auf einer langen Diagonale mit den Gittern als Fluchtpunkt.

Abb. 16: Maria mit Senckenberg und Willi nach den Tarifverhandlungen der Unternehmer mit der Gewerkschaft, wo Maria sich als „Mata Hari des Wirtschaftswunders" bezeichnet. „Tagsüber bin ich die Handlangerin des Kapitals, und in den Nächten die Agentin der werktätigen Massen." Die Glasscheibe oder der Spiegel sind leitmotivisch für die Doppelidentität der Hauptfiguren über den ganzen Film. Hier zeigt das Fenster die ganze Bande hinter Gittern.

Abb. 17: Eine typische „Außenaufnahme": Maria besucht mit Betty die Ruine ihrer früheren Schule. Der Ausschnitt des Gebäudes gibt diesmal den Blick auf den Himmel frei, allerdings durch das weggebombte Dach des Gebäudes. Die Symmetrie des Bildes mit der nach oben führenden Treppe in der Mitte lässt die beiden Frauen in einen kaum vielversprechenden „Himmel" aufsteigen.

Abb. 18: Maria mit Willi in derselben Ruine. Die Balken schneiden ihnen förmlich die Bewegung ab. Die durch verkantete Kamera hergestellte Diagonale gibt dem Abstieg der beiden etwas Unstabiles, Schwankendes.

8. Beispielanalyse: Fassbinder: *Die Ehe der Maria Braun* **81**

Abb. 19: Maria bei ihrer letzten Mahlzeit mit Oswald. Große Dame, nobles Restaurant und trotzdem alles Fassade.

Abb. 20: Das Ende vor der Katastrophe: Hermann schickt Rosen aus der Ferne und Oswald ist tot. Maria in Nahaufnahme am Küchentisch.

Abb. 21: Hermann ist zurückgekehrt. Absurderweise behält er in der Wohnung sein Nobel-Gangster-Outfit mit Hut bei, als solle er gleich wieder aufbrechen, das Telefon als Verbindung zu einer für ihn nicht existierenden Außenwelt in greifbarer Nähe. Maria im Hintergrund aufgeputzt wie zu einem Ball, wartet am Bett. Und diesmal sind die Möbel zwischen ihnen. Wieder die Zimmerflucht in die Tiefe.

Abb. 22: Auch hier verstellen Zwischenwände den Raum zwischen Maria und Hermann. Sie flitzt in gewohnter Geschäftigkeit im Haus hin und her, er sitzt in seiner typischen kontemplativen Pose mit nachdenklichem Gesichtsausdruck am Tisch. Der Kontrast in Körpersprache und Kostümierung fällt auf. Er wirkt wie ein müder Bordellbesucher, sie wie die Hure, die dem Kunden alles recht machen will.

8. Beispielanalyse: Fassbinder: *Die Ehe der Maria Braun* **83**

Abb. 23: Maria noch einmal in Nahaufnahme in voller Schönheit. Erwartungsvoll steht sie vor dem vermeintlichen Neuanfang ihrer Ehe. Die bürgerliche Gardine im Kontrast zu ihrer Aufmachung wie eine Edelhure zwingt zusammen, was sie über die Jahre getan hat: sich zu prostituieren für ihren großen Traum vom Glück.

Abb. 24: Inzwischen ist schon alles passiert: Die Großaufnahme der Zigarette, die Maria am Gasherd anzündet und den sie dann auszuschalten vergisst, zitiert den Anfang der Prostitution mit dem gleichfalls im Close-up gezeigten amerikanischen Zigarettenpäckchen.

Abb. 25: Abspann: Die Erbschaftsüberbringer verlassen das Haus, bevor es explodiert. Die vom Anfang bekannte blutrote Schrift als intensivste Farbe des ganzen Films signiert den Abgang. Kitsch im Melodram ist nicht nur erlaubt, sondern geboten.

IV. Filmgenres

1. Genretheorie

„Kino als Unterhaltungsmedium versorgt das Publikum mit festen Formaten: den Genres. Beim Genre-Kino wissen die Zuschauer, woran sie sind: Der Westernheld reitet selten in einen Sonnenuntergang – am Meer. Lange Kussszenen wirken befremdlich – in einem Action-Thriller. Und in Rick's Café in *Casablanca* – darf man nicht auf die drei Musketiere hoffen." So wirbt die Reclam-Reihe zu Filmgenres auf ihrem Cover zum Western und unterstellt damit eine Typologisierung des Spielfilms nach konventionellen Merkmalen, die jedem selbstverständlich ist. Das ist prinzipiell richtig, denn das Genrekino gibt es seit den Anfängen des Erzählfilms, also seit Beginn des 20. Jahrhunderts. Es folgt den in der Literatur üblichen Distinktionen nach Sujet (Detektivroman/-film, Historienroman/-film usw.) und nach ästhetischem Wirkungskonzept (Komödie, Tragödie), auch in den möglichen Vermischungen und Subgenres. Zugleich entwickelten sich Filmgenres nach den Gesetzen des Marktes, d.h., sie sind typische Produkte des Mainstream-Kinos, das Genreklischees in der Werbung einsetzte und die vorgeprägten Erwartungen der Zielgruppen bei Strafe des Misserfolgs bediente. Seit den 1910er Jahren gehören Genretypologien neben dem Starprinzip zu den wichtigsten Leitgrößen der Filmproduktion. So zählen der Gangsterfilm, der Liebesfilm bzw. das Filmmelodram, die Filmkomödie, der Historienfilm, der Western, der Kriminalfilm zu den frühen Klassikern des Genrekinos. Die Reihe lässt sich fast beliebig fortsetzen mit dem Kriegsfilm, dem Sciencefiction-Film, dem Horrorfilm, dem Thriller, dem Katastrophenfilm, dem Film noir, dem Musical-Film usw. In der Heterogenität der Merkmale zeigt die Aufzählung aber auch das Dilemma der wissenschaftlich fundierten Genretypologie, die seit den 1960er Jahren, also seit der Akademisierung der Filmwissenschaft, debattiert wird: Wenn eine sinnvolle Klassifizierung von Filmen überhaupt möglich ist, nach welchen Kriterien sollte sie verfahren? Wie verhalten sich stereotype Formelemente und historische Veränderungen, wie Sujet und Mise en Scène? Welche Rolle spielen unterschiedliche Rezeptionsbedingungen? [Genrekonventionen als rezeptionsleitende Typologien]

Die wissenschaftliche Auseinandersetzung befand sich in den 1960er Jahren in einem spezifischen diskursiven Kontext, die Debatte um das Autorenkino mit seiner bereits von Alexandre Astruc und François Truffaut angeregten Entgegensetzung des Metteur en Scène und der individuell im Sinne einer persönlichen Handschrift gestalteten Mise en Scène. 1959 gilt als das Jahr des Durchbruchs der Nouvelle Vague mit ihrem Markenzeichen des jungen, gerade nicht perfekten und Klischees missachtenden „auteur". Ungeachtet dessen, dass die Nouvelle Vague ihre Vorbilder auch in einigen Regisseuren des kommerziellen amerikanischen Hollywoodkinos fand, verwies die wissenschaftliche Kritik das Kino der Metteurs en Scène, also der [Mise en Scène versus Metteur en Scène] routinierten Macher der Inszenierung vornehmlich von Genreproduktionen, polemisch nach Hollywood in den Mainstream der Blockbusterproduktionen und nahm vorab eine kritische Perspektive ein. Diese Richtung bediente sich sowohl ideologiekritischer als auch strukturalistischer Methoden, um die „institutionalisierten Formen der Repräsentation" (Burch 1990) zu untersuchen. Somit befinden sich diese Arbeiten im generellen Kontext der Popularkunst-Diskussionen, die die ökonomischen und ideologischen Bedingungen der Produktion und Rezeption von Kunst und in Barthesscher Tradition die Mythenbildung des Alltags analysierten. Damit einher ging die unvoreingenommene Suche nach seriösen Kriterien zur Erörterung des Genrekinos, für die sich die einfache Beschreibung nach visuellen Stereotypen, wie im Eingangsbeispiel zitiert, als unzureichend herausstellte.

Semantische und syntaktische Klassifizierung

Gerade die Frage, warum die ursprünglich zwischen Verleih und Kinobetreibern ohne Weiteres eingebürgerte Übereinkunft der Genreklassifizierung überhaupt funktionierte, brachte als dritte Größe das Publikum und die historische Perspektive in die Debatte ein. Als hilfreich erwiesen sich dabei die vom klassischen Strukturalismus bereitgestellten morphologisch-syntaktischen Modelle der linguistischen Textanalyse, nach denen die semantische und die syntaktische Ebene der Bedeutungskonstruktion voneinander unterschieden werden: Die semantische Ebene konzentriert sich auf diskrete Einheiten wie Figurentypen, Milieus, Symbole und Handlungsstereotypen, die syntaktische auf deren Verknüpfung in Handlungsmustern und Motivreihen.

Publikumserwartung: der Wiedererkennungseffekt

Die kommunikationstheoretischen Implikationen der strukturalistischen und poststrukturalistischen Linguistik lenken gleichzeitig auf die Interaktion zwischen Kommunikationsvorgabe, filmischem „Text" und Zuschauer, weil Genres auf einem Wiedererkennungseffekt beruhen, den Levi-Strauss als rituell charakterisierte und damit dem Zweck der sozialen Affirmation zuordnete. (Altman 1999) Diese anthropologische Fundierung stützt einerseits die traditionelle ideologiekritische Geringschätzung des Genrekinos als Massenveranstaltung für leicht verführbare Ungebildete, ermöglicht andererseits aber auch das Verständnis seiner Wirkungsmechanismen auf der Basis einer kollektiven Psychologie. Dabei definieren sich Gattungen und Genres unabhängig von einer ästhetischen Wertehierarchie schon immer über ein Gefüge von invarianten Bauformen, auf deren Grundlage erst Varianten, Innovationen und historische Wandlungen identifiziert werden können.

Theater- und Filmgenres

Keine Kunstgattung demonstriert dieses Wechselverhältnis von Konstanten und Variablen so evident wie das Theater, das noch in seinen modernen Abweichungen und postmodernen Dekonstruktionen nicht ohne die aristotelische Matrix auskommt. Das Theater eignet sich auch deshalb für den Vergleich mit dem Film, weil seine Gattungskategorien die textuelle Struktur eng mit einem je spezifischen Wirkungskonzept verknüpfen und dabei neben bzw. vor die kognitiven die emotionalen Strategien setzt. Dem kathartischen, pathetischen, komischen, spannungserzeugenden, schockierenden oder verfremdenden Kalkül des Theaters hat der Film vielleicht eine stärkere Intensität, aber keine wirklich neue Qualität hinzugefügt. (Kategorien nach Wuss 1990) Von der klassischen, vorwiegend dem Theater entlehnten Genretypologie bleibt dennoch nur ein geringer Teil im Genrekatalog des Films, nämlich die Komödie mit ihren diversen Subgenres, das Melodram als „heruntergekommene Tragödie" (Brooks 1994, 52) und das Musical.

Der weitaus größere Teil des filmischen Genrespektrums entstand jedoch aus dem unmittelbaren Rückgriff auf die Genres der populären Literatur – so der Western, der Detektiv- und der Kriminalfilm, der Abenteuerfilm, der Horror-, der Kriegs- und der Sciencefiction-Film usw. Aus dieser Herkunft und Tradition rührt die beiden Gattungen gemeinsame serielle Produktion, bei der Routine und Klischee sich wechselseitig bedingen.

Adaptionen aus der Populärliteratur

Es wäre aber gewiss ein unangemessener Rückfall in eine kulturpessimistische Ideologiekritik an der Massenkunst, wollte man die Langlebigkeit des Genrekinos im Allgemeinen und die der einzelnen Genres im Besonderen vornehmlich in dieser Perspektive beurteilen. Dagegen spricht schon die Tatsache, dass alle Filmgenres Klassiker von hohem ästhetischem Anspruch etabliert haben, die nicht selten innovativ für die Filmgeschichte geworden sind. Dagegen spricht vor allem, dass Kino überhaupt sich als Genrekino entwickelt hat. Kino ist Genrekino, wie auch andere Kunstgattungen nicht jenseits ihrer formalen Konventionen denkbar sind. Für den Film kann Genre definiert werden als komplexe Strukturen ähnlicher Merkmale, die typische, an ein Sujet gekoppelte Figurenkonstellationen, Bauformen der Plots, eine je charakteristische Mise en Scène und charakteristische Effekte signifikant bündeln. Diese Merkmale bilden perzeptions-, konzept- und stereotypengeleitete Strukturen (Wuss 1990), die in sich relativ stabil sind und innerhalb eines bestimmten kulturellen Kontextes dekodierbar sind. Diese relativ fixe Struktur ist die Voraussetzung für Veränderungen, Neuentwicklungen, Mischformen, aber auch für Parodien und Verfremdungen, an denen der zeitlose Modellcharakter dennoch historisch verifizierbar wird.

Genre – komplexe Struktur ähnlicher Merkmale

2. Stummfilmkomödie

In seinem Buch über die Komödie stellt Bernhard Greiner fest, dass es im Unterschied zur Tragödie keine stringente Theorie der Komödie gibt, die die ihr eigene literarische Gesetzlichkeit des Dramas mit der ihr ebenso eigenen kultisch-dionysischen Praxis verbindet, die auf Überschreitung und Entgrenzung gerichtet ist und somit per se mimetischer Regelhaftigkeit widerstrebt. Die zufällige Tatsache, dass von Aristoteles eine solche Systematik nicht überliefert ist – es gehört zu den zu Spekulationen einladenden Mythen der Literaturgeschichte, ein Komödienbuch als verschollen anzunehmen –, gilt Greiner als Hinweis auf ein gattungsstiftendes Element, das auf eben dieser Differenz zwischen dem dionysisch-karnevalistischen Moment und dem literarisch-zeichenhaften Moment der dramatischen Ordnung beruht. Das eine, so Greiner, scheint immer geeignet, das andere zu unterminieren und somit eine Kontinuität in der Gattungsentwicklung zu unterbrechen. Das bedeutet umgekehrt, dass Komödie sich immer wieder neu über das Moment der Überschreitung der Zeichenordnung erfindet. Komödie ist also nicht an ein literarisch-mimetisches Schema gebunden und existiert im Unterschied zur Tragödie auch außerhalb sprachlicher Kodierung.

Greiners Definition der Komödie

Die Herkunft der Filmkomödie aus Jahrmarkt, Varieté und Zirkus unterstützt diese These, auch wenn die ersten Filmkomödien schwerlich am Anspruch der dramatischen Gattungsgeschichte gemessen werden können. Im Unterschied zu den genuin narrativen Genres des Films wie Melodram und

Slapstickkomödie

Western, die sich erst in den 1910er Jahren mit der Entwicklung des Langfilms herausbilden konnten, entsteht die Komödie mit dem Film selbst. Die erste ist die so berühmte wie lapidare *Le Jardinier et le petit espiègle* (dt. *Der begossene Gärtner*), die bereits 1895 zum Repertoire der Filmpremiere der Brüder Lumière gehörte und großen Erfolg hatte. Die kaum zweiminütige Handlung zeigt einen Gärtner beim Besprengen des Rasens mit einem Schlauch, dessen Wasserfluss ein kleiner Junge mit seinen Füßen unterbricht und den verblüfften Gärtner zur Fahndung nach der Ursache der Dysfunktion veranlasst, wobei er schließlich selbst unter den Wasserstrahl gerät. Anders als das spätere Stummfilmmelodram braucht die Komödie keine Übersetzung der dort fehlenden Worte in Mimik und Gestik, sie spielt sich vielmehr direkt mimisch und gestisch als clowneske Slapsticknummer ab und lässt sich im knappen Zeitvolumen des Kurzfilms ohne Weiteres unterbringen. Während der Film sich so in die frühen Nummernprogramme des „Kinos der Attraktionen" einreiht, kann er gleichzeitig als Urszene der späteren langen Version der Filmkomödie begriffen werden, für die ein episodischer Aufbau typisch ist.

Clownerien und Burlesken

Sie folgt auch inhaltlich der Tradition der Clownerien und Burlesken: das Verlachen des Missgeschicks im Kampf mit der Tücke des Objekts, der ewige Pechvogel, dem die Intention seiner Unternehmungen stets ins Gegenteil umschlägt, der Widerstand gegen ein übermächtiges Schicksal, der ob seiner unangemessenen Mittel keinen Gedanken an Tragik aufkommen lässt. Der Clown ist der ewige gesellschaftliche Außenseiter aus dem karnevalesken Jenseits der sozialen Ordnung, der sich als solcher schon durch seine im doppelten Sinn unangepasste Kleidung und seine akrobatischen Verrenkungen präsentiert. Die groteske Körpersprache ist sein Markenzeichen. In dieser zeitlosen Ausstattung trifft er um 1900 mit dem Film auf den kulturhistorischen Paradigmenwechsel zur Moderne, wobei gleichzeitig das behäbige bürgerliche Wohlbefinden des 19. Jahrhunderts wie die Schrecken der Industrialisierung im beginnenden 20. Jahrhundert ins Visier geraten. (Marschall) Die Schlachtfelder von handgreiflichen Zertrümmerungen, rasanten Verfolgungen und Prügeleien als traditionellen komischen Handlungselementen besetzen die symbolischen Objekte des Hauses, der Institution der Ehe, der Maschinen (Eisenbahnen) und zielen in einem schon länger beschrittenen „deutschen Sonderweg" der Komödie (Brandlmeier) auf den deutschen Professor und auf das Militär – die erste Verfilmung von *Der Hauptmann von Köpenick* (Carl Bruderus) datiert auf das Jahr 1906. Wenn der Geschlechterkampf zum traditionellen Repertoire des Komischen gehört, so sind auch in der Komödie von Beginn an charakteristische Anzeichen des modernen Paradigmenwechsels in den Geschlechterrollen unverkennbar: Neben der „herrenwitzelnden Variante" (Brandlmeier) stehen Travestiekomödien und Rollentausch-Spiele, die sich allesamt in der Thematisierung einer verunsicherten und zur Demontage freigegebenen Männlichkeit treffen. (Schlüpmann 1990)

Der Lubitsch-Touch

Deutsche Komödien wurden in der Regel als Serien produziert und griffen auf Stars aus der Varietébranche zurück. Führend war seit 1904 die Firma Messter, die es verstand, an den Stil der englischen, italienischen und französischen Filmgrotesken anzuknüpfen. (Brandlmeier) In den 1910er Jahren entwickelte sich die Komödie mit dem allgemeinen Trend zum Langfilm, in der auch ein späterer Starregisseur, der bald in Hollywood drehte, mit seinen ersten Komikerrollen reüssierte: Ernst Lubitsch. Seine Rollen in *Meyer auf der Alm* (1913), *Der Stolz der Firma* (1914) und *Schuhpalast Pinkus* (1916, bereits zusammen mit Hans Kräly unter seiner Regie) prägten den Ruf des „Lubitsch-Touchs" als unverwechselbares Amalgam aus Körperkomik, Wendigkeit und hintergründiger Anpassungsfähigkeit an gegebene Situationen. Dabei stellen die Hochstaplerrollen der frühen Filme ein Zeitdokument eigener Art dar: Sie zeigen „mitten im Wilhelminischen Ordnungsstaat alle Zeichen seiner späteren Zersetzung. Lubitsch repräsentiert uns den frechen Erfolgstypus der 20er Jahre, der den Rahm von Kriegs- und Inflationsgewinn abschöpft." (Brandlmeier)

Heute sind von den Stummfilmkomödien am ehesten noch die amerikanischen Produktionen mit Buster Keaton, den Marx Brothers, Laurel & Hardy und vor allem natürlich Charlie Chaplin einem breiteren Publikum bekannt. Deren Rang als Klassiker des Genres erwächst aus einer einzigartigen Perfektion, die sich der Einheit von Produzent, Regisseur und Darsteller sowie der Kreation des cineastischen Erfolgshelden „Charlie the Tramp" verdankt. *Goldrush* (1925, dt. *Goldrausch*), *Zirkus*, *City Lights*, *Modern Times* (1936); diese sich über zehn Jahre erstreckende Serie schließt an Chaplin an und reicht mit dem letzten Titel längst in die Ära des Tonfilms, den Chaplin mit Recht für seine Körpersprache als unangemessen verwarf und für den er auch späterhin unter Einschluss der Sprache seine Dramaturgie des Stummfilms beibehielt – so auch in *The Great Dictator*. (1940, dt. *Der Große Diktator*, 1940)

Der Typus des modernen Tramps als Variante des Picaro, des unangepassten und darin skurril wirkenden Außenseiters, eignet sich vorzüglich für die komisch-subversive Infragestellung der bestehenden Ordnung. Chaplin verkörpert ihn in seiner immer gleichen Körpersprache aus ungeschickten, stakkatohaft zwischen Grazie und Ungeschick changierenden Bewegungen im typischen Outfit aus signifikant zu engem Frack, Melone und Stöckchen. In *Goldrush* überträgt Chaplin das entsprechende dramaturgische Modell auf den amerikanischen Gründungsmythos der Goldsucher in Alaska. In diesem Milieu mischen sich die den existentiellen Härten des Klimas geschuldete Skrupellosigkeit mit der Gier nach dem großen Reichtum, auf die der naive, gutmütige, aber auch in Überlebenstechniken notwendig geübte Tramp trifft und in seinem wechselhaften Schicksal der Erfolgsstory den kritischen Spiegel vorhält. Wie immer in diesen Narrationen wechseln Glück und Unglück des Antihelden unberechenbar in melodramatischen und komischen Situationen ab. In *Modern Times* versetzt Chaplin den Tramp in das moderne Amerika des industriellen Zeitalters während der Weltwirtschaftskrise, in dem Charlie die scheinbare Übermacht der Maschine über den Menschen wie den gnadenlosen staatlichen Machtapparat als schicksalhafte Instanzen erfährt, gegen die sein kleiner Traum vom großen Glück keine Chance hat.

In der formalen Systematisierung der Slapstickkomödie hat Deleuze die allgemein vorherrschende semantische Kodifizierung der für Chaplin typischen Gratwanderung zwischen Komödie und Melodram filmästhetisch analysiert. Sie überzeugt als Bestandteil seiner Filmbildtheorie, die historisch-systematisch zwischen Wahrnehmungsbild, Affektbild und Aktions-

Amerikanische Stummfilmstars

Charlie the Tramp

Deleuzes Typologisierung der Komödie

bild unterscheidet und das letztere der realistischen „organischen Komposition" zuordnet. Er charakterisiert das Aktionsbild aus der Relation von Milieu und Verhalten, wobei die Großform etwa des Geschichtsfilms oder des Western in verschiedenen Varianten aus der Situation die Handlung ableitet, die wiederum in eine neue Situation einmündet. Die Eingebundenheit der Handlungspotentiale in ein Ganzes, das ein mit Peirce so definiertes „Synzeichen", die epische Totalität, herstellt, in der Situation und Aktion zwei Pole einer spiralförmigen, sich aufeinander zu bewegenden Bildsequenz bilden. Die umgekehrte, kleine Form des Aktionsbildes lässt nicht die Handlung aus der umschließenden Situation erwachsen, sondern erzeugt mittels Handlung neue Situationen, die fragmentarisch oder zeitlich und räumlich elliptisch bleiben. Diese zwischen Handlung/Ereignis und Situation alternierende Kompositionsform wird nicht mehr synthetisch in der Situation aufgefangen, sondern indiziert die Polarität zwischen Aktion und Situation in zwei Alternativen. Ihr Merkmal ist der Mangel, die Leerstelle an Bedeutung, die sich erst im Ergebnis der Handlung füllt.

Das kleine Aktionsbild

Deleuze bezeichnet diese kleine Form als die typisch komödische Bildkomposition, bei der die Aktion in diese oder jene Situation kippen kann – der typisch burleske, nicht auf Chaplin beschränkte Wechsel von Glück oder Unglück. Mit dieser strukturalen Typisierung des Aktionsbildes löst Deleuze die Slapstickkomödie aus ihrer literarisch-theatralischen Herkunft und erklärt ihre spezifisch filmische Funktionsweise. Ihr zentrales Moment besteht in der Differenz, die die Lücke oder der Mangel evoziert: Eine potentiell doppeldeutige Situation wird erst im Ergebnis der Handlung vereindeutigt. Die Situation umschließt nicht mehr als Ganzheit ein klar definiertes Handlungspotential, sondern die Handlung sprengt eine angenommene Ganzheit immer wieder in Fragmente oder Ellipsen auf. Damit stört sie, wie die semantisch-hermeneutische Definition des Komödischen feststellt, die Ordnung. *Modern Times* baut sich aus einer Fülle solcher potentiell doppelsinnigen Differenzen auf, wenn Charlie zum Beispiel mit der Fahne einer Straßenabsperrung an die Spitze eines Demonstrationszuges gerät und prompt als Rädelsführer der Revolte verhaftet wird. Das Zeichen der Fahne kippt von einem ordnungsstiftenden Index in einen politischen und erzeugt einen neuen Kontext, wenn er im Gefängnis versehentlich vom Haschisch seines Nachbarn nippt und, mit neuen Energien geladen, unversehens zum Helden bei der Niederschlagung einer Gefängnisrevolte und damit zum Liebling der Ordnungshüter wird usw.

Die Stummfilmkomödie lebt von der Körperlichkeit und der Gestik ihrer Protagonisten. Mit dem Tonfilm fächert sich das Spektrum des Komödischen weiter auf und ist so nur noch bedingt unter einer Kategorie summarisch abzuhandeln.

3. Der Musicalfilm

Beginn des Tonfilms als Musikfilm

Es sagt etwas über das Selbstverständnis der Traumfabrik Hollywood aus, dass der erste Tonfilm ein Musikfilm war, der seine Geschichte dem „wirklichen Leben" seines Stars Al Jonson entsprechend auf der Bühne des Broadway enden ließ. Alan Croslands *The Jazz Singer* entstand 1927 zur Blütezeit des Broadway-Musicals und nutzte dessen Popularität sofort für den Film. Man kann es auch umgekehrt verstehen: Das Filmmusical vollendete das Bühnenmusical in seinem vollkommenen, immer exponierten Illusionscharakter, denn ähnlich der Oper erzeugen Musicals keine Illusionen, sondern sie sind Illusionen. (Brustellin 2003) Diese bündige Feststellung meint zunächst die rundum künstliche Welt des Musicals, von seinem stereotypen, kolportagehaften Liebesplot über die vorsätzlich euphemistische Verkitschung von Realität bis hin zum Surrogatcharakter dessen, worum es sich eigentlich dreht – um die Darstellung von Sex durch die Verschiebung seiner Darstellung in den Tanz. Das diesbezüglich berühmteste Musicalpaar sind Fred Astaire und Ginger Rogers in insgesamt zehn gemeinsamen Erfolgsfilmen während der 1930er und 1940er Jahre. Darüber hinaus werden zwei Etappen des Musicalfilms für die Perfektionierung der Illusion genannt. Der ursprüngliche Revuefilm veränderte sich durch die Einbindung des Plots in eine durchchoreografierte Einheit, der Technicolorfilm hob die störende Verfremdung der Schwarz-Weiß-Produktionen in einer gefälligen Farbwelt auf, die letztlich immer „rosa" ausfällt. Dies leistete 1933 zum ersten Mal Busby Berkeleys Filmmusical *42. Straße*.

Gleichzeitig aber ist dem Show- und Scheincharakter ein verblüffendes ästhetisches Element eigen, das sich aus der das Genre konstituierenden Darstellung der Bühne im Film ergibt. Ob Tanz und Gesang dabei einfach die Handlung unterbrechen und so den Bühneneffekt herstellen oder aber die Bühne selbst zum integrativen Bestandteil der Handlung wird, läuft auf denselben Effekt hinaus. Die Bühne im Film verdoppelt die Repräsentationsebene. Exemplarisch dafür macht Stanley Donens und Gene Kelleys *Singin' in the Rain* (1952) die Erfolgsgeschichte des Musicalfilms selbst zum Thema, indem der Protagonist zunächst mit einem Filmprojekt scheitert, um dann durch dessen Umwandlung in ein Musical zum Erfolg und natürlich zur Frau seiner Träume zu gelangen. Das Schlussbild deutet Brustellin einleuchtend als „vervielfältigte Antiwelt", wenn das glücklich auf der Bühne und im Leben vereinte Traumpaar Gene Kelly und Debbie Reynolds vor einem kitschigen Filmplakat steht, auf dem sie wiederum abgebildet sind, um ihr Musical anzukündigen, in dem sie eine Traumreise in die Welt des Musicals unternehmen.

Diese Brechungen sind nicht wirklich autoreflexiv im Verständnis rationaler Verfremdung, denn sie führen konsequent nach innen. Die Traumwelt zieht sich hermetisch in sich selbst zurück. Auf diese psychedelische Sogwirkung in eine Gegenwelt zur illusionslosen Realität hebt Lars von Triers „aufgeklärte" Hommage an das Filmmusical einer nicht wiederholbaren Vergangenheit ab, in die er beide Ebenen einbezieht. *Dancer in the Dark* (DK 2000) stellt ein Mädchen mit einem harten Emigrantenschicksal vor, das in der neuen Heimat keine Wurzeln schlägt und schließlich irrtümlich zum Tod verurteilt wird. Dieses Scheitern hat damit zu tun, dass sie die Realität erleidet, sich ihr aber niemals stellt. Ihre Welt ist die Traumwelt des Musicals, der sie noch unterm Galgen gläubig die Treue hält, wenn sie – dargestellt und interpretiert von der isländischen Popsängerin Björk – „This Is Not the Last Song" singt, bis das Seil sie ihrer Stimme und ihres Lebens beraubt. Das Versprechen des Happy End wird diesmal nicht und nie mehr eingelöst.

Die Bühne im Film

Das Musical als Gegenwelt

IV. Filmgenres

Rock 'n' Roll im Musikfilm

Die fünfzig Jahre zwischen dem Höhepunkt des Filmmusicals und *Dancer in the Dark* zeigen den sanften Ausklang des Genres und seine, gerade wegen seiner Hermetik, erstaunliche Wandlungsfähigkeit. Die generelle Ermüdung an der immer gleichen naiven Illusionsmaschine und die Popkultur werden dafür verantwortlich gemacht, dass das Filmmusical in seiner herkömmlichen Form schlicht altmodisch wirkt. Die 1950er Jahre wurden zur Dekade des Rock 'n' Roll und damit einer Jugendkultur, die sich von den Scheinwelten der älteren Generation nicht nur im Musikgeschmack emanzipierte. Der Rock war vielmehr der Ausdruck eines neuen, von Prüderie und kleinbürgerlicher Mentalität befreiten Lebensgefühls. Elvis Presley wurde zum neuen Idol, und die Partylaune schwappte in den Musikfilm hinüber: *Rock around the Clock* (*Außer Rand und Band*), *Rock, Pretty Baby* (*Rock 'n' Roll*), *Rock, Rock, Rock* (sämtlich USA 1956). Den Elvis-Filmen folgten in den 1960ern die Beatles-Filme, später zelebrierten sich die Rolling Stones, David Bowie, Madonna im Film – letztere dann auch im Musical *Evita* (1996). Diese Art von Musikfilm diente der Präsentation der neuen Stars und ihrer Musik.

Neue thematische Akzente

Das Musical selbst öffnete sich teils der neuen Musik, teils der neuen sozialen Realität wie in Jerome Robbins und Robert Wides *West Side Story* (1960, Musik von Leonard Bernstein), das den jugendlichen Bandenkrieg in den Städten thematisiert. Der Kultfilm *Saturday Night Fever* (John Badham, 1977) handelt vom Discorausch, intoniert mit den Hits der Bee Gees. Jugend, Rausch, Kult – das sind die Phänomene, um die sich das Musical der 1970er Jahre dreht und darin nicht mehr Gegenwelten schafft, sondern deren Realität selbst reflektiert. Milos Formans *Hair* (1977) zeigt die Flower-Power-Bewegung mit ihrer großen, lebensfreudigen und friedfertigen Geste der Verweigerung gesellschaftlicher Zwänge und ihrem tragischen Scheitern an den Grenzen, die der Freiheit in Amerika gesetzt sind. Wenn einer der Hippies in dem Stück in spielerischem Kleidertausch die Uniform eines Soldaten anzieht, an dessen Stelle in den Vietnam-Krieg eingezogen wird und darin umkommt, ist das eine bittere Bilanz des Pazifismus im Land der unbegrenzten Möglichkeiten. Tim Rice und Andrew Lloyd Webber ironisieren in *Jesus Christ Superstar* (1972) den parareligiösen Charakter des Starkults und als dessen Kehrseite die Entleerung des Religiösen im Pop-Event. Ken Russell lässt in *Tommy* (GB 1974) Musik- und Drogenrausch in einer sexuellen Initiationsstory zusammenfallen, für die Tina Turner als „Acid Queen" die Regie übernimmt.

Dekonstruktion des Musicals

In diese Musicals ist mit einer neuen Thematik auch eine neue Musikästhetik eingegangen. Schon der Rock 'n' Roll passte mit den Plansequenzen, in denen die ausladenden Tanzeinlagen eines Fred Astaire und seiner Partnerin nachgemalt werden mussten, nicht mehr zusammen. Exzess sagt Tempo und Schnitte an, und schließlich nimmt das Musikvideo mit seiner charakteristischen hohen Schnittfrequenz und seiner ästhetischen Experimentierfreude Einfluss auf den Musikfilm. Darin sind neben den Jugend-Musicals Bob Fosses Neuschöpfungen des Genres hervorzuheben, *Sweet Charity* (1960), *Cabaret* (1972) und *All the Jazz* (*Hinter dem Rampenlicht*, 1979). *Cabaret* ist ein Revuefilm im vorfaschistischen Berlin, der entlarvend das unstete, überreizte Nachtleben des Varietés mit seiner dekadenten Musik und Erotik gegen die Stiefel der SA-Schläger und ihrer Heimatlied-Kultur schneidet und zeigt, wer den Kampf gewinnen wird. Mit einer ähnlichen Konfrontation von Illusion und Realität gibt *All the Jazz* einen gnadenlosen Blick hinter die Kulissen der knallharten, von Geld, Sex und Macht beherrschten Musical-Industrie frei. Wenn im klassischen Musical die fiktive Realität von der Strahlkraft der Bühne im Film aufgesogen wurde, so haben hier Bühne und Backstage nichts mehr gemeinsam. Mit dem Star inszeniert Fosse sich zweifach selbst – einmal mit der letzten glamourösen Show auf der Bühne und zum anderen mit einem schäbigen Tod dahinter, bei dem aller Glanz und alle Illusion im Plastiksack des Bestatters verschwinden. Das Musical ist aus und vorbei. Das ist, wie gesagt, eine vorläufige Prognose.

4. Das Melodram

Die Herkunft des Begriffs von griechisch: „melos" = Lied und „drama" = Handlung sagt noch wenig über den Charakter des Filmmelodrams aus, wenn man bedenkt, dass alle Filmgenres ihre Handlung möglichst effektvoll musikalisch unterstützen. Die Adaption des Begriffs vom Theater bzw. aus der Literatur als Bezeichnung für musikalisch begleitetes Drama oder eine besonders gefühlsselige Erzählung mit bestimmten Charakter- und Handlungsstereotypen dagegen führt direkt auf die Eigenart des Filmmelodrams. Es hat seine literarischen Wurzeln im europäischen bürgerlichen Trauerspiel und im Gesellschaftsroman des 18. und 19. Jahrhunderts und ist damit unmissverständlich an das genuin bürgerliche Sujet Familie gebunden. Im Zentrum steht stets eine Frauenfigur, an der, wie im Trauerspiel oder im Roman, buchstäblich das „Drama" der gelingenden oder scheiternden Emanzipation vor dem Hintergrund der bürgerlichen Moralvorstellungen exemplarisch statuiert wird. Die Widersprüche und Friktionen zwischen diesen gesetzten Größen Frau und Moral bestimmen den affekt- und effektgeladenen Charakter des Melodrams, das, wie man im Nachhinein sagen kann, erst im Film seine eigentliche Wirkung entfaltet.

Literarische Herkunft des Melodrams

Die Abkunft des Melodrams aus dem bürgerlich-familiären Milieu bedeutet dabei nicht automatisch, dass das Melodram soziales Drama sein muss. Vielmehr lebt das Melodram von der Suggestion, zeitlose, vom Milieu unabhängige Konflikte von schicksalhafter Erhabenheit zu gestalten. Psychologische Ausdifferenzierung der Charaktere und emotionale Überbordung gehören deshalb zur melodramatischen Grundausstattung auch dort, wo typische Fabelverläufe von großen Prüfungen, weiblichen Entsagungen als Geliebte oder als Mutter, Konflikte zwischen Karriere und Familie oder der stereotype Dreieckskonflikt in der Konstellation Frau – good guy – bad guy erzählt werden. Entscheidend ist das Durchleiden eines „Dramas", bei dem (k)einem der Protagonisten (…) je klar (wird), dass alles, Gedanken, Wünsche und Träume präzise aus der gesellschaftlichen Realität entstehen oder von ihr manipuliert sind" (Fassbinder, 22), wie Rainer Werner Fassbinder 1986 über Douglas Sirks Film mit dem sprechenden Titel *Imitation of Life* schrieb. Aus sozialgeschichtlicher Sicht entstehen Melodramen dieser Provenienz nach der historischen Aufstiegsepoche des Bürgertums, als verpasste Chancen, geronnene Hierarchien und abgebrochene Emanzipations-

Essenzialisierung sozialer Konflikte

bestrebungen die Gesellschaft in ihrem So-Sein als naturgegeben erscheinen zu lassen. Wenn melodramatische Handlungen in Kriegsereignissen oder anderen gesellschaftlichen Konfliktfeldern wie zum Beispiel Rassenauseinandersetzungen situiert werden, dann erwachsen sie nicht aus deren Problematik, sondern nutzen sie als Medium ihrer eigenen Dynamik. Melodramen formulieren eine Ästhetik der Zu-kurz-Gekommenen (Seeßlen 1980), die sich für ihren Mangel an realen Handlungsmöglichkeiten mit dem Rausch des großen Gefühls entschädigen.

Pathos und „rhetorischer Exzess"

Den Anstoß zu einer breiten akademischen Forschung zum Melodram gaben u. a. der grundlegende Aufsatz *Tales of Sound and Fury* (1972) von Thomas Elsaesser, der das Familiensujet ins Zentrum stellt und es auf Romane des 19. Jahrhunderts – Charles Dickens, Honoré de Balzac, Eugène Sue, Victor Hugo – zurückführt, und Peter Brooks' *The Melodramatic Imagination* (1976). Brooks analysiert den melodramatischen Grundgestus ebenfalls in Dramen und Romanen des 19. Jahrhunderts, namentlich bei Balzac und Henry James mit ihren auffällig banalen Stoffen. Darin begreifen bereits sie, so Brooks, die Wirklichkeit als „Maske" einer tieferen Wahrheit auf dem Schauplatz der Seele, auf dem sich die eigentlichen, essentiellen menschlichen Konflikte abspielen. Die Tendenz gab das „emotionale Drama" vor, das mit dem Verlust der „tragischen Sichtweise", d.h. mit dem Verlust des transzendentalen Fluchtpunkts im Menschlichen, selbst sein Maß finden musste und sich so als „herunter gekommene Tragödie" (Brooks 1994) präsentierte. Die großen Konstituenten des Tragischen von Schicksal und Schuld, individueller Größe und individuellem Scheitern suchten ihr ethisches Zentrum, um das sie mit großem Pathos Leidenschaften und Verfehlungen, Träume und deren Erfüllung oder Versagung gruppierten. Der Film hat das hier entwickelte melodramatische Set zur Vollendung gebracht: mäandrische Fabelverläufe mit Irrwegen und Hindernissen auf dem Weg zum Ziel der Träume, extrem polarisierte Gefühle, die Tragik der zu späten Erkenntnis – gerade hier ist die Herkunft aus der Tragödie unverkennbar –, gescheiterte Kommunikation und ein sich immer erneuernder Zirkel von Begehren und Verweigern, aus dem sich insbesondere die Ökonomie der emotionalen Effekte speist. Der Überfluss an unbewältigtem narrativem und psychologischem Potential evoziert, so Geoffrey Nowell-Smith, einen „rhetorischen Exzess" (zit. bei Cargnelli, 15), der sich als Überschuss an Farbe, Musik und Mise en Scène im Melodram niederschlägt.

Die starke Frau im Mittelpunkt

Dem Melodram haftet zu Recht der Ruch des Sentimentalen und Trivialen an, was seiner Wirksamkeit niemals entgegenstand. Oftmals handelt es sich um Verfilmungen entsprechender Romane. Mit dem Film kam es historisch und mediengeschichtlich im 20. Jahrhundert auf seinen Punkt, man könnte verkürzt behaupten: Film ist Melodram. Als Beleg wäre zunächst anzuführen, dass fast alle narrativen Genres mit melodramatischen Elementen operieren – der Western ebenso wie der Detektivfilm, das Filmmusical oder der Scienefiction-Film. Das rührt aus der Affektstrategie bereits des frühen Spielfilms her, der als Stummfilm mit musikalischer Untermalung visuell und akustisch auf die Emotionen der Zuschauer zielte. Von Beginn an als Medium der Massenunterhaltung konzipiert, richtete sich der frühe Film bekanntlich explizit an ein weibliches Publikum, das seine Träume und Sehnsüchte hier visionär auslebte. Asta Nielsens frühe Produktionen sind auch inhaltlich exemplarisch für den „Frauenfilm", als den man das Melodram beschreiben kann. Auch von daher stellt sich der angedeutete konservative Charakter der melodramatischen Gattung an sich als ambig dar: So wie das frühe Kino realiter eine Institution weiblicher Selbstbestimmung war, so können die Inhalte der – fast ausnahmslos von Männern gedrehten – Melodramen, je nach Präsentation der weiblichen Charaktere, emanzipatorische Identifikationsangebote mit der „starken Frau" im Mittelpunkt enthalten, was besonders das Interesse der feministischen Forschung hervorrief. Affirmativ oder subversiv – es scheint, dass das Melodram stets beides sein kann.

Das Melodram war und ist immer fester Bestandteil des Kinorepertoires. Griffiths *Broken Blossoms* (1919) ist als „Geschichte von Liebe und Leid" ein früher Klassiker, wie G.W. Pabsts *Die freudlose Gasse* (1925) mit den beiden Stars des deutschen Stummfilms Asta Nielsen und Greta Garbo ein Beispiel für ein deutlich sozialkritisches Drama. Victor Flemings *Gone with the Wind* (1939) nach dem Roman-Bestseller von Margaret Mitchell verbindet Familensaga, Historienfilm und melodramatische Handlung in exemplarischer Weise.

Zum Inbegriff des Melodrams sind nicht zufällig Douglas Sirks große Filme der 1950er Jahre geworden, von *All that Haven Allows* (1956) über *Written on the Wind* (1957) bis *A Time to Love and a Time to Die* (1958, nach Erich Maria Remarques *Zeit zu leben, Zeit zu sterben*) und *Imitation of Life* (1959). Sie gelten als Spiegel der amerikanischen Gesellschaft dieser zwischen Kaltem Krieg und „Wirtschaftswunder" oszillierenden restaurativen Dekade, in dem sich die weiße Mittelschicht selbst entdeckt. Douglas Sirk, der als Detlev Sierk bereits im Deutschland der 1930er Jahre mit Zarah Leander Kassenschlager produziert hatte (*La Habañera*, 1937), leuchtete die Generations- und Geschlechterkonflikte der reichen Vorstadtbewohner bis zum Exzess psychoanalytisch aus, indem er sie in ihrer sozialen Welt gleichsam klaustrophobisch eingebunden zeigt. Bürgerliche Doppelmoral, Zerfall der Familie und Rassismus als unangefochtene „Naturgesetze" treiben namentlich aus den Heldinnen das Äußerste an Liebes- und Leidensfähigkeit heraus. An diesen Filmen bewunderte Fassbinder den behutsamen Umgang des Regisseurs mit seinen Figuren, die er in ihren „weltfremden" Träumen und Sehnsüchten zeigt, ohne sie zu denunzieren oder bloßzustellen. Das Grundmuster des melodramatischen Begehrens, dass von Anfang an alles verloren ist und gerade deswegen die Anstrengung verdient, die Utopie leben zu wollen, hat Fassbinder gereizt. Mit *Angst essen Seele auf* (1973) hat er ein Remake von *All that Haven Allows* gewagt, mit seinen vier großen Deutschlandfilmen *Die Ehe der Maria Braun* (1978), *Lili Marleen* (1979), *Lola* (1981) und *Die Sehnsucht der Veronika Voss* (1982) hat er, wie immer gegen den Mainstream des deutschen Kinos, Maßstäbe für den „deutschen melodramatischen Hollywoodfilm" gesetzt und damit u.a. demonstriert, dass Autorenkino und Hollywoodstil keine Gegensätze sein müssen.

Es mag an der Thematik der starken Frau liegen, an der Kraft einer starken Fabel, an der Eindringlichkeit emotional aufwühlender Musik – fast alle Melodramen haben einschlägige Lieder berühmt gemacht – bzw. an allem zusammen eben als Urbild von Kino schlechthin, dass die Aura des Melo-

Zerrspiegel des Wirtschaftswunders

drams an Wirksamkeit nichts einbüßt. Sie bleiben Publikumserfolge wie Sydney Pollacks *Out of Africa* (1985), Jane Campions *The Piano* (1993), Clint Eastwoods *Die Brücke am Fluss* (1994), Anthony Minghellas *Der englische Patient* (1996) oder Pedro Almodòvars *Alles über meine Mutter* (1999).

5. Der Western

„Go West" – Bewährungsprobe des amerikanischen Traums

André Bazin hielt ihn für beinahe unsterblich: den Western, der seit dem Beginn des Kinos datiert und sich als Genre des Hollywood-Kinos über hundert Jahre Filmgeschichte erhalten hat. Als typischer B-Film ist er wie kein anderes Genre an das amerikanische Kino gebunden, weil er die (nord-)amerikanische Geschichte zu dem Mythos werden ließ, der wie kein anderer das Selbstverständnis der Nation geprägt hat. Sein großes Thema ist die Landnahme im Bewusstsein einer Sendung, das „Go West", die Bewährungsprobe für den großen amerikanischen Traum von individueller Freiheit und Neuerschaffung der Welt in einem. Von daher bezieht der Western sein ideologisches Pathos aus dem utopischen Überschuss, den die europäischen Siedler des 18. und 19. Jahrhunderts mit in die Neue Welt hinübernahmen, um in der vermeintlich unberührten Natur nichts weniger als den neuen Garten Eden zu schaffen, mit zumindest einigen der Mittel, durch die der technische Fortschritt in Gestalt von Waffen und Produktionsmitteln die Überlegenheit über die Ureinwohner garantierte. So bezieht sich der Western geschichtlich auf die Zeit von der Unabhängigkeitserklärung 1776 bis zur Ausbildung des Industriezeitalters, verstärkt auf die letzte Etappe seit dem Bürgerkrieg von 1860 bis 1865, der die Nation in ihrer heutigen Gestalt etablierte.

Der Frontier zwischen Wildnis und Zivilisation

Rekonstruktion von Geschichte erfolgt dabei von Anfang an deutlich selektiv und mit symbolisierenden Zügen. Verdrängt bzw. euphemistisch umgewertet werden die Kolonisierung und Ausrottung der Indianer, hervorgehoben und stilisiert die Landnahme durch die weißen Siedler in ihrer kulturellen und moralischen Überlegenheit. Der Westen wird zum mythenstiftenden Raum von nicht geringerer Bedeutung als der Mittelmeerraum, in dem vor 3000 Jahren der Mythos des Abendlandes entstand. Der Protagonist dieser Narration ist der „Frontier", der einsame Kämpfer an der Grenze von Wildnis und Zivilisation, Natur und Kultur, Wüste und Siedlung. Dabei sind diese differenzierenden Raster durchaus nicht ausschließlich alternativ zu verstehen, vielmehr geht es um die Neuschöpfung eines naturnahen Lebens ohne Verzicht auf Kultur. Der Widerspruch dieser Utopie ist zweifach vorprogrammiert: einmal durch ihre kulturelle und geschichtliche Eingrenzung auf die archaisch-agrarische Lebensform, die im Zuge der Industrialisierung tendenziell marginalisiert werden musste – spätestens in der Perspektive des 20. Jahrhunderts mutierte die Utopie zur Rückzugsutopie aus der Moderne. Zum anderen generiert sich der Mythos aus dem Topos des Kampfes, und zwar nicht allein des Kampfes des Siedlers gegen die Macht der Natur, sondern in der Hauptsache der permanenten Verteidigung der ideellen Werte der Frontiers gegen Missgunst, Missbrauch und moralische Depravation unter den Weißen selbst. Die dahinter stehenden realen

Macht-, Verteilungs- und Aufstiegskämpfe der Siedler und Glücksritter erscheinen hier in Gestalt ethischer Konflikte, die das Gründungszeitalter als existenzielle Ausnahmesituation ausweist: Recht, Gesetz und moralische Werte gilt es in der „Wildnis" erst zu etablieren und immer aufs Neue der Anarchie abzutrotzen. Die exemplarische Situation wird darin verdeutlicht, dass der Faust- bzw. Coltkämpfer für die Freiheit in aller Regel auf sich allein gestellt bleibt und gleichsam für Gott und Amerika das Gute gegen das Böse verteidigt.

Das ist der Stoff, aus dem die Fabel des Western besteht. Seine Anfänge zu Beginn des 20. Jahrhunderts bauen auf der für die Mythenbildung notwendigen historischen Retrospektive auf. Sie bedienen sich der literarischen Vorgänger, die bereits Eingang in die Massenkultur gefunden hatten: Coopers *Lederstrumpf*-Erzählungen von den Indianerkämpfen und den Abenteurern der Pioniere sowie Zeitschriften, die z.B. die Western-Geschichten von Frederic Remington zwischen 1886 und 1909 einem breiten Publikum in Fortsetzungsromanen zugänglich machten. Parallel dazu existierte eine visuelle Codierung von Landschaften und Charaktertypologien in der Malerei und den Illustrationen von Büchern und Zeitschriften. Die so geleistete Vorstrukturierung des Sujets und das damit etablierte Rezeptionsmodell für das Publikum ermöglichen eine effektive Ökonomie bei der Entwicklung des filmischen Genres Western. Die abrufbare mythische Codierung, die bald bestimmte visuelle Pattern hervorbrachte, weist den Western in einer spezifischen Struktur von symbolischen und realistischen Elementen aus, die nach dem Barthesschen Muster von Denotation und Konnotation von Mythen des Alltags funktionieren. Individuelle und konkrete Züge der Narration, ihre Anlehnung an soziale und historische Realitäten bleiben stets auf die konventionelle Narration bezogen, die, so Bazin, in ihrer unreflektierten „Unschuld" den Fortbestand des Genres sichert.

Literarische Vorläufer

Fred Zinnemanns *High Noon* (1952, dt. *Zwölf Uhr mittags*) beginnt im Vorspann mit der Totale auf eine hügelige Prärielandschaft: Gras, knorrige, vom Wind schief gewachsene Bäume, kleinere Felsbrocken, im Galopp sprengt ein Reiter herbei, die Leitmelodie *Do not forsake, oh my darling*, gesungen vom Country-Star Tex Ritter, klingt auf. Damit ist der typische Topos der großen Freiheit gesetzt. Der einsame Reiter trifft sich mit zwei weiteren, je einzeln herbeireitenden Männern, und an den finsteren, unheildräuenden Mienen wird schnell klar, dass sie die Gruppe der „Bösen" vertreten. Nach dem Schnitt schwenkt die Kamera auf den Kirchplatz einer Kleinstadt, friedliche Sonntagsstimmung, Menschen strömen herbei, als die drei finsteren Gesellen durch den Ort reiten. Eine alte Frau blickt ihnen nach und bekreuzigt sich. Drohend lässt einer der drei sein Pferd vor dem Marshalamt aufbäumen, während drinnen eine Hochzeitszeremonie beginnt. Der Marshal (Gary Cooper) heiratet eine Quäkerin (Grace Kelley). Er legt an diesem Tag sein Amt nieder, in dem er über Jahre einen allgemein anerkannten Dienst an der Gemeinschaft für Rechtssicherheit und Ordnung ausgeübt hat. Inzwischen sind die drei Reiter an der Bahnstation Hadleyville angelangt und erkundigen sich nach der Ankunft des Mittagszugs ... Mit den Gegensätzen des friedlichen Bürgerlebens und der wilden Anarchie sind auch die Prototypen gesetzt: Auf der einen Seite befinden sich der Sheriff, ein männlicher, wortkarger Typ, den Will Kane mit dem Blechstern sei-

Paradigmatische Fabel: High Noon

nes Amtes auf der Brust, Cowboyhut und der Pistole im Gürtel repräsentiert, und die blonde, in festliches Weiß gekleidete zarte Frau als neue Lebensperspektive. Auf der anderen Seite stehen die Reiter, ebenfalls mit Hut, Lederband um den Hals, Patronengürtel, Pistolen – die Machos aus der Prärie. Zwischen diesen Antipoden spielt sich die weitere Handlung ausschließlich in Hadleyville ab.

Paradigmatische Dramaturgie

Der Film ist berühmt für seine exakte Dramaturgie, mit der der Kampf zwischen Gut und Böse, der friedlichen Zivilisation und dem sie immer noch bedrohenden Wilden und Gesetzlosen, ausgetragen wird. Die drei Ganoven erwarten ihren Anführer, der unerwartet begnadigt und aus dem Gefängnis entlassen wurde, nachdem ihn der Marshal wegen Mordes gefasst hatte. Er hat Rache geschworen und der Sheriff ist entschlossen, sich ihm zu stellen. Unerwartet jedoch sieht er sich von allen verlassen: zuerst von seiner eben angetrauten Frau wegen ihrer pazifistischen religiösen Grundsätze, dann nach und nach aus Feigheit und Opportunismus von allen seinen Freunden. Als dramaturgisches Element der Spannung wird in immer kürzeren Abständen eine Uhr eingeblendet, beim ersten Mal um 10.35 Uhr, beim letzten Mal um 12.00 Uhr, als der Zug mit Frank Miller eintrifft. Die Zeit zwischen der Entscheidung Kanes, seinen Gegner zu erwarten, und seiner Desillusionierung bei der Vorbereitung der Begegnung beträgt 60 Minuten. Ab 12 Uhr mittags folgen 15 Minuten Showdown für den ungleichen Kampf. In der plötzlich menschenleeren Stadt scheint es nur fünf Personen zu geben, Miller und seine Clique, die Kane jagt. Selbstverständlich gewinnt Kane, und auch das selbstverständlich nur, weil ihm am Ende doch jemand beisteht – seine eigene Frau, die einen der Ganoven erschießt.

Der Westernheld – Faustrecht der Freiheit

Unverzichtbar zum Set gehören der einsame Held, der uneigennützig und todesmutig allein gegen alle Gesetz und Gerechtigkeit verficht, zum Set gehört die sittenstrenge, schöne und unnahbare weiße Frau als ein Preis, den der Held nicht unbedingt zu beanspruchen hat, und es gehören die immer wieder eingeblendeten Bilder der ins Weite führenden, ungezähmten Landschaft dazu wie auch der Saloon, in dessen rauch- und alkoholgeschwängerter Atmosphäre die unterschiedlichsten Typen der Gesellschaft des Westens aufeinandertreffen. Natürlich sind es die Männer, in deren knappen Gesten und oft bedeutungsvollem Schweigen sich die Entladung der Spannungen ankündigt. Die Dramaturgie braucht die Reiter, die locker sitzenden Pistolen und den Kampf zwischen eindeutig als gut oder böse markierten Typen. Sie braucht die Melancholie und die Verheißung der Landschaft, die wehmütigen Songs und den Verrat der Menschen, um den Helden als traurigen, einsamen Sieger aufzubauen. Eindeutig huldigt der Western einem männlichen Heroismus, der das angestrebte Ideal der friedlichen Zivilgesellschaft kontrastiert und darin zeigt, wie gefährdet diese immer noch und immer wieder ist, wenn Gerechtigkeit und Gesetz paradoxerweise mit dem Faustrecht der Freiheit verteidigt werden müssen.

Mythologisierung des Milieus

High Noon demonstriert beispielhaft, dass gerade die Verlässlichkeit dieses mythischen Pattern für Aktualisierungen geeignet ist. Ohne vom historischen Milieu auch nur in einem Detail abzuweichen, konnten die zeitgenössischen Zuschauer in den Auseinandersetzungen der Einwohner des Städtchens über das Pro und Contra der Unterstützung für den rechtschaffenen Helden ein Abbild der amerikanischen Gesellschaft der McCarthy-Ära erkennen, in der die Hexenjagd auf politische Abweichler von der Mehrheit opportunistisch geduldet wurde. Bezeichnenderweise in der Kirche als dem Ort der solidarischen Gemeinschaft werden in *High Noon* die verschiedenen Standpunkte entlarvt: der Vorrang der privaten Sicherheit vor dem öffentlichen Interesse, das Scheinargument der Befriedung des Städtchens, Abschiebung der Verantwortung auf den Staat, das Arrangement mit den Verbrechern aus egoistischen Motiven, der Neid auf den Helden aus persönlicher Konkurrenz. Kanes letzte Geste ist unmissverständlich: Schweigend wirft er dieser korrumpierbaren Gesellschaft den Marshalstern als Symbol des von ihr missachteten Gesetzes vor die Füße.

High Noon ist ein Film aus der dritten Phase der Erfolgsserie des Genres. Als erster Western gilt Edwin S. Porters *The Great Train Robbery* (1903, dt. *Der große Eisenbahnraub*), der mit dem Motiv der Eisenbahn zugleich einen zentralen Topos des Kulturkampfes setzte. John Ford nahm ihn mit seinem Epos über den Eisenbahnbau *The Iron Horse* (1924, dt. *Das Eiserne Pferd*) wieder auf, neben James Cruzes *Der Planwagen* (1923) einer der bedeutendsten Western der Stummfilmära. Als Klassiker zählt wiederum Fords *Stagecoach* (1939) in der Blütezeit des Genres Ende der 1930er Jahre mit Produktionen weiterer namhafter Regisseure wie King Vidor (*North West Passage*, 1940, dt. *Nordwest-Passage*), Michael Curtiz (*Santa Fé Trail*, dt. *Land der Gottlosen*, und *Virginia City*, dt. *Goldschmuggel nach Virginia*, beide 1940) oder Fritz Langs *Western Union* (1940, dt. *Überfall der Ogallala*). Mit solcher Nobilitierung des ursprünglichen B-Film-Genres wurde der artifizielle Charakter des Westerns voll ausgeprägt. Nach einer Unterbrechung der Western-Produktion durch die Kriegsjahre gab es, pünktlich nach dem glorreichen Sieg, eine neue Welle, die den Mythos von der großen Nation fortschrieb, aber auch ihre Historisierung betrieb.

3 Phasen in der Geschichte des Westernfilms

Bazin nennt diese aktualisierenden und mit anderen Themen angereicherten Western-Produktionen mit etwas Distanz die in die A-Kategorie gewechselten „Über-Western". Neben Fred Zinnemann stehen alte und neue Regisseure wie John Ford mit *My Darling Clementine* (1946, dt. *Faustrecht der Prärie*) und *Fort Apache* (1948, dt. *Bis zum letzten Mann*), Delmer Dave mit *Broken Arrow* (1950, dt. *Der gebrochene Pfeil*) – einer der Filme, die eine neue Sicht auf die Indianer eröffneten –, Howard Hawks mit *Red River* (1948) und *The Big Sky* (1951, dt. *Der weite Himmel*) u. v. a. Die Serie der erfolgreichen Hollywood-Produktionen reicht bis in die 1960er Jahre, bevor deutsche Karl-May-Verfilmungen und vor allem der Italo- oder Spaghetti-Western den Stab aufnehmen und die verblasste Romantik des American Dream nunmehr aus europäischer Perspektive auffrischen. Sergio Leone machte in *Für eine Handvoll Dollar* (1964) Clint Eastwood populär, Sergio Corbucci drehte *Mercenario – Der Gefürchtete* (1968) und Leone schuf mit dem großen Epos *Spiel mir das Lied vom Tod* (1969), das ein weiteres Mal um die Kartografierung des Westens durch den Eisenbahnbau kreist, noch einmal für eine neue Generation den Einstieg in den Mythos Western, der mit der zunehmenden Entrückung seines Themas in die Historie auch filmgeschichtlich in die eher sterile Aura des Filmklassikers gerät. Allerdings feierte man 2005 in Cannes eine vermeintliche Renaissance: Wim Wenders gewann für *Don't come knocking* eine Palme. 2006 wusste der taiwanische

„Über-Western", Italowestern und Western-Renaissance

Regisseur Ang Lee mit der Inszenierung einer Liebe zwischen zwei Cowboys in *Brokeback Mountain* dem Western eine neue, überraschende Seite abzugewinnen. Er wurde dafür mit einem Oscar belohnt.

6. Der Abenteuerfilm

Zeitlosigkeit des Abenteuer-Plots

Der Abenteurer ist eine zeitlose Figur: Er vertritt eine charakteristische Virilität, die sich aus Mut und Edelmut, Liebe zur Freiheit und zu den Frauen, anarchischer Unbekümmertheit und missionarischer Verantwortung für einen persönlichen Zweck, besser aber noch für ein allgemeines Ideal auszeichnet. Er gibt nie auf und erreicht immer sein Ziel. Das Abenteuer selbst lauert stets auf den Wegen, die ein solcher Mann unweigerlich gehen muss. Der charakteristische Plot einer Abenteurergeschichte umfasst drei ebenso stereotype Stationen: den Aufbruch in eine ungewisse Fremde, die Begegnung mit diversen Gefahren, die er heldenhaft besteht, und den Erfolg am Ziel, sei es ein Schatz, der Triumph einer gerechten Sache, die Erfüllung einer Mission, die ersehnte Rückkehr nach Hause. Typischerweise steht eine schöne Frau als Preis des Siegers bereit, doch wird sich der Held auf Dauer nicht domestizieren lassen, denn das wäre Verrat an sich selbst und seinen archetypischen, kindlich-männlichen Träumen vom Bruch mit allen Konventionen, vom Auszug in die weite Welt und von der unersättlichen Begierde nach dem Unbekannten in der Freiheit da draußen.

Abenteuerliteratur im 19. Jahrhundert

Aus diesem Stoff sind die Abenteuergeschichten bereits seit den mittelalterlichen Ritterromanen gemacht, in denen der Kampf gegen die Ungläubigen auf dem Weg und das Gelobte Land am Ziel der Reise stehen, oder aber der Gral, der Reichtum und ideelle Heimat in einem bedeutet. Rittergeschichten stellten bekanntlich einen der Erfolgstypen der Trivialliteratur auf dem ersten Büchermarkt, der aufkommenden Lesegesellschaft im 18. Jahrhundert, bevor im 19. Jahrhundert Autoren wie Alexandre Dumas (*Der Graf von Monte Christo*), Jules Verne (*In 80 Tagen um die Welt*) oder Jack London (*Wolfsblut*) dem Genre neuen Glanz und vor allem neue Vielfalt verliehen.

Abenteurertum und Kolonialismus

Aus dieser sich hier andeutenden thematischen Vielfalt, mit der sich das Klischee füllen lässt, hat man für den Abenteuerfilm eine Reihe von Subgrenres festgestellt, die nach groben historischen Epochen klassifiziert werden, ohne dass geschichtliche Genauigkeit im Mittelpunkt stünde: der Antik- oder Sandalenfilm, in dem der Held in markanten Schlachten des Altertums brilliert, der Ritterfilm für mittelalterliche Abenteuer, der Piratenfilm für die Kolonialepoche der Neuzeit, der Mantel-und-Degen-Film für die innereuropäischen Kontroversen der Feudalepoche, der Samuraifilm als einziges nichteuropäisches Genre einer anderen Heldenzeit. (Wulff 2004) Da jedoch bei dieser Klassifizierung eine Rubrik „Sonstige" übrig bleibt, die etwa „Die Erbschaft des Kolonialismus" und die „Wiedergeburt aus dem Geist der Postmoderne" heißen kann (Seeßlen 1996), zeigt sich, dass historische Zuweisungen nicht ausreichend sind, sondern vielmehr Typen von Konfrontationen je nach Objekt der Begierde und der Gefahr hinzuzudenken sind, die sich in den einzelnen Rubriken wiederfinden oder auch das Set erweitern. Der Begriff Kolonialismus, der in den Theoriedebatten der letzten Jahrzehnte eine über das gesellschaftlich-politische Faktum hinausgehende Erweiterung erfahren hat, liefert hierfür das Stichwort. Seit Edward Said und der mit seinem Buch *Orientalism* (1978) angestoßenen Postkolonialismus-Debatte umfasst „Kolonisierung" alle Unterwerfungsstrategien des „Anderen" durch das logozentrische abendländische Subjekt, sprich: den neuzeitlichen weißen Europäer und sein Selbstverständnis.

Das „Andere" versteht sich so als fremdes Territorium, das es zu erobern, und als fremde Kultur, die es zu assimilieren gilt – wahlweise der barbarische oder edle Wilde –, als fremde Religion, die christianisiert und als andere Ideologie, die mit missionarischem Eifer überformt werden muss, oder aber die Natur als Herausforderung und der Bewährung menschlicher Überlegenheit. Man wird in dem populären Genre des Abenteuerfilms bis in die 1960er Jahre hinein kaum eine kritische Perspektive auf diese Themen finden, doch hat das allgemeine Bewusstsein von der Problematik zumindest einen neuen Blick auf alte Gegenstände hervorgebracht. Und dem Set des Abenteuerfilms kann zum Beispiel das literarisch nicht vorgeprägte Genre des Bergfilms subsumiert werden, das dem Kampf mit dem Element und der feindlichen Natur – dem Meer, der Wüste, dem Dschungel, dem ewigen Eis – eine neue Facette hinzufügt.

Figurationen des „Anderen"

Abenteuer finden, wie gesagt, nicht am heimischen Herd, sondern „draußen" statt. Das bedeutet für den Film die Priorität von Außenaufnahmen zuallererst dort, wo die Natur der „Gegner" ist. So übten beispielsweise die Berg- und Eisfilme Luis Trenkers und Leni Riefenstahls in den späten 1920er und den 1930er Jahren ihre Faszination hauptsächlich durch die Außenaufnahmen aus, die ihrerseits abenteuerlich, mit hohem sportlichem Einsatz der Darsteller und nicht zuletzt mit der artistischen Geschicklichkeit des mehrfach mit agierenden Sportfliegers Ernst Ude erzielt wurden. – Welche fototechnischen Neuentwicklungen für Außenaufnahmen erforderlich waren, kann man eindrucksvoll in Riefenstahls Memoiren nachlesen. – Hier wurden wie in anderen Subgenres auch neue visuelle Stile gefunden, die dem Pathos des Themas Rechnung trugen und deren ästhetische Schule bis in die Landschaftsmalerei des 18. Jahrhunderts zurückreicht. (Wulff 2004) Insofern kann der Film etwas substantiell Notwendiges zeigen, was die Abenteuerliteratur nur mit Worten auszuphantasieren vermag.

Gleichwohl liegt der Fokus natürlich auf dem Charakter und dem Aktionismus des Helden, der sich bereits in den frühen Erfolgsserien des Genres durch Stardarsteller der Publikumsgunst versicherte. Im Hollywoodkino noch der Stummfilmzeit hieß er Douglas Fairbank, der Protagonist in *Die drei Musketiere* von Fred Niblos (1921), Robin Hood in Allan Dwans gleichnamigem Film von 1922 und in Albert Parkers *Der schwarze Pirat* (1926). Errol Flynn war der Star in Michael Curtiz' *Unter Piratenflagge* (1935) und wiederum *Robin Hood – König der Vagabunden* (1938). Auch der spätere europäische Abenteuerfilm wartet mit umschwärmten Männlichkeitstypen auf wie Gérard Philipe (*Fanfan, der Husar*, 1952 unter der Regie von Christian Jaque), Jean Paul Belmondo (*Cartouche, der Bandit*, Philipe de Broca 1962), sowie Alain Delon in einigen Piratenfilmen. Die Titelstereotypen sind Programm und darin kaum interpretationsbedürftig. Der edle Räuber oder der edle Pirat verkörpert als „Rächer der Armen" allesamt Gerechtigkeitsfanatiker, wie sie auch die zahllosen Musketierfilme ausstellen.

Typen des Abenteurers seit der Stummfilmära

Die Tradierung des „Swashbucklers"

Der mit solchem Heldentypus angedeutete rebellische Charakter wird im Abenteuerfilm spezifisch als „Swashbuckler" definiert, was sozialmoralisch einen Mann bezeichnet, der zwischen Bürger und Revolutionär einen dritten Weg sucht. (Seeßlen 1980) Er ist weder ein Opponent noch ein Repräsentant der bestehenden Ordnung, sondern ein apolitischer Outlaw, der gleichwohl die Gerechtigkeit und damit den eigentlichen Sinn der Ordnung verteidigt. Der darstellungstypologische Begriff „Swashbuckler" stammt ursprünglich aus der komödischen Tradition und bezeichnet einen Maulhelden und Raufbold mir erotisch-romantischer Aura. Diese Stilisierung schließt nicht nur heldische, sondern vor allem akrobatische Fähigkeiten ein, die, entlang der Grenze zum Volkstümlich-Burlesken, seine dominante Körperlichkeit in den Action-Elementen geradezu choreografisch zum Einsatz bringen. Brillante Fechtduelle oder abenteuerliche Flucht- und Rettungsaktionen, die große Geschicklichkeit bei der Bewältigung von Hindernissen erfordern, spielten insbesondere im frühen Abenteuerfilm eine bedeutende Rolle. Diese unverzichtbaren, momentanen „gymnastischen" Einlagen stellen charakteristische Unterbrechungen des Reiseplots dar und strukturieren so die narrative Zeit des Abenteuerfilms. (Wulff 2004)

Amerikas kritische Selbstreflexion in neueren Indianerfilmen

Die historisch und sozial vage Kontur des Abenteurers bildet die Grundlage für seine Langlebigkeit und Wandlungsfähigkeit. Dafür spricht exemplarisch Spielbergs erfolgreiche dreiteilige *Indiana-Jones*-Serie der 1980er Jahre. Sie bietet mit postmoderner Souveränität in der Handhabung von Attraktionen, Effekten und Pulp-Elementen alles, was das Genre mit dem nunmehr verfügbaren technischen Know-how und dem entsprechenden Budget für lustbetonte Welterkundung aufzubringen vermag. Die Serie mischt Reise mit Mythos und mit einer modernen, dem Genre ursprünglich nicht eigenen Vater-Sohn-Fabel, um sich dem zeitgenössischen Publikum anzudienen. Nicht zuletzt offenbart sie das kindliche Gemüt, das sich seit jeher am Abenteuer begeistert und daher sein Publikum immer finden wird. Die Öffnung des Genres bedeutet aber neben parodistischen Adaptionen auch die Entdeckung der dunklen Seiten des Abenteurers, die seit Mitte des 20. Jahrhunderts mit dem Verlust der naiven Freude am Entdeckertum sowie der Reflexion seiner kolonialistischen Komponente einhergehen. Diese Seite loten – mehr oder minder – die neueren, nicht zufällig in Amerika um das Jubiläumsjahr 1992 herum entstandenen Columbus-Filme aus wie Roland Joffés *Mission* (1985), *Christopher Columbus – the Discovery* (John Glen, 1992) oder Ridley Scotts *1492 – The Conquest of Paradise* (1992).

Afrika als Metapher dunkler Kontinente

Mit einer Reihe von Afrika-Filmen rückt aber auch die andere kolonialistische Erblast Amerikas in den Blickpunkt. Das diesbezüglich Besondere am „dunklen" Kontinent besteht darin, dass Afrika bis heute von den Folgen des Kolonialismus schwer gezeichnet ist, zugleich aber auch jenen Touch von Wildheit und Unberührtheit zu versprechen vermeint, nach dem die vom Luxus verwöhnte wie von der Industrialisierung entfremdete „erste" Welt sich sehnt. Damit fällt der Afrika-Film je nachdem nostalgisch und/oder kulturkritisch aus, wie zum Beispiel der Kultfilm *Out of Africa* (Sidney Pollack, 1985) mit seiner charakteristischen Melodramatisierung der Abenteuerplots, die hier am Rand das unheldisch-tragische Schicksal der männlichen Abenteurer impliziert und im Übrigen, nach dem Gesetz des Melodrams und gegen das des Abenteuerfilms, eine Frau in den Mittelpunkt stellt. Der Film setzt Karen Blixens autobiografischen Roman um und besetzt Erfolg garantierend die Hauptrollen mit den Hollywoodstars Meryl Streep und Robert Redford.

Die große Inszenierung des tragisch stilisierten Eroberers gelang dagegen nicht in Hollywood, sondern dem Deutschen Werner Herzog mit *Aguirre, der Zorn Gottes* (1972), der zu den spanischen Konquistadoren Lateinamerikas zurückführt wie *Fitzcarraldo* (1982), und *Cobra Verde* (1987), der in Afrika spielt. Von dem jeweiligen Hauptdarsteller Klaus Kinski wird man den draufgängerisch-fröhlichen Swashbuckler so wenig erwarten, wie der mit dieser Besetzung vom Regisseur intendiert war. Der Film verfährt mit pseudohistorischer Genauigkeit nach einem authentischen Tagebuch aus dem 16. Jahrhundert über eine authentische Expedition durch den Urwald von Peru auf der Suche nach El Dorado, dem Land des sagenhaften Goldreichtums. Herzogs Aguirre jedoch rekonstruiert keine historische Figur, sondern den Prototyp des Eroberers auf dem Weg zu dem begehrten Schatz. Er ist finster, dämonisch und zu allem entschlossen, nur zur Aufgabe nicht bereit. Die Fahrt den Fluss hinauf wird zur Todesfalle für seine Besatzung, die weder den Unbilden des Urwaldes noch der Feindschaft der Ureinwohner gewachsen ist, die mit tödlichen Pfeilen die Gruppe der Eroberer systematisch dezimieren. Am Ende steht Aguirre allein, der Blick vom Wahn gezeichnet, auf seinem ziellos dahin treibenden Floß, das von Affen in Besitz genommen wird – ein großes Bild zum Abschluss einer großen Parabel, die ebenso wie die Flussfahrt in Coppolas *Apocalypse Now* (1979) durch den vietnamesischen Dschungel Joseph Conrads Kongofahrt in seinem Roman *Heart of Darkness* nachempfunden ist. Die Wildnis schlägt zurück, der weiße Eroberer wird zum Opfer seiner Allmachtsphantasien.

Kritik des Kolonisators

7. Der Historienfilm

Jeden Film mit historischen Gegenständen oder Hintergründen als Historienfilm zu qualifizieren, ist so sinnfällig wie genretypologisch unergiebig, weil man damit so ziemlich alles erfasst, was nicht Gegenwart, Phantastik oder Sciencefiction behandelt, ohne dass thematische oder ästhetische Gemeinsamkeiten beschrieben werden können. Dieses weite Spektrum von Filmen, das sich mit historischen Gegenständen um ihrer selbst willen befasst, bleibt deshalb hier außer Betracht. Dagegen erweisen sich filmgeschichtlich zwei (Sub-)Genres relevant, die auch als Historienfilm realisiert wurden: der in der Kategorie Abenteuerfilm mitgeführte Antikfilm und der Monumentalfilm. Beide haben sich bereits in der Stummfilmzeit mit je eigenen, sich teils überlappenden Charakteristika etabliert. Der Antikfilm, abschätzig-ironisch auch Sandalenfilm genannt, behandelt biblische oder römische Stoffe, oftmals nach literarischen Vorlagen. Bereits 1908 eröffnete Luigi Maggi mit *Gli Ultimi giorni di Pompei* (dt. *Die letzten Tage von Pompeji*) die Reihe der italienischen Großfilme. An bedeutenden Produktionen folgten 1913 *Spartaco* (dt. *Spartakus, Rebell von Rom*) von Giovanni Vidali sowie Enrico Guazzonis *Quo vadis?* nach dem Roman des polnischen Nobelpreisträgers Henrik Sienkiewicz, ein Welterfolg, der ein Jahr später von Giovanni Pastrones *Cabiria* noch übertroffen wurde. *Cabiria* spielt zur Zeit

Geschichte im Antik- und Sandalenfilm

der Punischen Kriege zwischen Rom und Karthago. Das amerikanische Kino stand dem italienischen nicht lange nach. D. W. Griffith' *Intolerance* (1916, dt. *Intoleranz*) reiht vier Episoden aneinander, zwei davon sind „antik": *The Fall of Babylon* und *The Passion of Christi*, es folgen *The Night of Saint Bartholome* über das französische Massaker an den Hugenotten im Jahr 1572 sowie eine moderne Episode. Michael Curtiz drehte von 1921 bis 1923 drei Bibelfilme (*Sodom and Gomorrah, Samson and Dalila, Die Sklavenkönigin*) und setzte 1929 mit *Noah's Ark* noch einmal nach, Fred Niblo brachte 1925 den ersten Film *Ben Hur – A Tale of the Christ* heraus, 1934 gab es von Cecil B. DeMilles die zweite Verfilmung des Kleopatra-Stoffes, 1935 einen neuen Pompeji-Film, *The Last Days of Pompeji*, unter der Regie von Merian C. Cooper und Ernest B. Schoedsack. Der Zeitraum von 1913 bis 1935 gilt als erste Periode des Antikfilms, die zweite wird fast ausschließlich an Hollywood vergeben mit den Produktionen von *Quo Vadis* (Mervyn le Roy, 1952) über *Ben Hur* (William Wyler, 1959), *Spartacus* (Stanley Kubrick, 1960), *Cleopatra* (Joseph L. Mankiewicz, 1962) bis zu *The Fall of the Roman Empire* (Anthony Man, 1963, dt. *Der Untergang des römischen Reiches*). Die Aufzählung dieser kleinen Auswahl, die durch weitere Antikfilme aus den späten 1960er und den 1970er Jahren ergänzt werden kann, ermüdet wegen der Wiederholungen. Angesichts der biblischen Stoffe scheint die Frage berechtigt, was an diesen Antikfilmen das Prädikat „historisch" legitimiert. In der Tat sind die Antikfilme von Beginn an zuallererst Monumentalfilme. Das heißt in des Wortes direkter Bedeutung, dass die Filmindustrie seit 1915 stolz präsentieren wollte, was sie an Budget hatte und was sie an Technik konnte. Sie hatte große, monumentale Architekturen, prunkvolle Ausstattungen in Dekor und Kostüm und Massenszenen mit einer beeindruckenden Anzahl von Statisten. Sie konnte Totalen drehen und mit Kamerafahrten Bewegungen etwa in großen Kampfszenen verfolgen – berühmt ist die Wagenszene in *Ben Hur* –, sie vermochte bereits Raumtiefe zu erzeugen und mit Montagen zeitliche Dynamik herzustellen. Mit einem Wort: Sie produzierte einen beeindruckenden Schauwert. Darin wurden die Monumentalfilme nicht nur formalästhetisch mit der Oper verglichen, sondern sie kamen, wie Toeplitz ausführt, zumindest in Italien direkt von der Operninszenierung her. Der Bühne wurden die Kulissenbauten nachempfunden und gleichzeitig durch eine Dreifachstaffelung der Ebenen Hintergrund mit Dekorationen, Mittelgrund mit Massenszenen und Vordergrund mit Individualaufnahmen in eine der Bühne nicht mögliche Tiefendimension gebracht. Als opernhaft kann man auch die knappen Libretti bzw. Drehbücher verstehen, die eine zumeist melodramatische Fabel präsentierten. (Toeplitz, Bd. 1.) Monumentalfilme inszenieren vorzugsweise Schicksalsdramen repräsentativer Einzelner aus der gesellschaftlichen Elite vor einem krisenhaften Hintergrund. Historische Genauigkeit, gar Realismus war nicht intendiert, stattdessen aber parabolisch-philosophische Synopsen, wie sie etwa Griffith mit *Intolerance* vorführt. In den vier Episoden wollte er den ewigen Kampf zwischen Hass und Liebe illustrieren, der mit einer Mutter-Allegorie symbolisch in den Triumph der Toleranz mündet. Die zeitliche Nähe mit seinem ein Jahr zuvor uraufgeführten Geschichtsepos *The Birth of a Nation* (dt. *Die Geburt einer Nation*) verdeutlicht dabei den Sinn dieses wie auch anderer historischer Monumentalfilme.

Opernhaftes Pathos im Monumentalfilm

Schicksalsdrama vor historischer Kulisse

In Situationen nationaler Selbstfindung, wie sie für Italien oder die USA Anfang des 20. Jahrhunderts gegeben waren, sind Geschichtsepen Schlüsselgeschichten für aktuelle Konstellationen, sie erfüllen einen ideologischen Zweck. Dass dieser gerade bei Griffiths Bürgerkriegsdrama, dem schon 1915 seine offen rassistische Tendenz vorgeworfen wurde, sein Ziel erreichte, belegt beispielhaft die Tatsache, dass der Film von seiner Uraufführung im New Yorker Filmtheater „Liberty" an 44 Wochen lang ununterbrochen gespielt wurde. (Toeplitz, Bd. 1) Selbstverständlich gab es in Europa außer in Italien ebenfalls solche Nationalepen. Fritz Lang führte Regie in einem zweiteiligen Nibelungen-Film (Teil 1: *Siegfried*, Teil 2: *Kriemhilds Rache*, beide 1924), der absichtlich gegen den Hollywood-Stil nicht pompös und melodramatisch, sondern expressionistisch-dämonisch und moralisierend war. Abel Gance drehte 1927 in Frankreich einen bis heute ästhetisch beeindruckenden Napoleon-Film, der gleichwohl irritierend die Apotheose des großen Führers der Nation betreibt, und Sergej Eisenstein stilisierte mit seinen Revolutionsfilmen *Panzerkreuzer Potemkin* und *Die letzten Tage von Sankt Petersburg* Zeitgeschichte zur geschichtsphilosophischen Parabel, während seine späteren Ivan Grosny-Filmen (dt. *Ivan der Schreckliche*, Teil 1 1945, postum Teil 2 1958) den Diktator Stalin in der Maske des Zaren aus dem 16. Jahrhundert porträtieren. Berüchtigt für die Indienstnahme durch den nationalsozialistischen Propagandaapparat sind Veit Harlans antisemitischer Historienfilm *Jud Süß* und der noch 1945 äußerst aufwändig produzierte Durchhaltefilm *Kolberg*.

Historische Stoffe sind im Kino per se immer wieder interessant, wenn sie melodramatische Fabeln in eine bedeutende historische Umbruchzeit einbinden. Victor Flemings amerikanischer Bürgerkriegsfilm *Gone with the Wind* (1939, dt. *Vom Winde verweht*) ist nicht zufällig eine Romanverfilmung wie *Désirée* (1954) aus der napoleonischen Ära oder die zwischen 1910 und 1985 insgesamt 14 (!) in verschiedenen Ländern produzierten Verfilmungen des Tolstoischen Romans *Anna Karenina*, einem großen Gesellschaftsbild des zaristischen Russland im 19. Jahrhundert. Solche im Unterschied zum Antikfilm in der Regel um historische Genauigkeit bemühten Filme – man könnte von einem Realismus des Details sprechen – tendieren zum Ausstattungsfilm wie beispielsweise auch noch Patrice Chéreaus *Bartholomäusnacht* (1994). Umgekehrt jedoch verfährt Rainer Werner Fassbinder in seiner Deutschlandtrilogie, die sich mit dem Dritten Reich und der Nachkriegszeit auseinandersetzt. *Die Sehnsucht der Veronika Voss* (1982), *Die Ehe der Maria Braun* (1979) und *Lola* (1981) – hier nach der historischen Chronologie ihrer Stoffe geordnet – zeigen im Wirtschaftswunder die Geschichte der Verdrängung des Nationalsozialismus. Hier wird das Melodramatische, von Fassbinder verstanden als Verschleierung des Sozialen und seiner Ideologisierung, zum „Schicksal", zur Signatur der Zeit: Geschichte im Stillstand.

Als besonderes Subgenre des Historienfilms kann schließlich das Dokudrama oder der Semi-Dokumentarfilm angeführt werden, der nicht einfach eine Geschichte um ein historisches Ereignis herum erfindet, sondern für die Figuren und ihre Story Authentizität reklamiert. Fiktional wären hier nur die kleineren oder größeren Freiheiten der Umsetzung, wobei der Terminus Dokumentation einer weit größeren Problematisierung unterliegt als die

Historienfilm als Medium nationaler Selbstfindung

Der realistische Geschichtsfilm

Strategien der Authentisierung im Dokudrama/Semi-Dokumentarfilm

Fiktion. Der theorierelevante Ansatz diskutiert dabei den grundsätzlich konstruierten Charakter jeder Dokumentation, während das Qualitätssiegel „authentisch" die Balance zwischen größtmöglicher Objektivität und dem repräsentativen Anspruch des Dargestellten einerseits und der subjektiven Glaubwürdigkeit des Regisseurs andererseits bewertet. Von der Sache her betrachtet, waren bereits die britischen und deutschen Dokumentationen aus dem Ersten Weltkrieg „semidokumentarisch", da sie – natürlich mit dem gewünschten Propagandaeffekt – nachgestellte Schlachtenszenen zeigten. Für „Dramas", also melodramatische Spielfilme mit dokumentarischem Anspruch, stehen am ehesten Biografie-Verfilmungen, beliebt im Fernsehen, die in die Spielfilmhandlung auch authentische dokumentarische Zeugnisse einblenden können, wie etwa die erfolgreiche Serie *Die Manns* (2001) von Heinrich Breloer. Der semidokumentarische Kinofilm wird etwa seit dem Neorealismus angesetzt mit Roberto Rossellinis *Roma – Città aperta* (1945, dt. *Rom – offene Stadt*) oder Vittorio De Sicas *Ladri di biciclatte* (1948, dt. *Fahrraddiebe*). Auch in Hollywood hatte das Dokudrama Erfolg, wie zum Beispiel Oliver Stones *JFK* (1991). Dass das Genre als solches umstritten sein kann, zeigten die Debatten um Steven Spielbergs *Schindler's List* (1993, dt. *Schindlers Liste*), wobei die Streitpunkte spezifisch waren. Sie betrafen die Pietät bei der Darstellung der Originalschauplätze – Auschwitz –, die Heroisierung der umstrittenen historischen Figur Oskar Schindler sowie die allgemein ethisch-ästhetischen Fragen hinsichtlich der Repräsentation des Holocaust.

8. Der Kriegsfilm

Die Ästhetik des Krieges in ethischer Perspektive

Der Diskurs über den Kriegsfilm nimmt innerhalb der Genredebatten eine Sonderstellung ein, die ähnlich nur noch beim Horror- bzw. Gewaltfilm von sich wandelnden ethischen Bewertungskriterien ausgeht. Der Diskurswandel von der Verherrlichung bzw. Legitimation des Krieges zu seiner Ächtung setzte sich in der allgemeinen Bewertung erst nach dem Zweiten Weltkrieg durch, seine filmästhetischen Konsequenzen wurden noch später mit den amerikanischen Vietnamkriegsfilmen zum Thema, und mit Paul Virilios Büchern *Krieg und Kino* (1984) und *Krieg und Fernsehen* (1991) rückten schließlich die Parallelen und Koinzidenzen von Kriegs- und Filmtechnologie in den Blick, die jenseits des Spielfilms die Visualität des authentischen Kriegsschauplatzes gleichermaßen vor den Augen der Beteiligten wie der Zuschauer vor dem Fernsehbildschirm als obszöne Konsequenz der modernen Mediengesellschaft fokussierten.

Patriotische Mobilmachung

Davon weiß der „klassische" Kriegsfilm noch nichts. Er bewegt sich in der Dramaturgie des Abenteuer- und Historienfilms seit *The Birth of a Nation* (1915) mit einer melodramatischen Fabel vor historischer Kulisse. Er beschreibt das Drama eines männlichen Heros mit existentieller Dignität und konstruiert die Fabel oftmals als Initiationsgeschichte eines jungen Mannes. Dergestalt konnte der Kriegsfilm propagandistisch immer dort eingesetzt werden, wo er zur patriotischen Mobilmachung oder nachträglichen Bestätigung des Kampfes dienen sollte. Kriegsfilme dieser Art interpretieren den historischen oder aktuellen Stoff parteiisch. Gleichzeitig tendieren die den Krieg verherrlichenden Filme von Beginn an zum Anachronismus gegen die hunderttausendfachen Erfahrungen des modernen Massenvernichtungskrieges im 20. Jahrhundert. Nicht umsonst drehten bereits im Ersten Weltkrieg alle beteiligten Parteien „Dokumentarfilme" mit Statisten und gestellten Szenarien, um ihre ideologische Intention umzusetzen.

In der Konsequenz der verbreiteten Desillusionierung über den Sinn des Krieges sowie seiner Möglichkeit, männlichen Heroismus auszubilden, hatten nach dem Ersten Weltkrieg Filme wie Pabsts *Kameradschaft* (1931), der von einer deutsch-italienischen Männerfreundschaft handelt, die durch den Krieg auf eine Bewährungsprobe gestellt wird, und Lewis Milestones Verfilmung von Erich Maria Remarques pazifistischem Roman *Im Westen nichts Neues* (1930) Erfolg.

Pazifistisches Engagement

Die Demontage der heroischen Illusionen von Patriotismus, Männerfreundschaft und des sich „in Stahlgewittern" (Ernst Jünger) bewährenden Mythos des Mannes als Kampfmaschine sind folgerichtig die Themen prominenter Nachkriegsfilme nach 1945 wie Fred Zinnemanns *Verdammt in alle Ewigkeit* (1953), der am Beispiel eines jungen Soldaten das amerikanische Trauma von Pearl Harbor aus innenpolitisch kritischer Sicht darstellt, Frank Wisbars *Hunde, wollt ihr ewig leben* (1958), der die Realität der deutschen Niederlage vor Stalingrad zeigt, oder Bernhard Wickis *Die Brücke* (1959), ein Film, der das gerade von den Nazis ideologisch mystifizierte und missbrauchte Beispiel der „Helden" von Langemarck, die bereits im Ersten Weltkrieg sprichwörtlich für die makabre Opferung einer getäuschten jungen Generation geworden sind, auf einen Stoff aus dem Zweiten Weltkrieg anwandte.

Demontage heroischer Illusionen nach 1945

Wenn in solchen Filmen mit der Aufarbeitung der jeweils nationalen Geschichte eines bestimmten Krieges die Rechtfertigung von Krieg schlechthin zur Diskussion steht, verschiebt sich in der Folge der Fokus von inhaltlichen Themen zu Fragen der Repräsentation. Das rührt einmal daher, dass die „Tendenz" des Kriegsfilms wesentlich über seine Bildästhetik transportiert wird, bei der die Repräsentation des Grauens mit der Faszination am Grauen eine letztlich offenbar nicht entwirrbare Symbiose eingeht. So polarisierten herausragende Filme über den Vietnamkrieg wie Francis Ford Coppolas *Apocalypse Now* (1979) und Stanley Kubricks *Full Metal Jacket* (1987) die Kritiker durch die Frage, ob die zwangsläufige Ästhetisierung des Krieges in den großen, von dramatischer Musik unterstützten Totalen der intendierten Kritik am Krieg prinzipiell zuwider läuft und die Enthüllung der archaischen, antizivilisatorischen Gewalt des Krieges in ihre Verklärung umschlägt. So wie sie an Ernst Jüngers Kriegstagebüchern und -romanen bis heute eine Vielzahl von Lesern fesselt, wie sie auch die Futuristen begeistert als katharische Erfahrung feierten und wie sie in mythisierenden Sciencefiction-Produktionen wie der mittlerweile sechsteiligen Folge von George Lucas' *Star Wars* (1975–2005) ein Millionenpublikum anzieht. Als entscheidend an dieser nicht zufälligen Verlängerung der Perspektive von den realen zu den utopischen Weltraumkriegen erweisen sich in der Tat die mythisierenden und mythischen Implikationen, die der Fabel, dem Konflikt und der Bildgestaltung der entfesselten Vernichtungstechnik immanent sind. Es geht immer um die Macht bzw. Ohnmacht des Einzelnen in der Begegnung

Repräsentationen des Grauens – Kritik oder Apotheose?

mit der Übermacht einer Technik, die vom Menschen weder gemacht noch beherrschbar erscheint.

Virilio: Wahrnehmungsfelder in der Geschichte der Schlachten

Virilio hat in seiner Untersuchung über die Äquivalenz von Krieg und Kino nicht die Entwicklungsschübe der Kriegstechniken an sich, sondern die im 20. Jahrhundert zwingend damit verbundenen Veränderungen der Wahrnehmungsformen im Krieg reflektiert. Seine grundlegende, an einschlägigen historischen Beispielen verifizierte These lautet, dass die Geschichte der Schlachten zuerst und zugleich eine Geschichte der Metamorphosen der Wahrnehmungsfelder beschreibt, die sich von der unmittelbar gegenständlichen Umgebung weg zu den immateriellen Wahrnehmungsmodi des medial erkundeten Kriegsschauplatzes bewegt. Danach gehen erstmals im Ersten Weltkrieg drei technische Medien eine Allianz ein: einmal die Scheinwerfer zur Erleuchtung der Schlachtfelder, auf denen nicht mehr die physische Kraft und Geschicklichkeit im Kampf von Mann gegen Mann entschieden, sondern der Einsatz weitreichender Schnellfeuerwaffen auf ausgedehnten Flächen, zum zweiten die Flugtechnik, die die Kriegsführung revolutionierte und die dabei zum dritten auf die optischen Techniken der Fotografie und der Teleskopie angewiesen war.

Die kinematografische Wahrnehmung im Krieg

Die so von den Medien determinierte Wahrnehmung nennt Virilio kinematografisch, weil sie analog zum Kino die in den Blick genommene Realität aus den empirischen Koordinaten von Raum und Zeit löst und die vierte Dimension einer virtuellen Realität schafft. Der vorerst einzige, entscheidende Unterschied zwischen Krieg und Kino besteht dann darin, dass die mediatisierte Wahrnehmung den gleichwohl physisch realen Krieg in seiner Zerstörungskraft perfektioniert, während die vierte Dimension der Kinoleinwand nur eine Fiktion von Realität erzeugt. Wenn die Analogie von kinematografischer und mediatisierter militärischer Wahrnehmung noch als parallele Erscheinung verschiedener Phänomene betrachtet werden könnte, so zwingt sie Virilios weitere Argumentation in einen essentiellen Konnex. Er wird mit einem weiteren Technologieschub verständlich, durch die die fotografische bzw. die elektronische Abbildung des Kriegsgeschehens – der Abwurf einer Bombe, der Abschuss einer Rakete – mit dem realen Geschehen zeitlich zusammenfallen.

Mediatisierung des Krieges in „Echtzeit"

Für diese Simultanität von Ereignis und seiner medialen Repräsentation hat Virilio den Terminus „Echtzeit" geprägt, der geläufig geworden ist, weil er die Trendwende in der öffentlichen Wahrnehmung bezeichnet, seit der sich der reale Krieg buchstäblich als Kino- bzw. Bildschirmereignis verfolgen lässt. Die Technologie ermöglicht, den ursprünglich rein militärischen Zweck der Mediatisierung der Kriegsführung gleichzeitig in einen der öffentlichen Schaulust zu verwandeln: In der zeitgenössischen Kriegsberichterstattung hat der ursprüngliche semidokumentarische Propagandafilm seine fragwürdige, voyeuristische zeitgenössische Vervollkommnung gefunden. Bei einem solchen medialen Live-Erlebnis erfahren sich die Zuschauer als die Masse der Überlebenden des Krieges.

Fetischisierung des Weiblichen

Zweifellos überschreitet diese historische Perspektive den Rahmen einer Genrebeschreibung „Kriegsfilm", weil der Krieg selbst zum Film und die Reporter zu dessen Regisseuren geworden sind. Sie sprengt aber nicht den Rahmen der tatsächlichen Wechselwirkung von kinematografischem und mediatisiertem militärischem Blick. Nach Virilios Überzeugung ist es sogar die einer direkten und nicht mehr aufhebbaren kausalen Relation, in der sich das Kino die Wahrnehmungsmodi der Kriegsführung anverwandelt hat. So dechiffriert er die Äquivalenz von Waffe und Blick als ein psychosexuell konnotiertes Machtverhältnis gegenüber einem ausgelieferten, verfügbaren wie fetischisierten Objekt. Es ist der Blick des Eroberers auf den fernen Körper der Frau, den auch Klaus Theweleit (*Männerphantasien*) an diversen Materialien analysiert hat, der sich im Starsystem des Kinos als Folge und Simulation der logistischen Wahrnehmung im Krieg manifestiert. In dieser Wahrnehmung werden Sexualität und Tod gewaltsam in eine Symbiose gebracht, für die die Schlussszene aus Kubricks *Full Metal Jacket* symbolisch geworden ist: Eine Gruppe GIs umringt einen vietnamesischen Scharfschützen, der sich, verwundet am Boden liegend, als eine Frau herausstellt. Der Todesschuss, um den sie fleht, realisiert die Sexualisierung der Waffe, die ihnen in der Ausbildung beigebracht wurde.

Hollywood produzierte weiter Kriegsfilme, die nicht unbedingt die kritische Sicht der Auseinandersetzung mit dem Vietnam-Desaster beibehielten. So schwenkte Spielbergs *Saving Private Ryan* (1999) wieder in die patriotische Richtung ein, und überhaupt: Die gleichermaßen obszöne wie anhaltende Faszination des Krieges fordert die Möglichkeiten der digitalen Techniken mit ihren Spezialeffekten geradezu heraus. In Deutschland dagegen bleibt offenbar eine historisch begründete Vorsicht bestehen. Ernsthafte und bedeutende Titel waren in den letzten Jahren spärlich, zu nennen wären vor allem Wolfgang Petersens international erfolgreicher Film *Das Boot* (1985) sowie Josef Vilsmaiers *Stalingrad* (1992).

Distanzierung vom Männlichkeitspathos

9. Der Kriminalfilm

Die Bezeichnung Kriminalfilm fasst eine ganze Anzahl von Subgenres zusammen, denen das typische Sujet des Kriminalfalls als einer ordnungsüberschreitenden Tat gemeinsam ist sowie eine Narration, die idealtypisch die Tat rekonstruiert, den Täter decouvriert und die Ordnung wiederherstellt, indem sie ihn seiner gerechten Strafe zuführt. Die Schlüsselkategorien von Norm und Grenzüberschreitung, Schuld und Sühne, Recht und Gerechtigkeit deuten auf eine Geschichte der Kriminalliteratur hin, die so alt ist wie die Literatur überhaupt. Ihre spezifische moderne Ausprägung als literarische Gattung erfuhr sie im 19. Jahrhundert, als eine funktionierende säkulare Justiz als Garant der gesellschaftlichen Ordnung etabliert war, ein rationales Weltbild dominierte und der Zeitschriftenmarkt als mediale Voraussetzung für die Verbreitung von Kurzgeschichten gegeben war. (Hickethier 2005)

Archetypen von Schuld und Sühne

Die letztgenannten Bedingungen begründen den Ruhm von Edgar Allen Poe als Erfinder der Detektivgeschichte, die er in seinem Essay über den „Analytical mind" strukturell klar beschrieb. (Seeßlen 1998) Danach steht am Ausgang der Erzählung stets ein rätselhaftes Verbrechen, das der Detektiv als Hauptfigur der Geschichte allein durch logische Überlegung zu einer rationalen Auflösung führt. Gerade Poes Detektivgeschichten lesen sich so als Parabeln auf die zeitlose philosophische Frage, inwiefern sich die menschliche Ratio mit der Unüberschaubarkeit des Lebens messen kann,

Poe als Begründer der modernen Detektivgeschichte

wobei Verbrechen ausschließlich von Menschen gemachte Rätsel aufgeben. Zeitgeschichtlich verortet sind seine Erzählungen durch die Apotheose des genialen Denkens, das sich nicht zufällig in der modernen Großstadt als Ort von Verbrechen bewährt, die ihrerseits die Überschreitung der geltenden Ordnung dokumentieren, wie sie gleichermaßen zur Metapher der Moderne als Entfesselung unbeherrschbarer Kräfte werden.

Die berühmtesten literarischen Detektive

Zwischen der ersten Hochkonjunktur der literarischen Detektivgeschichte und ihrer Erfolgsstory im Kino liegen nur wenige Jahre. Seit Arthur Conan Doyle, der 1891/92 mit *The Adventures of Sherlock Holmes* seine erste Sherlock-Holmes-und-Dr.-Watson-Serie publizierte, gehört die Detektivgeschichte zum festen Repertoire der literarischen Unterhaltungsbranche, an deren Erfolg der Kurzfilm schon seit 1903 anknüpfte. Seitdem entstand in verschiedenen Ländern eine wahre Flut von Holmes- und anderen Detektivfilmen. Unter zahllosen anderen sind später die Romane und Theaterstücke von Agatha Christie, die 1920 die Reihe mit dem Detektiv Hercule Poirot und 1930 die mit Miss Marple eröffnete, seit den 1930er Jahren immer wieder verfilmt worden. Ähnlich populär in Buch und Film wurden George Simenon, der 1929 die ersten Kommissar-Maigret-Geschichten herausbrachte, und Edgar Wallace, dessen berühmtestes Theaterstück *Der Hexer* bereits 1926 uraufgeführt wurde und der es 1930 selbst unternahm, seinen Roman *The Squeaker* (dt. *Der Zinker*) zu verfilmen. Von Ende der 1950er bis in die 1970er Jahre gab es mit 32 Verfilmungen einen regelrechten Wallace-Boom im deutschen Kino.

Popularisierung des Detektivfilms im Fernsehen

Damit ist die Jahrzehnte anhaltende Publikumsgunst für Detektivgeschichten nicht zu Ende, denn ihr Gesetz der Serie prädestinierte sie geradezu fürs Fernsehen. Was in den unendlichen Variationen des Fernsehkrimis von den frühen Vorbildern übrig blieb, ist die Fokussierung auf den Detektiv oder das Detektivpaar als Helden der Geschichte und die erzählerische Bauform, die nach dem stets gleichen Muster des „Whodunit" vom Verbrechen über die Aufklärung zur Lösung führt. Dabei liegt es auf der Hand, dass der allwissende, vom Lehnstuhl aus die Welt durchschauende Detektiv vom Typ Holmes einem Realitätsvergleich immer weniger standhalten konnte und die Geschichten immer kolportagehaftere Züge annahmen. Das einfache, diagnostisch identifizierbare Weltbild – nicht zufällig ist Holmes mit Dr. Watson ein Arzt zur Seite gestellt –, die Durchschaubarkeit der menschlichen Abgründe bei Agatha Christie konnten nicht anders als trivial werden.

Der „hard-boiled detective"

Andererseits bezieht sich die Detektivgeschichte immer wieder deutlich auf zeitgenössische Realität. Man kann diesen Bezug indirekt erkennen wie Bela Balázs, der im Detektiv den „unerschrockene(n) Beschützer des Privateigentums" (Balázs 2001) sehen will und in der Detektivgeschichte die romantisierend ins Verbrechermilieu gewendete Angst des Kleinbürgers um sein Hab und Gut. Aber auch die Figur des Detektivs selbst hat Wandlungen erfahren. Stereotyp bleiben der Privatdetektiv als Außenseiter der Gesellschaft wie auch der einfache, stets gegen die Dummheit, die Missgunst und das Unvermögen der Obrigkeit kämpfende Polizist. Mit den Noir-Filmen wandelte sich jedoch der „armchair detective" zum „hard-boiled detective", der stets in Aktion und unter extremer Gefahr für Leib und Leben einen erfolglosen Kampf gegen die Schlechtigkeit der Welt führt und sich als charmanter Zyniker die Sympathie des Publikums erwirbt.

Im Film noir hat der Detektivfilm eine technische Meisterschaft erreicht, die sich trotz Massenwirksamkeit mit Kategorien des Trivialen nicht beschreiben lässt. In ihren wesentlichen Zügen ist sie konstituierend für das Genre überhaupt, wobei der Film die narrativen Besonderheiten der Detektivstory besonders effektvoll umzusetzen vermag. Die typische Doppelstruktur der Zeitachse, auf der mit fortschreitender Aufklärung der Fall rückläufig bis zu seinem Ausgangspunkt rekonstruiert wird, arbeitet mit der Relation von Wissen und Nichtwissen. Das heißt, dass der Hergang des Verbrechens zwangsläufig elliptisch präsentiert wird. Die Lücke ist das Hauptmerkmal der Narration, die umso spannender wird, als sie mit schnellen Schnitten immer nur Auszüge eines komplexeren Geschehens anbietet und damit Spannung erzeugt, die sich mit Action-Sequenzen wie Verfolgungsjagden noch steigern lässt.

Die elliptische Zeitstruktur

Daneben haben Indizien eine entscheidende Bedeutung bei der Aufklärung eines Falls, die in der charakteristischen Einheit von Zufall und scharfsinniger Beobachtungsgabe des Detektivs von der Kamera in Großaufnahme die Kombinationsleistung des Zuschauers stimulieren. – Im Sinne seiner Filmphilosophie der „Sichtbarmachung der Wirklichkeit" wertet Kracauer daher die „Spurensuche" des Kriminalfilms als Exempel des Filmischen schlechthin. (Kracauer 1993) In diesem Verständnis gilt ihm Fritz Langs *M – eine Stadt sucht einen Mörder* (1931) zu Recht als beispielhafter Kriminalfilm. *M* gestaltet die Detektivstory genial zu einem großen, höchst aktuellen Gesellschaftsbild seiner Zeit. Im Mittelpunkt steht ein authentischen Vorbildern nachgestalteter Kriminalfall: Ein Kindermörder versetzt Berlin in Angst. Lang rekonstruiert nicht allein die seinerzeit heiß diskutierte Frage der Schuldhaftigkeit des „Triebtäters", sondern zugleich die Tätigkeit eines populären Kriminalkommissars sowie die neuesten Finessen der Kriminaltechnik – Rasterfahndung, Fingerabdrücke. Den ausgestellt wissenschaftlichen Methoden der Deduktion korrespondiert die akribische und effektvolle Montage der drei Handlungsstränge: der gejagte Mörder, die Polizeiermittlungen und die parallel in Gang gesetzte eigenmächtige Jagd des Mörders durch die organisierte Unterwelt, die sich sowohl in ihrer „Ehre" durch den Sittlichkeitsverbrecher angegriffen wie durch die permanenten nächtlichen Polizeieinsätze in ihrer Tätigkeit beeinträchtigt fühlt. Die dem Bettlerimperium aus der *Dreigroschenoper* ähnliche Verbrecherorganisation ist hier ebenso Spiegel und Diagnose der Zeit der Weltwirtschaftskrise wie die authentischen Ereignissen folgende Darstellung der Massenhysterie bei der Jagd auf den Mörder. Zusammen mit dem vollendet eingesetzten Ton – der Tonfilm befand sich noch in seiner Anfangsphase – und der perfekten Lichttechnik aus der Schule des Expressionismus hat Langs *M* den Rang eines Klassikers erreicht.

Spurensuche als „Sichtbarmachung des Wirklichen" – Langs M

Die Zuordnung zu einem Subgenre wäre bei diesem komplexen Film schwierig und wohl auch überflüssig. Neben dem Detektivfilm kann man seit Beginn der Filmgeschichte eine fast beliebig fortsetzbare Reihe von Subgenres herausdifferenzieren, die den Kriminalfilm nach Thema, Heldentypus oder Wirkungseffekten spezifizieren: der dem Detektivfilm am nächsten verwandte Polizeifilm, der Spionagefilm, der Gangsterfilm, der Gerichtsfilm, der Gefängnisfilm, der Thriller in verschiedenen Ausprägungen.

Subgenres

Wegen seiner Technik der Rezeptionslenkung verdient der Thriller besondere Beachtung. Ein Thrill ist ein Nervenkitzel, im Film eine Lust besetzte

Thriller – Hitchcocks Suspense-Technik

Angst des Zuschauers, die sich aus seiner ambivalenten Position von Identifikation mit dem potentiellen Opfer einerseits und seiner Sicherheit im Kinosessel andererseits speist. Der Filmthriller ist untrennbar mit dem Namen Alfred Hitchcock und der von ihm zur Meisterschaft entwickelten besonderen Form der Spannung verbunden, die mit dem Begriff „Suspense" bezeichnet wird. Hitchcocks Suspense baut auf drei wesentlichen Komponenten auf: dem Einsatz der subjektiven Kamera, der damit geleisteten Blicklenkung des Zuschauers und der Fabelkonstruktion um ein Geheimnis, woraus sich die Beziehung zum Kriminal- bzw. Detektivfilm ergibt, denn das Rätsel wird am Ende gelöst. Der Unterschied zum Detektivfilm resultiert aus dem Wissensvorsprung des Zuschauers gegenüber dem Opfer, den Hitchcock durch eine spezielle Montagetechnik erreicht. Er alterniert objektive und subjektive Kamera so, dass der Zuschauer in die Bedrohung des ahnungslosen Opfers eingeweiht und damit zum Komplizen des Mörders wird, während er sich gleichzeitig emotional mit dem Opfer identifiziert.

Blicklenkung als Thrill in Psycho

In *Psycho* (1960) etwa zeigt die objektive Kamera in der berühmten Duschszenen-Sequenz zunächst als Master Shot das gespenstisch im Dunkeln stehende, in nur wenigen Fenstern erleuchtete alte Haus, über das im spärlichen Mondlicht Wolken dahinjagen. Die Totale wechselt in Halbtotale und Nahaufnahmen zum finsteren Gesicht des Mörders im Haus, der im inneren Kampf mit sich unruhig die noch unklare Tat vorbereitet. In diese beunruhigende Stimmung sind Aufnahmen der ahnungslosen jungen Frau in ihrem Motelzimmer geschnitten. Als sie schließlich das Badezimmer betritt, übernimmt die Kamera in einer rasanten Folge von 70 Schnitten innerhalb von kaum mehr als zwei Minuten abwechselnd ihren Blick und die Einstellung von außen, die schließlich mit dem Blick des herannahenden Mörders zusammenfällt. Wenn die Kamera am Ende des Todeskampfes der Frau in einer langen Großeinstellung auf deren offenem, gebrochenem Auge verweilt, ist damit zugleich ein symbolischer Hinweis auf die besondere Bedeutung des Blicks in diesem wie vielen anderen Hitchcock-Filmen gegeben. Diese Bedeutung manifestiert sich nicht allein in der intensiven psychologischen Beziehung von Zuschauer und Leinwandgeschehen, sondern ebenso in der metaphorischen Bedeutung des – oftmals leitmotivisch voyeuristischen – Sehens und seiner psychoanalytischen Ausleuchtung. Das Geheimnis liegt, wie in *Psycho*, in der Regel in einem traumatischen sexuellen Konflikt.

Späte Klassiker des Kriminalfilms

Der Kriminalfilm scheint in allen seinen Subgenres unsterblich. Filmgeschichte geschrieben hat Michelangelo Antonionis *Blow up* (GB 1966) wegen seiner Umformung der Detektivgeschichte in die Fotoreprotage eines unaufgeklärt bleibenden Mordes. Ein Fotograf glaubt auf Vergrößerungen – blow ups – seiner Aufnahmen in einem Park einen Mörder und sein Opfer zu entdecken, obwohl er in der Realität die Spuren des Verbrechens nicht finden kann. So gerät die Suche nach dem Corpus delicti zu einer autoreflexiven Betrachtung des Mediums Fotografie und seiner Zeugnisfähigkeit. Jean-Pierre Melville dreht mit *Le Samouraï* (1966, dt. *Der eiskalte Engel*, mit Alain Delon in einer Glanzrolle) einen fast existentialistischen Neo-Noir über die Einsamkeit eines charismatischen Berufskillers, der alles kann, nur nicht verlieren, und so wird sein letzter Coup ein bravouröser Suicid by Cop – ein provozierter Todesschuss durch einen Polizisten. In einer Mischung aus Roadmovie und Gangsterfilm avancierte Arthur Penns *Bonnie and Clyde* (1967), die romantische Story über das Gangsterpaar, zum Kultfilm, den Ridley Scott 1991 in *Thelma & Louise* feministisch adaptierte und damit in den USA eine breite Diskussion über Patriarchalismus und Gewalt auslöste. Die Tendenz der Detektivgeschichte zum Thriller bleibt jedoch die Paradenummer des Kriminalgenres. Jonathan Demmes *The Silence of the Lambs* (1991, dt. *Das Schweigen der Lämmer*) schöpft die Psychologie der sexuellen Gewalt voll aus und arrangiert dabei eine pikante Komplizenschaft von Täter und Detektivin – Anthony Hopkins als Serienkiller (K)Hannibal Lecter mit Jodie Foster. Die ästhetisierend-erotische Version solcher Komplizenschaft gelingt Paul Verhoeven 1991 mit *Basic Instinct*, ein Film, der mit Sharon Stone und Michael Douglas in den Hauptrollen ein faszinierendes Spiel von Sex und Gewalt als vermeintlich archetypisches Muster des Geschlechterkampfes inszeniert.

10. Der Horrorfilm

„The horror" – das Grauen – lautet das letzte Wort des sterbenden Kolonialisten Kurtz in Joseph Conrads berühmtem Roman *Heart of Darkness* (1899, dt. *Herz der Finsternis*), womit er auf die Frage antwortet, was er in der Tiefe des kongolesischen Urwaldes erblickt habe. In semantischer Zusammenführung von Wildnis, Barbarei und Weiblichkeit bezeichnet er damit etwas, was dem Menschen Angst schlechthin einflößt und was ihn, Kurtz, schließlich in den Tod treibt – weil er ihm ins Auge gesehen hat. Das Szenario, das in einer Sequenz von Francis Coppolas *Apocalypse Now* (1976–79) filmisch umgesetzt wurde, schildert gleichsam eine Urszene des Grauens in der Bedeutung, die Freud ihm mit dem Begriff des Unheimlichen gegeben hatte. Es ist ein Phänomen der Psyche, das die Angst vor dem nicht mehr Heimlichen bzw. Heimischen beschreibt als etwas, das dem Menschen ursprünglich eigen war und nunmehr als ein Fremdes imaginiert wird.

<small>Das Unheimliche als Phänomen der Psyche</small>

Solche psychoanalytische Perspektivierung siedelt den Horror in der Moderne an, für die es im Inneren des Menschen zwei Bereiche gibt, die sich der Herrschaft der Vernunft entziehen und das Ich das Fürchten lehren – Eros und Thanatos, die ungesteuerten Triebwelten der Sexualität und der Tod, der Körper und Geist endgültig voneinander trennt. Da beide in der aufgeklärten Moderne mit starken Tabus versehen werden, kann man mit Seeßlen/Jung eine Spielart des Horrors als die Kehrseite der schwarzen Pädagogik verstehen, die Verbote, Drohungen und Strafen für den Anblick dessen verhängt, was nicht gesehen und nicht getan werden darf und was bei Verletzung des Tabus Schuld- und Angstgefühle evoziert. Freuds Interpretation von E.T.A. Hoffmanns *Sandmann*-Geschichte belegt eindrücklich, wie der verbotene Blick mit dem Verlust des Augenlichts bestraft wird, blutig ins Werk gesetzt durch eines der vielen Monster, die die Institutionen der Schwarzen Pädagogik – Familie, Schule und Kirche – in die kindliche Phantasiewelt einbrachten. (Seeßlen/Jung 2005)

<small>Angstlust in Freudscher Interpretation</small>

Die Vielfalt der Schreckensgestalten und ihrer Gewaltexzesse kann dabei weit zurückgreifen in eine Tradition des Aberglaubens und des Okkultismus, die seit Jahrtausenden als eigene Form der Dialektik der Aufklärung übernatürliche Mächte beschwört und deren Bedrohungspotential mit den

<small>Horrorgestalten als Phantasieprodukte einer *Dialektik der Aufklärung*</small>

von der christlichen Kirche erfundenen Inkarnationen des Bösen eine durchaus unheilige Allianz eingegangen ist. Hexen und Teufel, Geistererscheinungen oder Wesen von einem fremden Stern, Gestalten aus dem Reich des Todes wie Wiedergänger, Vampire oder Zombies, Vermischungen von Mensch und Tier wie Werwölfe stellen das klassische Repertoire des Horrorgenres, das sich im Gegenstandsbereich des Übernatürlichen mit dem Phantastischen trifft und das mit dem Thriller wiederum das Spiel mit der Angst gemeinsam hat. Wenn „thrill" mit Angstlust übersetzt und diese durch die Blickbegegnung mit dem Schrecklichen erzeugt wird, dann bietet der Horrorfilm die idealen Sujets für den Thriller-Effekt. Denn er setzt ins Bild, was mit Worten nicht beschrieben werden kann und mit Augen nicht gesehen werden darf: das Andere der Vernunft.

Klassiker der „gothic story"

Gegenstände und Formen des Horrorfilms haben sich historisch gewandelt und gehen darin konform mit der Schauerliteratur, die ihre Wurzeln in der Schauerromantik und der „gothic novel" hat. In ihrer modernen Bedeutung stellt sie seit Ende des 18. Jahrhunderts eine populäre Spielart der romantischen Antwort auf den Rationalismus dar, die sich seither anhaltender Beliebtheit erfreut. Mary Shelley und E.T.A. Hoffmann, Robert Louis Stevenson und ein weiteres Mal Edgar Allen Poe zählen zu ihren prominentesten Vertretern aus dem 19. Jahrhundert, deren Werke neben zahllosen weiteren Adaptionen des Horrorgenres zu Verfilmungen anregten.

Literarische Adaptionen im Stummfilm

Poes *Der Untergang des Hauses Usher* wurde 1928 in Frankreich verfilmt, Stevenson *Dr. Jekyll and Mr. Hyde* sowie Shelleys *Frankenstein* 1931 in den USA. Einer der frühesten deutschen Horrorfilme ist Stellan Ryes *Der Student von Prag* (1913) nach einem Roman von Hanns Heinz Ewers, dessen anderer Schauerklassiker *Alraune* 1927 von Henrik Galeen verfilmt wurde. Damit befindet er sich in bester Gesellschaft der expressionistischen Filme, denen sich der Titel der „dämonischen Leinwand" in doppeltem Sinn verdankt: Robert Wienes *Das Cabinet des Dr. Caligari* (1919), Fritz Langs *Der müde Tod* (1921), Murnaus *Nosferatu* (1921), Langs *Mabuse*-Filme – jene Filme also, die das Spiel mit den Schatten an das Wirken unheimlicher Figuren knüpfen.

Doppelgänger, Vampire, Zombies

Das gesamte zeitgenössische Repertoire von Doppelgängern, Vampiren, künstlichen Menschen und Wahnsinnigen ist hier versammelt. Zugleich wurde in diesen Filmen die Technik vorbereitet, ohne die die Blickregie der Angstlust nicht funktioniert: Der Wechsel zwischen Angst und Lust basiert wahrnehmungsästhetisch nicht allein auf der Ambivalenz zwischen der emotionalen Identifikation mit dem Opfer einerseits und der durch die Kamera gelenkten Identifikation mit dem Täter andererseits. Sie kann unterstützt werden durch die Verunsicherung des Zuschauers in seiner Blickposition selbst.

Raumkonstruktionen und Raumwahrnehmung im Horrorfilm

Hans Schmids Studie *Fenster zum Tod* untersucht die Raumdimension in Abhängigkeit von der Sicherheit des Bildrahmens, der dem Zuschauer die Kontrolle über seine Wahrnehmung so lange garantiert, wie der Rahmen fest bleibt und damit die suggerierte Raumtiefe des Bildes an die Fläche zurückbindet. Raum aber ist nicht nur eine Komponente der natürlichen Wahrnehmung, die die sichtbaren Gegenstände zueinander ordnet, sondern auch eine Dimension abgründiger Tiefe, die gnädig verbirgt und unheilvoll ahnen lässt, was dem Blick nicht preisgegeben werden soll. Von Raumtiefe geht insofern immer ein Sog aus, der den Zuschauer auf das Unheimliche einstellt, was hinter sich öffnenden Türen, dunklen Verliesen, am Ende geheimnisvoller Treppen auf ihn wartet. Die gotischen Innenräume der Burg Nosferatus, in denen es immer noch ein Dahinter gibt, die schwarzen Fenster an den Außenfassaden seines Wisborger Domizils, die zahllosen Treppen des expressionistischen Films wie seine verschachtelten Raumkonstruktionen überhaupt setzen das Unheimliche räumlich ins Bild. Wenn solches Szenario den Bildrahmen sprengt, indem der üblicherweise verbotene Blick direkt in die Kamera realisiert wird oder die subjektive Kamera den Zuschauer in die Blickperspektive des Monsters zwingt und die Rückversicherung der Totale nicht gewährt, dann verliert er die kontrollierende Distanz. Panik ist intendiert.

Gleichzeitig lässt sich eine eigentümliche Dialektik von Verschleiß des Schrecklichen und der steten Erneuerung der immer gleichen Sujets beobachten. Was in den 1920er und 1930er Jahren das Gruseln beibrachte, wirkt heute wie eine Parodie des Genres, dennoch fanden Regisseure immer neue technische Tricks, um die Klassiker in Variationen und Remakes neu zu beleben. Diese Kontinuität wird bereits an den typischen Verkörperungen der drei Konstituenten des Horrors: Sexualität, Tod, Bestie ersichtlich. Murnaus *Nosferatu* folgte Tod Brownings Stoker-Verfilmung *Dracula* (USA 1931), 1978 Werner Herzogs Neuverfilmung *Nosferatu – Phantom der Nacht* und Coppolas *Bram Stokers Dracula* (1992). Vampirfilme mit Kultstatus schufen des Weiteren Maro Bava mit *Die Stunde, wenn Dracula kommt* (Italien 1960) und Roman Polanski mit *Tanz der Vampire* (USA, GB 1967) – um nur die herausragenden zu nennen. Von Beginn an hat das Vampir-Motiv die erotische Komponente, die der phallische Zahn des Monsters symbolisiert und die vom Begehren seines weiblichen Alter Egos komplementiert wird. Das Spiel mit dem Tod bzw. die Erlösung durch den Tod gehört hier zum Set wie in der Serie der Zombie-Filme, die seit 1932 mit Victor Halperins *White Zombie* datiert, 1943 mit Jaques Tourneurs *Ich folgte einem Zombie* fortgesetzt wurde und mit George A. Romeros *Living-Dead*-Trilogie (1968–1985) Kultstatus erreichte. Die Bestie schließlich als Inkarnation der die Zivilisation bedrohenden Wildnis wurde 1933 in Merian C. Coopers und Ernst B. Schoedsacks Verfilmung einer Romanvorlage auf den Namen King Kong getauft und erlebte 2005 in Peter Jacksons *King Kong* (Neuseeland/USA) eine Wiedergeburt.

Wandlungen von Sexualität, Tod, Bestie

Filmgeschichten verzeichnen Etappen in der Entwicklung des Horrorfilms nach verschiedenen Kriterien. So können nach der Dichte von Horrorproduktionen in einzelnen Jahrzehnten Rückkopplungen zu kollektiven Ängsten ausgemacht werden, die durch gesellschaftliche Zustände hervorgerufen werden. Danach gab es seit den 1930er Jahren in jedem Jahrzehnt eine neue – amerikanische – Horror-Welle, die dem Dämonischen immer wieder ein neues Gesicht gab. Etappen werden an Kreationen von Special Effects festgemacht oder aber an der deutlichen Psychologisierung, die das Grauen mit Hitchcocks Thrillern seit *Psycho* nahm. Erwähnenswerte „Fortschritte" sind auch in der Inszenierung der dem Genre zugehörigen Ästhetik der Gewalt deutlich, die mit den Splatter-, Slasher- und Snuff-Filmen Subgenres kreierte und damit – wie früher auch – regelmäßig die Filmzensur auf den Plan rief. Ein Klassiker des Slasher-Films ist Tobe Hoopers *The Texas*

Das Grauen überbieten: Splatter-, Slasher-, Snuff-Filme

Chain Saw Massacre (1974), das Christoph Schlingensief 1991 in Bezug auf die deutsche Einheit launig mit *Das deutsche Kettensägenmassaker* parodierte. Splatterfilme beziehen ihren Namen von den Blutfontänen, die minutiös und genüsslich zerstückelten Körpern entspringen und alte Kannibalismusphantasien wieder beleben – Beispiel: Romeros Zombie-Filme –, während ähnlich gelagerte Snuff-Filme ihren zusätzlichen Kick daraus beziehen, vorgeblich authentische Morde vorzuführen. Ein sehenswerter Thriller über den Snuff-Film ist David Cronenbergs *Videodrome* (1983). Das Gruseln mag beim Snuff-Film am ehesten dadurch entstehen, dass diese Fiktionen sich von der täglichen Gewalt, die Dokumentarfilme von den Kriegs- und Folterschauplätzen dieser Welt nicht zeigen, kaum unterscheiden. In einem allerdings unterscheiden sie sich dafür vom klassischen Horrorgenre: Der dort stets mit fast märchenhafter Polarisierung ausgetragene Kampf zwischen Gut und Böse wird hier einseitig negativ entschieden.

11. Der Sciencefiction-Film

Technikutopien und -dystopien

Ungeachtet üblicher Verweise auf Genre-Überschneidungen des Sciencefiction-Films mit dem Abenteuer-, Fantasy-, Horror- oder Katastrophengenre soll Sciencefiction hier auf des Wortes ursprüngliche Bedeutung eingegrenzt werden: die fiktive Prolongierung von Wissenschaft und Technik in eine utopische Zukunft. In dieser Bedeutung ist der Begriff substantiell genug, impliziert sie doch stets die gesellschaftlichen Folgen eines Technologieschubs in utopischer, oft und seit dem 20. Jahrhundert zunehmend auch in dystopischer Hinsicht. Die entfesselte Technologie weist den Menschen in die Grenzen ihrer Beherrschbarkeit zurück: Die Anwendung einer neuen Technologie verkehrt die erhofften Vorteile oft in eine ein- oder mehrdimensionale Katastrophe. Was der polnische Sciencefiction-Autor und Wissenschaftspublizist Stanislaw Lem mit Blick auf die Freisetzung der nuklearen Energie oder die Biotechnologie des 20. Jahrhunderts als „Technologiefalle" bezeichnet, findet sich in der gleichen dialektischen Konfiguration bereits in alten antiken und biblischen Mythen als Thema der menschlichen Hybris im Zugriff auf die Schöpfung: als verbotenes Abpflücken der Frucht vom Baum der Erkenntnis, als anmaßende Entfachung des Leben spendenden Feuers durch Prometheus, als warnende Saga vom Golem in der Kabbala. Die gesellschaftskritische Dimension der Realität gewordenen Sciencefiction enthüllt sich in ihrem Kern als philosophische Frage nach dem Wesen des Menschen.

Literarische Klassiker des Utopischen im 19. Jahrhundert

Nicht alle Sciencefiction-Produktionen loten diese Tiefe aus. Ihre literarischen Vorläufer finden sich im technikeuphorischen 19. Jahrhundert in den phantastischen Reisebüchern von Jules Verne und H. G. Wells. Sie liefern prompt in einer Mischung aus Motiven von Vernes *Von der Erde bis zum Mond* und Wells' *Die ersten Menschen auf dem Mond* die Vorlage für den ersten, 1902 von Méliès produzierten Sciencefiction-Film *Reise zum Mond*. Der Film dauerte immerhin 16 Minuten und enthält bereits alle thematischen Elemente des späteren ausgereiften Sciencefiction-Genres: einen internationalen Kongress der Astronomen, die Vorbereitung der Rakete, die Landung auf dem Mond, einen Schneesturm, den Abstieg in einen Vulkankrater, den Kampf mit den Außerirdischen, Rückkehr und Triumph der Astronauten. Méliès' Film war handkoloriert, setzte erste technische Tricks ein und war auch darin ein Vorläufer der Special Effects, ohne die das Genre später nicht auskam. Das Reisemotiv, der Griff zu den Sternen und die Begegnung mit fremden Lebewesen bilden die Stereotypen des Plots, die auch Fritz Lang mit *Die Frau im Mond* (1929) übernahm.

Der eigentliche Boom der Weltraumfilme setzte in den 1950er Jahren ein und musste zugleich mit der fortschreitenden tatsächlichen Eroberung des Weltalls das Fiction-Element von der Weltraumfahrt an sich auf andere Elemente verlagern: auf die phantastische Übersteigerung der technischen Finessen, auf die Aliens, die wechselweise auch die Erde aufsuchen, und auf die Experimente mit künstlicher Intelligenz, die letztlich auf die erwähnten philosophischen und ethischen Fragen des menschlichen Wesens zurückführen. Dass sie zugleich jeweils aktuelle gesellschaftliche Themen reflektieren, zeigen die Filme, die die Katastrophen des Zweiten Weltkriegs, der Atombombenabwürfe und das folgende (Ab-)Schreckensszenario des nuklearen Patts während der Jahrzehnte des Kalten Krieges spiegeln. Von Byron Haskins *Kampf der Welten* und Jack Arnolds *Gefahr aus dem Weltall* (beide 1953) bis zu den sechs Episoden der *Star Wars*-Serie (1978–2005) geht es stets um den Kampf zweier dichotomisch zwischen Gut und Böse aufgeteilten Mächte. Die Visionen der Katastrophen haben dabei, wie Susan Sontag bereits 1961 in ihrem einschlägigen Essay *The Imagination of Desaster* feststellte, wenig mit Science und viel mit Fiction bei der Etablierung eines Paranoia-Kinos zu tun, in dem der Schrecken des Kommunismus mit dem der Apokalypse koinzidierte.

Antikommunistische Katastrophenszenarien in den 1950ern

Wenn die negative Utopie der vom Menschen selbst zerstörten Erde dennoch sehr ernsthaft imaginiert wurde, so erreichte sie erst durch einen großen technischen Aufwand ein Massenpublikum. Für *Forbidden Planet* (*Alarm im Weltall*, 1956 unter der Regie von Fred McLeod) wurden die Trickeffekte für mehr als eine Million Dollar bei Disney bestellt. Mit großem Aufwand arbeitete auch Stanley Kubrick in seiner pessimistischen Zukunftstrilogie *Dr. Strangelove, or How I Learned to Stop Worrying and Love the Bomb* (1964), *2001: A Space Odyssee* (1968) und *A Clockwerk Orange* (1971). Kubrick ist nicht nur derjenige, der uns die tröstliche Aussicht auf ein Happy End versagt, was schon darin unmissverständlich deutlich wird, dass *A Clockwerk Orange* auf phantastische Space-Welten verzichtet und die nahe Zukunft einer sinnentleerten, in Gewaltmechanismen funktionierenden Gesellschaft hier und morgen evoziert.

Die Technologiefalle als Katastrophenszenario

Kubrick ist der Erste, der die Weltraumphantasien zu großen Gesamtkunstwerken gestaltet. Während *Dr. Strangelove*, wie schon der Name suggeriert, in der Darstellung vom Wahn der „mad scientists" und ihrer politischen Erfüllungsgehilfen mit satirischen Elementen arbeitet – der die militärische Operation leitende General heißt Jack D. Ripper –, entwirft Kubrick die Weltraum-Odyssee als gewaltige mythologische Parabel der conditio humana, die den Bogen von Homer bis in eine Zukunft ohne Menschen spannt. Mit vielen Zitatverweisen auf die Hybris des Menschen bei der Schöpfung einer Technik, die ihn letztlich gefangennimmt und zu seinem unkontrollierbaren Gegenspieler wird, dekonstruiert er Raum und Zeit in einem faszinierenden Spektakel. Unterstützt von machtvoll wirkender

Kubricks mythologische Parabeln

Musik, inszeniert er eine futuristische Ästhetik der Maschine, die Kubrick hier nicht zum letzten Mal den Vorwurf der Ästhetisierung von Gewalt einbrachte.

Blockbuster-Fiction

Im Unterschied zu Kubricks postmodernen Klassikern des Sciencefiction-Genres verselbständigen sich die Blockbuster der 1970er und 1980er Jahre zu Unterhaltungsspektakeln, die mit Millionenbudgets nach dem Gesetz der Serie arbeiten. *Star Trek* (*Raumschiff Enterprise*) lief von 1966 bis 1969 zunächst als Fernsehserie, bevor 1979 die Reihe der *Star Trek*-Kinofilme gestartet wurde, die bis 2002 unter wechselnden Regisseuren eine endlose, in den Weltraum projizierte Familiensaga mit Elementen des Politthrillers fortschrieb. Zum Gesetz der Serie gehört die Etablierung von Superhelden, wie sie aus der *Batman-Serie*, (1966–1997), aus *Star Wars* und aus *Terminator* (1984–1991) bekannt sind. Action, Thriller, Kriegsfilm, Saga und sogar Märchenanleihen wie in der 1979 von Ridley Scott gestarteten Alien-Serie, die parallel von Comics begleitet wurde, sowie das ästhetische Spektrum von Pop Art bis Videospiel verorten diese Art von Sciencefiction in der postmodernen Massenkultur.

Tarkovskijs philosophische Sciencefiction – die Lem-Verfilmungen

Doch besteht darin weder das Ende noch die einzige Perspektive des Sciencefiction-Films. Bereits 1972 antwortete der russische Regisseur Andrej Tarkovskij mit *Solaris* explizit auf Kubricks *Space Odyssee* und inszenierte 1978 mit *Stalker* eine weitere Verfilmung einer Romanvorlage von Stanislaw Lem. Beide Filme versuchen sich im Medium der Sciencefiction und in unter dem Aspekt der wissenschaftlich-technischen Expansion an einer philosophisch-ethischen Betrachtung der Frage nach dem Wesen des Menschen. Solaris spielt in einer Raumstation auf dem gleichnamigen Planeten, mit dem die an Bord befindlichen Wissenschaftler seltsame Erfahrungen gemacht haben. Der sie umgebende Ozean erweist sich als intelligente Materie, die mit dem menschlichen Unbewussten kommuniziert und dessen Gestalten eine körperliche Form verleiht. So erscheint die vor Jahren verstorbene Frau des an Bord geschickten Psychologen als nicht abweisbare und nicht zerstörbare Inkarnation seiner Erinnerung.

Utopische Reise ins Innere bei Tarkovskij

Tarkovskij gestaltet das Thema des individuellen und des kollektiven kulturellen Gedächtnisses als Alternative zu seiner nicht beherrschbaren Selbstprojektion in eine technisierte Zukunft. Die kann gerade deshalb nicht gelingen, weil sie anthropozentrisch der Natur ihr Siegel aufdrücken will und auf diese Weise immer nur auf sich selbst zurückgeworfen wird. Für diese Problematik braucht Tarkovskij keine futuristische Maschinerie, sondern inszeniert im Gegenteil in großen Landschaftsaufnahmen und mit erprobten konventionellen Mitteln der Lichtführung eine dem Thema gemäße nostalgische, melancholische Grundstimmung. In *Stalker* wird seine intendierte Anti-Hollywood-Dramaturgie Programm, da er sowohl auf Effekte als auch auf Zeitsprünge verzichtet, vielmehr den Eindruck erwecken will, den Film aus einer einzigen Einstellung gedreht zu haben. Umso beklemmender wird man in den Schauplatz der „Zone" eingeführt, die eine Art postmilitärische, von Menschen verlassene und von Pflanzen überwucherte Ruinenlandschaft darstellt. Anders als Filme, die direkt und deutlich auf die akute Gefahr der atomaren Zerstörung hinweisen, belässt Tarkovskij den Ort im Unbestimmten und schickt seine zunächst drei Protagonisten auf eine Fußreise zu einem verbotenen Zimmer, in dem die Erfüllung des stärksten Wunsches verheißen wird. Wie vor dem Rätsel der Sphinx wird der Stalker als Sinnsucher in dem Maße auf sich selbst verwiesen werden, wie auch hier die Reise durch den äußeren Raum ein Spiegel der Reise durch den Innenraum der eigenen Psyche ist.

Dass man psychologisch und metaphysisch aufgeladene Sciencefiction auch im Rahmen der Hollywood-Dramaturgie realisieren kann, bewies nach Kubrick Ridley Scotts *Blade Runner* von 1982. Der Action-Plot um den Polizisten Deckart, „Blade Runner" genannt wegen der Ausführung besonders gefährlicher Aufträge, und seiner vier Opfer, der von Menschenverstand entwickelten Replikanten, führt eine Vielzahl literarischer, mythologischer und philosophischer Motive zusammen, die den Film zu einer zivilisationskritischen Parabel werden lassen. Eine Ebene davon zeigt die von Maschinen „belebte" Stadt Los Angeles, die hier von einem bildlichen Metropolis-Zitat aus dem Jahr 1927 in direkter Kontinuität in das Jahr 2019 projiziert wird. Auf dieser Linie verweist ein zweites, mit dem „hard-boiled detective" vorgenommenes Filmzitat auf die gleichfalls in L.A. situierten Noir-Filme der 1940er Jahre. Die unerlaubt zur Erde zurückgekehrten Replikanten nehmen die Tradition der künstlichen Menschen auf, die, auch in direkter Adaption der Frankenstein- und Golem-Figuren, dem Menschen Kraft bzw. Intelligenz voraushaben und dort zur Gefahr werden, wo sie das menschliche Privileg von Gefühlen beanspruchen. Wenn die alte Fabel von der prometheischen Hybris, die dem Menschen bei der Schaffung künstlicher Geschöpfe zum Verderben ausschlägt, ausgerechnet an diesem Punkt ansetzt, dann geraten diese künstlichen Existenzen zu einem neuen Gegenentwurf ihrer vom Rationalismus besessenen Erzeuger. Deren Symbol ist das leitmotivisch eingesetzte Auge. Wenn die Replikanten schließlich ihren Konstrukteur zerstören, indem sie ihn blenden, erscheint dies als Rebellion gegen die rationalistische Verblendung seiner Allmachtsphantasien. Gerade die lassen ihn sein eigentliches Humankapital, nämlich die Erinnerung an seine Vergangenheit, nur noch als Waffe zur Identifizierung der nicht mit Erinnerung begabten Replikanten einsetzen. *Blade Runner* wäre allerdings kein Hollywood-Film, wenn er keine Liebesgeschichte zwischen dem Protagonisten und seiner schönen Replikantin entspinnen würde, die in der Kinofassung von 1982 in einem idyllischen Anderswo, einer Natur jenseits der selbstzerstörerischen Maschinerie des „Zivilisationsprodukts" Stadt endet.

Blade Runner als zivilisationskritische Parabel

V. Stilbildende Epochen

1. Das Weimarer Kino zwischen Expressionismus und Neuer Sachlichkeit

Lieblingskind der deutschen Filmhistoriografie

Die als „Weimarer Kino" zwischen 1919 und 1933 historisch klar eingegrenzte Epoche des deutschen Films ist noch immer dessen interessanteste und meist erforschte. Nie wieder erlangte der deutsche Film eine solche internationale Ausstrahlung, nie wieder aber erschienen auch deutsche Geschichte und deutscher Film in dieser mehrdeutigen Verquickung, ein Phänomen, das die Rezeption nachhaltig beeinflusste und auch lange Zeit verstellte. Die Retrospektive stand unter der Deutungsmacht der beiden nach dem Zweiten Weltkrieg erschienenen Klassiker Siegfried Kracauer: *Von Caligari zu Hitler. Eine psychologische Geschichte des deutschen Films* (1947, dt. 1979) und Lotte Eisner: *Die dämonische Leinwand* (1955, dt. 1975), zwei Emigranten von unbestrittener filmwissenschaftlicher Kompetenz also, die gleichwohl eine je biografisch-geschichtlich bestimmte Perspektive einnahmen.

Siegfried Kracauer und Lotte Eisner

Während Kracauer die These seines Titels, dass der Irrationalismus „des" deutschen Films der 1920er Jahre ein Vorbote und Wegbereiter der mentalen Bereitschaft zum Faschismus gewesen sei, an einer Fülle von Einzelbesprechungen ausführt, blickt Eisner auf die kunsthistorische Tradition des Expressionismus und seiner Prädispositionen zurück. Entsprechend ist ihre Studie stilgeschichtlich angelegt. Kracauer seinerseits argumentiert marxistisch-sozialgeschichtlich und massenpsychologisch. Dass diese beiden Zugänge bis heute Reibungsflächen der wissenschaftlichen Auseinandersetzung bieten, liegt nicht zuletzt auch daran, dass damit grundsätzliche Fragen der Filmhistoriografie zur Diskussion stehen.

Der Film nach dem literarischen Expressionismus

Als Kernpunkte dieser Debatte kann man das Verhältnis von Geschichte und (Film-)Kunst und die Erweiterung des Blicks aus dem engeren Kreis der als expressionistisch qualifizierbaren Filmpalette heraus bestimmen. Letzteres impliziert die Frage, was Expressionismus im Film überhaupt ist – historisch nach der dem literarischen und bildkünstlerischen expressionistischen Jahrzehnt –, eine Geisteshaltung, gar eine Weltanschauung oder eine Stilrichtung. Und weshalb dominierte dieser vergleichbar kleine Korpus von Filmen die internationale Rezeption?

Neuere Forschungen konzentrieren sich zunächst auf das vielfältige Spektrum der Filme aus der Weimarer Zeit – ein Ansatz, der im übrigen bei Kracauer auch gegeben ist, zudem in filmgeschichtlichen Standardwerken wie Jerzy Toeplitz' *Geschichte des Films* (Band 1 1972), der je ein Kapitel Expressionismus und Neue Sachlichkeit behandelt. Diese Doppelperspektive indiziert, dass der Film jener Epoche in der Tat ein Phänomen der Moderne und nicht etwa der Gegenmoderne ist, und zudem Einflüsse der Neoromantik, des Jugendstils und fraglos des Realismus aufweist. Das thematische

Spektrum von Ernst Lubitschs Historienfilmen und Komödien, den Märchen- und phantastischen Filmen, den Straßenfilmen und Detektivgeschichten, den nationalen Epen, den sozialkritischen und den psychologischen Filmen lässt sich kaum unter eine Perspektive subsumieren.

Die daraus abzuleitende Frage nach der methodologischen Herangehensweise an die ganze Epoche kann unter mindestens zwei Aspekte gefasst werden: Koebners Sammelband *Diesseits der >Dämonischen Leinwand<* (2003) insistiert in der prinzipiellen Auseinandersetzung mit Kracauer darauf, dass der gesamte Produktionsapparat eines Films von der kollektiven Schöpfung aus Drehbuchschreiber, Kameramann, Regisseur, Komponist usw. bis zum Schnitt, der Produktion und dem Verkauf kaum einer generellen Irrationalismusthese standhalten kann. Mit anderen Worten: Die kulturindustrielle Ware Film ist überhaupt weder filmästhetisch noch massenpsychologisch einsinnig zu erfassen. Elsaessers Monografie *Das Weimarer Kino – aufgeklärt und doppelbödig* (1999) setzt die Kritik bei dem eigentümlich phänomenologischen Blick an, mit dem der Soziologe Kracauer zeittypische „Hieroglyphen" der Realität wie das Massenornament treffend zu dechiffrieren verstand, mit der Konstruktion eines „imaginären" Referenten den Weimarer Film aber, wie auch Lotte Eisner, verfehlt. Eisner, so Elsaesser, erfindet eine spezifisch deutsche kunsthistorische Tradition des Kinos, Kracauer eine Anti-Tradition der deutschen Seele, und beide erfinden damit eine „Fetisch-Geschichte" (Baudrillard 1978), an der „wahr" ist, dass der Film gleich dem Schild der Medusa im Negativen auf eine nicht repräsentierbare Geschichte verweist. Den Film als imaginäre Maske und Mimikry der Realität zu betrachten trägt methodologisch auch nicht weit, hilft aber, den bei Elsaesser zu Recht reklamierten „doppelten Boden" des „aufgeklärten", also rationalen Weimarer Kinos auszuloten. (Elsaesser 1999)

Neue Forschungen zum Weimarer Kino

Wie immer, wenn Stiltendenzen hervorgehoben oder als prägend für eine Zeit erklärt werden, stellt die stets retrospektive Historiographie die Masse der übrigen Produktionen stillschweigend in den Hintergrund. Für das Nachkriegsdeutschland bedeutet dies, dass Detektivserien, Abenteuerfilme, Melodramen und Historienfilme, Komödien und Aufklärungsfilme den täglichen Konsum in den 3000 Lichtspieltheatern im deutschen Reich bestimmten, der von über 200 Produktionsfirmen bedient wurde. Das durchschnittliche tägliche Publikum zählte über eine Million. Diese Zahlen sind der Fachwelt bekannt, doch nicht einmal die kennt die nur etwa 10 % der erhaltenen Filme, die in den Weimarer Jahren jährlich zu 200–500 Stück produziert wurden. (Kaes 1974) Bekannt ist dagegen jener an Zahl geringfügige Kanon der expressionistischen und neusachlichen Filme, der auch unter der Rubrik „Filmavantgarde" oder „Autorenkino" firmieren kann: Den Regisseuren Robert Wiene, Paul Wegener, Fritz Lang, Friedrich Wilhelm Murnau, Karl Grune, E. A. Dupont, Karl Heinz Martin, Paul Leni, Henrik Galeen, Arthur Robinson, G. W. Pabst, Piel Jutzi sind dabei zumindest die Kameramänner, die Filmarchitekten und Zeichner sowie die Schauspieler zuzuordnen. Das heißt vorerst, dieser Filmkorpus wurde auch wegen seines hohen artifiziellen Standards zum Kanon.

Klassiker des Weimarer Autorenkinos

Artifiziell ist auch das Stichwort für die Beschreibung des Filmstils, der Expressionismus heißt und für den knappen Zeitraum zwischen 1919 und 1924 reklamiert wird. Mit dem missionarischen, ideologischen Expressio-

Das Postulat der Abstraktion – Das Cabinet des Dr. Caligari

nismus der Literatur der vorangegangenen Dekade hat er nichts gemein, vieles aber mit der seit der Jahrhundertwende in der bildenden Kunst und ihrer Theorie ausgeprägten konsequenten Abstraktion, der Literatur und Theater ebenso unverwechselbar formte. Das von Carl Mayer zusammen mit Hans Janowitz erarbeitete Drehbuch für *Das Cabinet des Dr. Caligari* (1919) entwickelt die typische gerahmte Fabel einer Detektivgeschichte, in der ein eingangs eingeblendeter Erzähler die Geschichte seines mysteriös zu Tode gekommenen Freundes erzählt. Der Mord an seinem Freund geschah in unmittelbarer Folge einer Prophezeiung durch einen auf dem Jahrmarkt einer Kleinstadt ausgestellten Somnambulen, der unter der Regie eines gewissen Dr. Caligari agiert. Der Freund deckt die Identität dieses Caligari mit dem Direktor einer Irrenanstalt auf, der sich die Fähigkeiten seines historischen Vorbildes Caligari, dessen Buch über Hypnose er eifrig studiert hat, aneignet und den seiner Obhut anvertrauten Somnambulen hypnotisch zu insgesamt drei Morden anstiftet. Als der eigentliche „Irre" – im Übrigen auch ein Standardtyp des literarisch-expressionistischen Figurenrepertoires – erscheint der Arzt selbst, bis sich der Kreis schließt und die Schlusssequenz den Erzähler als Insassen der Anstalt zeigt, dem der Arzt eine schwere psychotische Erkrankung diagnostiziert: Der Erzähler halte ihn für Caligari.

Kracauers Kritik am Irrationalismus

Genau diese Abweichung von der üblichen Detektivfabel, bei der am Ende immer die „Aufklärung" triumphiert, bildet den Ansatz von Kracauers Kritik am klaustrophobischen Irrationalismus der Geschichte. Dessen bildliche Umsetzung allerdings hat den Film berühmt gemacht: Er ist, wie fast alle expressionistischen Filme, ein ausschließlich in Innenräumen spielender Atelierfilm. Der Narration entspricht optisch kongenial das künstliche Interieur aus bizarren, in spitzwinkliger Geometrie gehaltenen, überdehnten Gegenständen und Kulissenzeichnungen. Darin agieren maskenhaft geschminkte dämonische Gestalten mit marionettenhaften Bewegungen. Die Perspektiven, hier zu keiner Zeit der organischen Natur nachempfunden, sind schief und ruhen niemals in der Symmetrie rechtwinkliger Formen aus. Der Zeichner Hermann Warm hatte seinerzeit postuliert: „Das Filmbild muss Grafik werden." „Durchgestylt" bis in die Schriftzüge der Zwischentitel hinein schlägt der Wahnsinn als Grundthema bis in jedes Detail der Ausstattung durch, unterstützt von der berühmten, den expressionistischen Film generell auszeichnenden Lichtführung, die stets aus künstlichen Quellen gespeist wird, unnatürliche Reflexe wirft, grelle Hell-Dunkel-Kontraste und bedrohliche Schlagschatten erzeugt und so das gesamte Bild in eine unheimliche, bedrohliche Atmosphäre taucht, aus der es kein Entrinnen gibt.

Caligarismus als Stilklischee

Dieser Stil wurde von der internationalen Presse begeistert „Caligarismus" getauft und somit zugleich aufs Dekor reduziert. Man darf dabei nicht die hermetische Verquickung von Fabel und Bildgestaltung außer Acht lassen, die auch die folgenden Filme dieser Richtung auszeichnet: Robert Wienes *Raskolnikow* (1922) und Karl Heinz Martins *Genuine* (1920), Paul Wegeners *Der Golem, wie er auf die Welt kam* (1919), Fritz Langs *Der müde Tod* (1921), Friedrich Wilhelm Murnaus Vampirklassiker *Nosferatu* (1922) mit dem aussagekräftigen Untertitel *Eine Symphonie des Grauens*, Arthur Robisons *Schatten* (1923), Henrik Galeens *Der Student von Prag*, E. A. Duponts *Varieté* (1925) und *Das Wachsfigurenkabinett* (1923), Murnaus *Der letzte Mann* (1924) u. v. a. Es fällt auf, dass diese Filme fast sämtlich im diffusen Bereich des Phantastischen, des Unheimlichen und der Verquickung von Sex und Crime spielen. Evident scheint hier die schon von Lotte Eisner geäußerte These, Stoff- und Motivwahl nicht als voraus laufende Schatten nazistischen Irrationalismus zu deuten, sondern als unmittelbaren Reflex der gigantischen metaphysischen Verunsicherung durch den Ersten Weltkrieg und der wirtschaftlich und sozial, politisch und moralisch chaotischen, von Revolution, Inflation und Bürgerkrieg gekennzeichneten Nachkriegsjahre. Das filmische „Schild der Medusa" zeigte den Abglanz eines, wenn man so will, ganz nüchtern konstatierten Irrationalismus der Zeit, der nicht Halt macht vor den Untiefen der menschlichen Seele, sondern diesen, einem anderen charakteristischen Zug der Epoche gemäß, in die Sphäre des Unbewussten und des Traums folgt. Richtig an dieser Feststellung ist zudem, dass sich der Film als besonders geeignet erwies, das Abgründige solchen verbreiteten Zeitempfindens medial umzusetzen. Es war auch Lotte Eisner, die zuerst auf die auffällige Häufung von Untoten, künstlichen Menschen und neoromantischen Doppelgängern in diesen Filmen hinwies, die den Film selbst in seiner philosophisch gedeuteten, medialen „Materialeigenschaft" zwischen Leben und Tod autoreflexiv allegorisieren. (Kittler 2002)

Man hat dem expressionistischen Atelierfilm oftmals seine – paradox oder nicht, jedenfalls unleugbare – Verwandtschaft mit dem Theater zum Vorwurf gemacht. Sie rührt einmal aus der dem Stummfilm allgemein eigentümlichen Konzentration auf „theatralische" Mimik und Gestik, bezieht sich hier aber vornehmlich auf die Licht- und Raumgestaltung. In der Tat stellen die Theateravantgarden bereits seit der Jahrhundertwende die – vorgeblich filmischen – Potenzen einer flexiblen Raumgestaltung, der Lichttechnik – nicht zu vergessen: dank der Erfindung des elektrischen Lichts! – und der so gewonnenen neuen Synthese von Raum, Körper und Bewegung heraus. Nimmt man die „typisch expressionistische", schon bei Strindberg entwickelte Technik des Stationendramas hinzu, die Zeitverläufe sprunghaft, achronologisch und nichtkausal organisiert, ergibt sich eine verblüffende Konvergenz von Theater und Film. Theaterverfilmungen wie Karl Heinz Martins Adaption von Georg Kaisers rasantem Klassiker *Von Morgens bis Mitternachts* (der Film 1920, in Deutschland erst 1963 aufgeführt) gehören daher nicht zufällig zu den stärksten Repräsentanten des expressionistischen Films.

Theatralität: die zeitgenössische Debatte

Seine dem Theater affine Qualität, die damit keineswegs als unsouveräne Abhängigkeit von der traditionellen Kunstgattung gewertet wird, stellt Rudolf Kurtz als die konsequente Komposition des Bildraums heraus, der architektonisch in physischer und lichterzeugter Form ganz Ausdruck der metaphysischen Schöpfung des Regisseurs sein soll. Ihm sind alle weiteren Details von Requisite, Kostüm, Maske und schließlich auch Bewegung und Physiognomik des Schauspielers unterzuordnen, dessen größter, Dilettantismus und Kitsch anzeigender Fehler ein Rückfall in Naturalismus und Psychologie sei. (Kurtz 1926) Mit der Emphase des Willens zur Abstraktion, der Sichtbarmachung des „Gesetzes" hinter dem Zufall der Erscheinungen, bewegt sich Kurtz auf der Argumentationslinie des kunsttheoretischen Exponenten des Expressionismus, Wilhelm Worringer. Worringer hatte in *Abstraktion und Einfühlung* von der Unmöglichkeit des modernen Menschen gesprochen, mit den Dingen der äußeren Welt ein „vertrauliches Verhält-

Metaphysik des Lichts

nis" der „Einfühlung" einzugehen, weil sie ihm disparat, zufällig und verworren erscheinen müssen. Deshalb fordert er von der Kunst die geistige Abstraktion von den physischen Erscheinungen.

Deleuze: das nicht-organische Leben der Dinge

Auch Gilles Deleuze bezieht sich in seiner Auslegung des expressionistischen Films auf Worringer, wenn er das Licht als eigentlichen Schöpfer der Bewegung der Bilder und darin als Medium des Geistigen erkennt:

> Im nicht-organischen Leben der Dinge, einem entsetzlichen Leben, das von der Selbstbeschränkung und den Grenzen des Organismus nichts weiß, liegt das erste Prinzip des Expressionismus, das für die gesamte Natur gilt, das heißt für den Geist des Unbewußten, der sich in der Finsternis verloren hat, als opak gewordenes Licht, lumen opacatum. Für diese Sicht gibt es keinen Unterschied mehr zwischen natürlichen Substanzen und künstlichen Produkten, Kandelabern und Bäumen, Turbinen und Sonne. Eine belebte Mauer ist etwas Erschreckendes; aber dann sind es auch die Gerätschaften, Möbel, Häuser und Dächer, die sich neigen, zusammendrängen, lauern und zuschnappen (…) In all diesen Fällen stellt sich nicht das Mechanische dem Organischen entgegen, sondern das Lebendige als machtvolles präorganisches Keimstadium, das dem Beseelten und dem Unbeseelten gemein ist, einer Materie, die sich zum Leben erhebt, und einem Leben, das sich über die ganze Materie ausdehnt. (Deleuze 1990, Bd. 1, 77)

Spiritualität des Lichts als Kompositionsprinzip

Wenn Deleuze die Lichtdynamik als wichtigstes, spirituelles Prinzip des expressionistischen Films begreift, bei der es keinen Unterschied macht, ob Natur, Mensch oder Maschine davon erfasst werden, dann macht es auch keinen Unterschied, ob das Sujet dieses Films in der Märchen-, Gespenster-, Großstadt- oder Maschinenwelt angesiedelt ist. Das heißt, dass die in manchen Filmgeschichten übliche Begrenzung des Expressionismus auf die Filme „bis 1924" – wann ließ sich je eine Epoche an einer Jahreszahl festmachen – obsolet wird. Mit dieser Definition, die sich auf die Verknüpfung von stofflichen Elementen – Irrationalität, Wahnsinn, Sexualität, Verbrechen und Tod aus der Schauerromantik und der gotischen Mode in der Literatur – mit Stilelementen beruft, können zum Beispiel Murnaus *Faust* (1927) oder Galeens *Alraune* (1927) nur als verspätete Irrläufer des filmischen Expressionismus deklariert werde. Analoge Stilelemente der Filme in der zweiten Hälfte der 1920er Jahre werden letztlich zum Dekor, das zum „neusachlichen" oder „realistischen" Inhalt nicht mehr recht passt. „Neue Sachlichkeit" und „Realismus" ihrerseits werden so wiederum nur stofflich verstanden, als Thematisierung von Großstadt, Straße, Industrie und Warenwelt, die es allerdings seit Anfang der 1920er Jahre im Film gibt.

Metropolis – Symbiose von expressionistischem Stil und neusachlicher Architektur

Tatsächlich greift eine solche Entgegensetzung am wenigsten bei dem Film, der mitunter als repräsentativ für Neue Sachlichkeit geführt wird, Fritz Langs *Metropolis* (1927, nach mehrjähriger Arbeit). Langs Film spielt ausschließlich in einer überaus künstlichen, stilisierten Maschinenwelt, der eine von New York inspirierte utopistische Wolkenkratzerkulisse vertikal buchstäblich aufgesetzt ist. Der Mensch ist Teil der Maschine auch dort, wo er sich autonom empfindet: Langs uniforme, gesichtslose, zu geometrisch klaren Blöcken gepresste Arbeiter, die sich synchron im Maschinentakt zu oder von ihrer Arbeitsstätte bewegen, sind zum bildlichen Synonym der Entfremdung in der taylorisierten Moderne geworden. Der symmetrisch angeordnete Maschinensaal zeigt ein Räderwerk, in dem selbst die Dampfwolken noch nach Ordnung streben, der Takt eines unsichtbaren Metronoms gibt die Bewegung von Rädern wie Menschenkörpern vor. Die Oberstadt der Reichen und Glücklichen zeigt anfangs einen barocken, also wiederum symmetrischen Garten, jenseits dessen sich gigantische, mit Brücken verbundene Bauten erheben, zwischen denen utopische Flugapparate schwirren. Diese Kulisse ist von Menschen „gereinigt" und absolut funktional.

Zur kitschigen und realitätsfernen Fabel, die mittels einer Liebesgeschichte die Versöhnung von „Kopf" und „Hand" durch das „Herz", hier von planenden Kapitalisten und Arbeitern den sozialen Frieden erheischt, ist in einschlägigen Kommentaren das Nötige gesagt worden. Wenn *Metropolis* als einziger Film in das UNESCO-Kulturerbe aufgenommen wurde, dann wegen seiner Bildwelt als perfekt artifiziell inszenierte Moderne, in der schließlich der Mensch selbst technisch erzeugt wird und darin „das Böse" inkarniert: Die Schöpfung der falschen Maria gelingt dem Ingenieur Rotwang mittels der Elektrizität, die als Blitz durch Raum und Körper zuckt. Das Fluoreszieren des Leben erzeugenden Lichts im Dunkel der Maschinenwelt fasst den von Deleuze beschriebenen Impetus des expressionistischen Films zusammen. Dabei konstruiert der Hell-Dunkel-Kontrast den gesamten Film. Er taucht die Unterstadt der Arbeiter in unheimliches Licht, er ist dem dramatischen Geschehen in den Katakomben und im Dom – ein wie Rotwangs schiefe Alchimistenhütte keineswegs zufälliges „gothisches" Requisit – unterlegt, und er dämonisiert die falsche Maria in ihrem ekstatischen Tanz auf dem Goldenen Kalb.

_{Sozialutopie – Sozialkitsch}

Expressionismus und/oder Neue Sachlichkeit im Weimarer Kino? In seiner Untersuchung zur Utopie der Neuen Sachlichkeit in G.W. Pabsts Filmen setzt sich Hermann Kappelhoff prinzipiell mit dem traditionellen kunsthistorischen Gegensatz zwischen diesen beiden Richtungen auseinander und konstatiert, dass er im Weimarer Autorenkino eingeschlossen ist. Das setzt voraus, dass die Neue Sachlichkeit über den ersten Schritt der Definition, nämlich die Hinwendung zu den konkreten Dingen der Realität, hinausgeht. Die damit verbundene explizite Wendung gegen den Expressionismus schließt zugleich ein, dass diese Realität nicht mit einem metaphysisch inspirierten Blick gedeutet, sondern in ihrem So-Sein belassen wird. Wie aber schon Benjamin in seinem *Passagen*-Werk befand, verwandelt namentlich der fotografische Blick des modernen Menschen die Dinge in Zeichen, sie sind unmittelbar im Verständnis einer selbstverständlichen Alltagswahrnehmung nicht zu erfassen. Auch als Filmtheoretiker setzt er, neben anderen wie Eisenstein und Balázs, auf die verfremdende, konstruierende Einwirkung der Kamera auf das Objekt. Das Kalkül der Kamera entspricht der neusachlichen Haltung insofern, als auch sie nicht ohne eine reflektierende und konstruierende Ebene bei der „Dokumentation" von Wirklichkeit auskommt.

Neue Sachlichkeit im Film – das Kalkül der Kamera

Wenn sich auch der Terminus „neusachlicher Film" nicht durchgesetzt hat, so könnte Walter Ruttmanns *Berlin – die Symphonie einer Großstadt* (1927) am ehesten demonstrieren, wie Schnitt, Kameraeinstellung und musikalische Strukturierung die Welt der Objekte zum Sprechen bringt. Im Zeichen der modernen „Krise der Wahrnehmung" stellt die subjektive Perspek-

Ruttmann und Vertov – neusachlicher Konstruktivismus

tive des „Autors" das konstruktive Moment des filmischen Kontinuums. Sein Film schneidet Dokumentaraufnahmen zu einem Tagesablauf Berlins zusammen, der vom Rhythmus der Eisenbahnen, rotierenden Maschinen, des Straßenverkehrs und der Menschenmassen in Bewegung skandiert wird – ein Hohelied auf die Großstadt und die Moderne, wie es vergleichbar nur Dziga Vertov in *Celovek z kinoapparatom* (1929, dt. *Der Mann mit der Kamera) geschaffen hat*.

Realismus im Weimarer Kino

Dass Ruttmanns Film nicht narrativ im Sinne einer Fabel ist, unterstreicht Kappelhoffs Beobachtung zu neusachlichen Elementen in Pabsts Filmen, weil er zwischen der Narration und der Konstruktion des Bildraums unterscheidet und sie als Gegensätze begreift. Die formale Struktur des Bildraums hat weder Abbildcharakter noch unterstützende Funktion für die Narration, sondern eine kommentierende. Der Bildraum als eigenes, von der einzelnen Erscheinung abstrahierendes architektonisches Gebilde schlägt die Brücke zwischen den Gegensätzen der expressionistischen Raumkonstruktion und der nur scheinbar protokollierenden, in Wirklichkeit aber genau kalkulierten Komposition der Dingwelt und ihrer Beziehung zu Figur und Handlung. Pabsts Film *Die freudlose Gasse* (1925) rückt die sozialen Gegensätze zwischen Kriegsgewinnlern und Kriegsverlierern scharf ins Bild. Die melodramatische Fabel ist dabei kein Hindernis, expressionistische Dramatik in der Lichtführung und den analytischen Blick der Kamera miteinander zu verbinden, der die Menschen als Objekte der Warengesellschaft erkennt.

Die dunkle Seite der Moderne – Vorgriff auf den Film noir

Kalkül und Stimmung, menschliche Vereinzelung und melancholiegeladene Expressivität erweisen sich als vereinbare Polaritäten in einem Filmstil, der im Zeichen des „Noir" die Widersprüche der Moderne ausstellt, ohne sie miteinander zu versöhnen. Fritz Langs erster Tonfilm *M – eine Stadt sucht einen Mörder* (1929) weist den Weg dahin.

2. Avantgarde- und Experimentalfilm

Idee des absoluten Films – der deutsche Avantgardefilm

Deleuze beschrieb die Raumkonstruktionen des Expressionismus mit dem Kantschen Begriff des Dynamisch-Erhabenen, in dem die Intensität eines form- und maßlosen überorganischen Geistigen unsere organische Existenz vernichtet und in Entsetzen versetzt. (Deleuze, 1990) Demgegenüber steht das Mathematisch-Erhabene als eine extensive Maßeinheit jenseits der Einbildungskraft, aber diesseits des Denkbaren. Auf dieses Erhabene hebt bereits Rudolf Kurtz bei der Beschreibung des Absoluten ab, das sich an der „Gewissheit der Mathematik" bewährt. Von diesem Geist ist für ihn der „absolute Film" inspiriert, den in Deutschland Viking Eggeling, Hans Richter und Walter Ruttmann schufen. Eggelings *Symphonie diagonale* (1924) ist eine exakt konzipierte rhythmische Folge abstrakter geometrischer Figuren, für die er zuvor Kompositionstafeln entworfen hatte. Zugrunde liegt der Vergleich mit der inneren Bewegung des Menschen zwischen Anziehung und Abstoßung, die Eggeling in Kontraste und Analogien klarer Linien bringt – die reine, von Subjektivität befreite Form. (Kurtz 1926) Auf demselben Konzept basieren Richters *Rhythmus*-Filme von 1924 und 1925, die hinter den lebendigen Erscheinungen exakte wissenschaftliche Prinzipien walten sehen und diese in einen „optischen Rhythmus" (Richter, zitiert bei Kurtz 1926) von abstrakten Formen und Farben bringen wie auch Ruttmann seine realistischen Motive, die man darin als Vorstudien der Symphonie einer Großstadt erkennt.

Diese abstrakten Filme entstehen zeitgleich mit ähnlichen Experimenten in Paris, wo in den 1920er Jahren zum ersten Mal der Begriff „Filmavantgarde" verwendet wird und diese damit in den Kontext der historischen Avantgardebewegungen der Kunst verweist, die sich, als eigene Pionierbewegung in der Moderne, in einer kunst- und kulturrevolutionären Bedeutung verstand. Symptomatisch für diesen Doppelauftrag sind die zahlreichen Manifeste und Programmschriften, die die sozialen und kulturellen Umwälzungen in den ersten drei Jahrzehnten des 20. Jahrhunderts begleiteten und ihre Fahne auf einen jeweils genau definierten -ismus tauften: die Futuristen, die Dadaisten, in einem weiteren Sinn auch die Expressionisten, die Surrealisten. Ihre deklarierte Annäherung von Kunst- und Lebenspraxis beabsichtigte in der Kunst und mit den Mitteln der Kunst die Umwälzung herrschender Konventionen, die sich sowohl auf die sozialen Verhältnisse als auch auf die Formensprache der Kunst bezog. Sie nahmen alle Künste für sich Anspruch und versuchten, politische und künstlerische Erneuerung konvergieren zu lassen – ein ebenso evidentes wie suggestives Programm in der Epoche von Weltkrieg, Revolutionen und gesellschaftlichen Krisen, in der Künstler ihre eigene Stimme zu artikulieren suchten. Die Geschichte und die oftmals spektakulären Geschichten dieser Avantgardegruppen sind Legende geworden.

Abstrakte Filme der europäischen Avantgarden

Wollte man nach diesem Verständnis die diversen Kunstgattungen nach ihrer unmittelbaren Durchschlagskraft beurteilen, könnte zweifellos das Theater als „operative Gattung" bezeichnet werden, weil es seit der Jahrhundertwende – und auch schon davor – beharrlich nach neuen Möglichkeiten suchte, die Zuschauer zu aktivieren. Besonders im Jahrzehnt nach dem Ersten Weltkrieg entwickelte sich eine Vielzahl von Formen von den Happenings der Dadaisten über die politische Revue, das Straßentheater, das dokumentarische Theater bis zum epischen Theater Piscators und Brechts. Der Film spielt im Spektrum der Avantgardekünste eine eigene Rolle. Noch eingebunden in die Selbstverständigungsdebatten zur Frage „Was ist Film?" bzw. „Film als Kunst", steht hier das Formexperiment mit den erst zu entdeckenden Ausdrucksmitteln des neuen Mediums im Vordergrund. Von daher hat nicht nur der Avantgardefilm jener Zeit einen deutlich selbstreflexiven Charakter, sondern fast jede technische und künstlerische Neuerung in der Filmgeschichte, sei es die Montagetechnik, die bewegliche Kamera, die Finessen der Lichtgestaltung, der Ton- bzw. Sprechfilm, der Farbfilm oder die Entdeckung der Tiefenschärfe.

Abstrakter Film als Beitrag zur Selbstreflexion der Künste

In dieser Perspektive verwendet etwa Peter Weiss in seinem Buch *Avantgarde Film* (1956, dt. 1995) einen sehr weiten Begriff von Avantgarde, der zu Recht den Filmpionier Méliès ebenso berücksichtigt wie Robert Wienes' *Das Cabinet des Dr. Caligari* (1919), Friedrich Wilhelm Murnaus *Nosferatu* (1921) oder Arthur Robinsons *Schatten* (1923), Erich von Stroheims *Greed* (1923), G.W. Pabsts *Geheimnisse einer Seele* (1926) oder Charles Vidors *The Spy* (1931) – Regisseure und Filme also, die üblicherweise anderen Schulen zugeordnet werden. Im engeren Sinn ist der Begriff „Avantgarde-

Erweiterung des Avantgarde-Begriffs

film" jedoch auf Regisseure beschränkt, die formal experimentelle Filme, teils abstrakten Charakters, herstellten. In Frankreich gehörten sie in den Umkreis der programmatischen Avantgardegruppen, generell jedoch teilten sie mit ihnen eine kulturpolitische Intention: Opponierten diese gegen die bürgerliche „Institution Kunst" (Bürger 2005) im Allgemeinen, entzogen sich die Experimental- oder Avantgardefilmer der „Institution Filmindustrie" im Besonderen, für die seit den 1920er Jahren das Kürzel Hollywood steht.

Französischer Avantgardefilm der ersten Phase

Für die erste Phase des Avantgardefilms gibt es drei Zentren: Frankreich, Deutschland und die Sowjetunion. Sie sind nicht als drei jeweils homogene Schulen oder gar Stilrichtungen zu verstehen, sondern stellen jeweils unterschiedliche Rahmenbedingungen für das filmkünstlerische Experiment, das auf nur einer, allerdings fundamentalen Gemeinsamkeit basiert: Der klassische Avantgardefilm ist Stummfilm und konzentriert sich, analog zu den frühen Filmtheorien, auf den Primat des Visuellen. In Paris standen der Filmavantgarde Mitte der 1920er Jahre drei spezielle Filmtheater zur Verfügung – Vorläufer der heutigen Programmkinos –, in denen ein intellektuelles Publikum Interesse an den „Kunstfilmen" zeigte, die sich schon seit einem Jahrzehnt dem Kommerz widersetzten.

Filmischer Impressionismus

Diese der impressionistischen Schule zugerechneten Künstler Ricciotto Canudo und Louis Delluc feierten die „siebte Kunst" als Synthese aller bisherigen Künste. Anknüpfend an diese Richtung, wurde Abel Gance 1918 der führende Kopf einer Gruppe von Regisseuren mit einem Konzept, das das Zusammenspiel von Bewegung, Montage, Rhythmus und Licht fokussierte und dem formalen Experiment einen wichtigen Stellenwert beimaß. Während jedoch seine berühmtesten Filme *J'accuse* (1919, dt. *Ich klage an*), *La Roue* (1923, dt. *Das Rad*), *Napoleon* (1927) gleichwohl narrativ sind, verweigerte sich das „Cinéma pur" der Fabel als Relikt der Abhängigkeit von Theater und Literatur.

Filmischer „Kubismus"

Ihrerseits von der kubistischen Schule der Malerei und deren Credo zur Abstraktion beeinflusst, schuf das Cinéma pur den „reinen Film" als Formexperiment, das sich vom Erzählfilm ebenso befreit wie von der Dokumentation äußerlich wahrnehmbarer Realität. Sie sind die eigentlichen Klassiker der Filmavantgarde: Der Maler Fernand Léger drehte ein *Ballett mécanique* (1924, dt. *Mechanisches Ballett*), in dem eine Frau immer wieder dieselbe Treppe hinaufsteigt, ohne jemals anzukommen; Großaufnahmen des Gesichts wechseln mit solchen von verschiedenen Gegenständen, die aus ihrem Kontext gelöst zu freien Collagen komponiert werden. Der Fotograf Man Ray forderte ironisch-dadaistisch *La retour à la raison* (1923, dt. *Zurück zur Vernunft*), indem er Bilder durch Licht und Formen trieb und herkömmliche Chronologien souverän umkehrte wie auch in *Emak Bakia* (1927, dt. *Stör mich nicht*). Zusammen mit Marcel Duchamp drehte er *Anémic cinéma* (1926), in dem anzügliche geometrische Formenspiele mit unentschlüsselbaren Wortspielen wechseln. Réne Clairs *Ent'racte* (1924, dt. *Zwischenspiel*) ist eine rhythmisch komponierte Montage verschiedener, in sich dadaistisch sinnentleerter Bildepisoden, während sich sein Bruder Henri Chomette in ganz subjektiven *Cinq Minutes de cinéma pur* (1925, dt. *Fünf Minuten pures Kino*) versucht. Germaine Dulac schafft mit *Etude cinégraphique sur une arabesque* (1927) und *Disque 927* (1929) visuelle Assoziationen zu musikalischen Werken von Debussy und Chopin.

So wie dieser Corpus von „Cinéma pur" nur im Kontext der bildkünstlerischen und literarischen Avantgarden zu verstehen ist, verbindet sich schließlich die dritte, surrealistische Richtung des französischen Avantgardekinos mit der surrealistischen Künstlergruppe, die über ihre politisch-programmatische Phase hinaus stilbildend für die internationale Kunst und das internationale Kino gewirkt hat. Surrealismus ist klar definiert als Überschreitung der Grenzen von äußerer und innerer Wahrnehmung zugunsten eines erweiterten, die Bildwelt des Unbewussten einschließenden Wirklichkeitsbegriffs.

Filmischer Surrealismus

Luis Buñuels und Salvador Dalis *Un chien andalou* (1929, dt. *Ein andalusischer Hund*) hat Filmgeschichte geschrieben allein durch den „Prolog", in dem die Kamera zunächst auf ein romantisches Wolkenbild vor dem Mond schwenkt, um dann die Erwartung radikal und programmatisch zu durchbrechen, indem ein Auge in Großaufnahme von einer Rasierklinge horizontal durchschnitten wird. Den so vorausgesetzten Bruch mit Wahrnehmungskonventionen setzen die anschließenden Sequenzen in einer alogischen, nichtkausalen Folge alptraumhafter Episoden um, die freudianisch eindeutig sexuelles Begehren und Schuldgefühle im klaustrophobischen Raum einer mit Gegenständen vollgestopften bürgerlichen Wohnung thematisieren. Der im Film nirgendwo erscheinende Hund des Titels, so Peter Weiss, allegorisiert den allzeit gegenwärtigen, rasend eingesperrten Trieb in einer heißen andalusischen Nacht.

Un chien andalou

Vergleichbare Berühmtheit – wie es sich gehört mit einem Skandal bei der Uraufführung eingeleitet – erlangte auch Buñuels *L'age d'or* (1930, dt. *Das Goldene Zeitalter*), der das politisch-künstlerische Programm des Surrealismus am konsequentesten filmisch umsetzt. Der Film ist ein Generalangriff gegen die bürgerlich-katholische Welt seiner Heimat Spanien und darüber hinaus. Symbolische Bilder von äußerster Gewalt stimmen auf unzusammenhängende Sequenzen mit augenfälliger Deutlichkeit ein: Skorpione in einer Wüstenlandschaft zerbeißen eine Ratte, anschließend wandert eine Gruppe kirchlicher Würdenträger an der Küste entlang, während sich nicht weit davon eine Anzahl heruntergekommener Männer in einer Hütte befindet, einer davon im Sterben. Politische Repräsentanten legen in derselben öden Landschaft den Grundstein für die Ewige Stadt, die Kirchenmänner wohnen der Zeremonie nunmehr als im Sand lagernde Skelette bei, unweit davon wälzt sich ein Liebespaar im Schlamm … Buñuel setzt die beiden Pole der surrealistischen Revolution, die politische und die sexuelle, als zwei durchgängig verschlungene Motive in harte Kontraste und lässt den Film in einer Orgie enden, die mit einem Zitat aus de Sades *Die 120 Tage von Sodom* auf die Französische Revolution und ihren triebdynamischen Exzess anspielt – ein Thema, das Peter Weiss in seinem *Marat/Sade* aufnahm.

L'age d'or

Im klassischen Verständnis von Avantgardekunst nimmt die russische Schule eine Sonderstellung ein, weil sie sich in den 1920er Jahren nicht als oppositionell, sondern konform mit der im revolutionären Umbruch befindlichen Gesellschaft verstehen konnte. Die Sowjetunion der frühen 1920er Jahre war ein gigantisches soziales Experiment. Daher sind Sergej Eisensteins frühe Filme von einem unvergleichbaren gesellschaftlich-utopischen wie künstlerischen Pathos getragen. Die zeitgeschichtlichen Themen von

Sonderstellung der russischen Schule

Bronenosez Potemkin (1925, dt. *Panzerkreuzer Potemkin*) und *Statschka* (1927, dt. *Streik*) sind aufrüttelnd und parteiergreifend umgesetzt.

Das „Ende der Avantgarden"

Das Schicksal der mehrfach und zuletzt im Zuge der postmodernen Vermischung von U- und E-Kunst totgesagten Avantgarde schließt den Film nicht aus. An der Feststellung des Endes der historischen Avantgarden trifft zu, dass die avantgardistischen Gruppen des frühen 20. Jahrhunderts als Stilrichtungen von der allgemeinen Kunstentwicklung und ihren Institutionen affirmiert wurden und ihr subversives Potential damit verloren. Von der avantgardistischen Idee sind aber gerade beim Film immer wieder der Impuls der Verweigerung des kommerziellen Kinos und das Unterlaufen seiner gängigen ästhetischen Muster ausgegangen. Dabei zwingt das Credo zu Innovation und Alternative zu immer neuen Anstrengungen.

Zweite Phase: der amerikanische Experimentalfilm

Unmittelbaren Einfluss hatte der surrealistische Film auf den US-amerikanischen Experimentalfilm bereits seit den 1940er Jahren im „visionären Kino" von Maya Deren (*Meshes in the afternoon*, 1943), Kenneth Anger, James Broughton. Diese bis in die 1970er Jahre relevante Richtung arbeitet mit Symbolen und stellt die persönliche Erfahrung und Selbstreflexion der Filmemacher in den Mittelpunkt wie auch Carolee Schneemann (*Autobiographical Trilogy*, 1967–1973), Jonas Walden, Andrew Noren u. a. In den 1950er Jahren etablierte sich der „trash"-Film, eine dritte Richtung entwickelte die avantgardistischen Experimente mit der visuellen Wahrnehmung und der Autoreflexivität weiter, so Stan Brakhage (*Window Water Baby Moving*, 1959, *Serious Remembered*, 1959, *Scenes from under Childhood*, 1967–70).

Dritte Phase: das primitive Kino der 1970er Jahre

Das „primitive Kino" der 1970er Jahre knüpft an die früheste Filmtradition an, der „strukturelle Film" konzentriert sich auf dessen Materialeigenschaften. Diesen Richtungen ist die Intention gemeinsam, eine wie immer geartete Alternative zum Mainstreamkino zu entwickeln. Das sich seit den 1960er Jahren so bezeichnende „Underground"-Kino suchte nach Formen einer Gegenkultur in Richtungen wie „Psychedelic Art" und „Expanded Cinema", das den Film dem Zuschauer und der Aktion öffnete. Anfang der 1960er Jahre gründete sich eine „Filmmakers' Cooperative", die mit Billigproduktionen auf 16- und 8-mm-Filmen eine Alternative nicht nur zu Hollywoods Ästhetik, sondern auch seiner Marktbeherrschung anstrebte. Diese Entwicklung verläuft parallel zum europäischen Autorenkino, die durch die Politisierung der 1970er Jahre und die Frauenbewegung neue Impulse erhielt.

Dogma-Film – ein nicht ganz ernstes Keuschheitsgelübde

Eine vorläufig letzte programmatische Anstrengung für einen alternativen Film stellt die Dogma-Bewegung dar, mit der sich 1995, medienbewusst zum hundertjährigen Filmjubiläum in Paris, die dänischen Regisseure Lars von Trier, Thomas Vinterberg, Kristian Levring und Soren Kragh-Jakobson mit einem Manifest präsentierten, dessen ironischer Anachronismus kalkuliert schien. „Dogma" präsentierte sich gegen das teure Mainstreamkino mit einem „Keuschheitsgelübde" in Bezug auf Technik, Ausstattung und Ästhetik mit den Postulaten nach Originalschauplätzen (1. Gebot), Handkameras (3.), natürlichen Farbaufnahmen unter natürlichen Lichtbedingungen (4.) dem Filmformat 35 mm Academy (9.), und den Verboten von nachträglicher Einspielung von Musik (2.), von Spezialeffekten und Filtern (5.), von zeitlicher und örtlicher Versetzung aus der Gegenwart (7.), von der Anlehnung an Genrekonventionen (8.) und schließlich der Namensnennung des Regisseurs im Abspann (10.). So viel Koketterie könnte abstoßen, wäre nicht Selbstironie dabei im Spiel und gäbe es nicht eine beachtliche Produktion von Filmen, denen man, großzügig über Dänemark hinaus, das Dogma-Prädikat verlieh und die zudem zu Recht die Gunst des Publikums erlangten. Darunter sind mit ihrer sympathisch unprätentiösen Art, Alltagsgeschichten vorzuführen, Vinterbergs *Festen* (1998, dt. *Das Fest*) zu nennen, Triers *Idioterne* (1998, dt. *Die Idioten*), Lone Scherfigs *Italiensk for begyndere* (2001, dt. *Italienisch für Anfänger*). Dogmen tendieren zu ihrer Überschreitung. Dass sich darüber trotzdem so etwas wie eine eigene Filmhandschrift entwickeln kann, zeigt zumindest Lars von Triers anhaltende Erfolgsstory als Regisseur.

3. Der Film noir

Etwas vereinfacht kann man den Film noir beschreiben als ein aus deutscher Tradition entstandenes amerikanisches Genre mit einem französischen Namen. Letzterer stammt aus der französischen Kritik, die – nicht ausschließliche – deutsche Tradition aus Namen wie Fritz Lang, Robert Siodmak, Anthony Mann, Otto Preminger und Billy Wilder, die neben prominenten amerikanischen Regisseuren ihren Beitrag zum Phänomen Noir leisteten und zu einem Teil die Stilelemente des expressionistischen Films einbrachten. Im Unterschied zum ausschließlich amerikanischen Western kann man hier also von einem in bestimmtem Verständnis internationalen Filmgenre sprechen, obwohl seine Klassiker sämtlich in Amerika gedreht wurden, auf unverwechselbar amerikanischen Schauplätzen spielen und einen Zeitgeist spiegeln, der – zuerst – in den USA fassbar wurde. Als erster Film noir gilt John Hustons *The Maltese Falcone* (dt. *Der Malteser Falke*) aus dem signifikanten Jahr 1941, als sich Europa mitten im Zweiten Weltkrieg befand und die USA, noch vor Kriegseintritt, an der lang anhaltenden wirtschaftlichen Depression mit deutlichen sozialen und psychologischen Folgen litten. „Schwarz" bezeichnet die pessimistische Grundstimmung, die sich in charakteristischen Stilmitteln der Mise en Scène niederschlug: „The room is dark. A strong streak of lights sneaks in from the hall under the door. The sound steps is heard. The shadows of two feet divide the light streak. A brief silence follows. There is suspense in the air. " (John Alton, zitiert bei Silver/Usini 1998, 7) Mit dem bedeutungsschwangeren Licht-Schatten-Spiel den deutschen Expressionismus beerbend, verbreitet der Film noir eine Atmosphäre des Unheils. Er spielt überwiegend bei Nacht, bevorzugt Innenräume und von den äußeren im Dunkeln regenglänzende Straßen und ist in der Regel ein Großstadtfilm, in dem man von der Stadt außer dem panoramahaften Establishing Shot, eben Straßen und Hotels, Privaträume und nicht zuletzt das Büro des Detektivs sieht. In diesem Set mischt er sich mit dem Gangster- und dem Detektivfilm, auch mit dem Thriller. Die Spannung baut sich aus Elementen des Kriminalfilms auf und aus einer starken psychologischen Aufladung, die prominent genderkonnotiert ist. Das semantisch-syntaktische Set des Film noir verweist auf die Desillusionierung des amerikanischen Traums im Zeichen von Habgier, Verbrechen

Expressionistische Adaptionen im Noir

Noir als Antithese zum Western

und Gewalt und erweist sich darin als exakte Antithese des Western. (Werner 2000, 9)

Literarische Vorlagen – die „hard-boiled detectives"

Ein großer Teil der klassischen Noirs verfilmt literarische Vorlagen der Bestsellerautoren Dashiel Hammett, Raymond Chandler und James Cain, die wiederum bereits in die 1920er und 1930er Jahre zurückgehen. Sie geben der Detektivgeschichte den neuen Charakter, der sie von den herkömmlichen europäischen im Stil der Agatha Christie, des Stevenson und Arthur Doyles unterscheidet. Wirken diese im Rückblick gleichsam gemütlich, ihre Detektive gentlemenlike und die Gesellschaft, in der sie agieren, weitgehend intakt, so beschreibt die „hard-boiled fiction" des neuen amerikanischen Krimis eine chaotische, aus den Fugen sozialer Konventionen geratene Welt.

Zerfall der amerikanischen Werte

Indikator dafür, dass der Zerfall der Werte nicht als Ausnahme, sondern als Regel betrachtet wird, sind die Erosionserscheinungen in Familie, Ehe und Partnerschaft sowie – und das kann doppelbödig verstanden werden – das neue Selbstbewusstsein der Frau, die ihre lange Zeit fraglos akzeptierte domestizierte Rolle nicht mehr erfüllen will oder kann. Vor dem Hintergrund von Massenarbeitslosigkeit, dem Verlust der sozialen Perspektive und, seit den 1940er Jahren, den sekundären Auswirkungen des Krieges in der Heimat kriminalisiert sich die Gesellschaft in ihrem Kernbereich. Fast alle Noirs bauen ihren Plot auf zerstörten Partnerschafts- und Familienverhältnissen auf, in denen Männer und insbesondere Frauen den Verlust des emotionalen Zentrums mit krimineller Energie beantworten, die das Spiel um das Glück radikalisiert.

Inkarnation des Werteverlustes – die Femme fatale

Dabei marginalisiert der Noir das Milieu zugunsten einer Stilisierung, die einen neuen Typ der Femme fatale kreiert: selbstbewusst aus Verzweiflung und berechnend, bei kalkuliertem Einsatz aller ihrer weiblichen Mittel der Verführung. Ihr einzig ebenbürtiger männlicher Gegenpart ist der Detektiv. Auch er agiert an der Grenze von Gesetz und Gesetzesübertretung als Inkarnation der Gratwanderung zwischen zwei Welten. Bei Hammett wie bei Chandler ist er der Vermittler zwischen Polizei und krimineller Szene, suspekt beargwöhnt von beiden. Baut die klassische Detektivgeschichte auf Intelligenz, Intuition und psychologischem Einfühlungsvermögen des begnadeten Ermittlers auf, braucht er hier zusätzlich extreme körperliche Leistungs- und Leidensfähigkeit sowie exorbitante Gewandtheit im Umgang mit der Waffe. Der Detektiv des Noir kreiert einen neuen Typ „cooler" Männlichkeit, die sich in Selbstbeherrschung, Schnelligkeit und einer lakonischen bis zynischen Sprache manifestiert. Er ist in der Lage, der ihm entgegentretenden Gewalt stets einen Schritt voraus zu sein, und zwar der physischen Gewalt der männlichen Verbrecher wie der psychischen der weiblichen Vamps.

Figurenkonstellation und Kameraführung

Um diese beiden Hauptfiguren gruppiert sich ein kleines Ensemble weiterer Personen, oft ein Gangsterklüngel, Polizisten, Familienmitglieder. Der Plot um die Aufdeckung eines Mordes, mit dem weitere Verbrechen wie Raub, Erpressung und Betrug konnotiert sind, setzt sich im Unterschied zum klassischen Detektivfilm in Action und Psychologie um und verdichtet sich so zum Thriller. Zur Psychologisierung in der Interaktion der Figuren tragen wesentlich die vielen Großaufnahmen in langen Einstellungen bei, zur psychologischen Atmosphäre des Noir insgesamt Bildkomposition, Lichtgestaltung und Kameraführung. Totalen und Halbtotalen sind selten, vielmehr dominieren Figuren als Elemente von zersplitterten, unübersichtlichen Räumen, gezielt eingesetzte, unnatürliche und grelle Lichtführung auf Objekte und Personen, die ein dramatisches Spiel mit Licht und Schatten in einem dominant dunklen Bild evozieren. Während das Licht Gesichter schonungslos entblößt, taucht das umgebende Dunkel die Situation in eine Umgebung, in der verheißene Geborgenheit von Undurchdringlichkeit und Gefahr überdeckt wird. Die verkantete Kamera tut ein Übriges, um der Situation sichere Koordinaten und klare Perspektive zu nehmen: Der Film noir gibt kein Versprechen auf eine heile Welt mehr ab, auch wenn der Detektiv den „Fall" am Ende löst. Er kann es in aller Regel nur in Koinzidenz mit einem tragischen Ende. Das dystopische Konzept schlägt sich auch in der Fabelführung nieder, die oft die klare Struktur der klassischen Detektivgeschichte kompliziert, indem sie ein chaotisches Gewirr von Handlungsfragmenten inszeniert, deren Zusammenhang sich erst am Ende erschließt. Eine häufig angewandte Rahmung des Plots, die die Geschichte von ihrem Ende her erzählt, manifestiert die desillusionierende Auswegslosigkeit des Geschehens. (Werner)

In seiner ersten Phase ist der Film noir unverkennbar ein amerikanisches Phänomen, das sich als solches u.a. durch den Rückgriff auf die zeitgenössische amerikanische Kriminalliteratur ausweist. Deutlich antwortet er auf die amerikanische Mentalität der 1930er Jahre, die sich während des Zweiten Weltkrieges zumindest als gespaltene beschreiben lässt – zwischen wirtschaftlichem Aufschwung und ideologischem Höhenflug auf der militärisch und moralisch „richtigen" Seite der Sieger der Geschichte, in den sich bald desillusionierende Züge mischen. Angesichts hoher menschlicher Verluste, neuer sozialer Widersprüche und den sich abzeichnenden Schatten des Kalten Krieges wirft der Film noir zwischen 1940 und 1945 ein kaltes, kritisches Licht auf die amerikanische Befindlichkeit. Gleichwohl wird diese Etappe mit Paul Schrader als die „romantische" Phase des Film noir bezeichnet, in der außergewöhnliche Antihelden den gesamten Film exponieren. Dafür stehen die Detektive Sam Spade nach Hammett und Philipp Marlowe nach Chandler, in der charismatischen Verkörperung Humphrey Bogarts, etwa in John Hustons bereits erwähntem *The Maltese Falcon* (1941 bereits in der dritten Hollywoodverfilmung). Bogarts Aura typisiert auch nach 1945 noch den überragenden Einzelgänger in Howard Hawks' *The Big Sleep* (1946, nach Chandler) oder in Robert Montgomerys *Lady in the Lake* (1947, ebenfalls nach Chandler). „Romantisch" gelten diese Filme für ihren einsamen, nach Wahrheit strebenden Protagonisten, der noch an das Gute im Menschen glauben lässt.

Der romantische Noir der frühen 1940er Jahre

Edward Dmytryks *Murder, My Sweet* (1944, nach Chandlers *Farewell, my Lovely*) gehört in diese Phase, Otto Premingers *Laura* (1944), aber auch Alfred Hitchcocks *Shadow of a Doubt* (1943), in dem umgekehrt der Verbrecher bis zu seiner letztlichen Enttarnung in der Maske des ehrbaren Bürgers erscheint. Seine eigentliche stilistische Ausprägung erfährt der Film noir in der zweiten Phase, von 1946 bis 1949, die Schrader als Phase des „Realismus", Werner dagegen als eine der „Entfremdung" charakterisiert. Beide referieren auf das gleiche Phänomen der unmittelbaren amerikanischen Nachkriegszeit, in der einerseits eine „Entfremdung" zwischen oft gar nicht

Der realistische Noir der späten 1940er Jahre

heldenhaften und hochgestimmten Kriegsrückkehrern und den zurückgebliebenen, zwangsläufig emanzipierten Frauen zu verzeichnen ist. Die Noirs dieser Phase nehmen zwar eher marginal den politischen Kontext in den Blick, rücken aber den Geschlechtergegensatz in den Mittelpunkt. Aus der realen Erfahrung von Untreue, Missverstehen und Entfremdung formt sich ein vielfach variierter Topos mit der Konstellation vom einsamen, verbitterten und oft zu Unrecht inkriminierten Helden einerseits und dem Doppelimago von der bösen, untreuen Frau bzw. der guten, domestizierten Frau andererseits. In diese Reihe gehören George Marshalls *The Blue Dahlia* (1946, nach Chandler), Delmer Daves *Dark Passage* (1947), Hustons *Key Largo* (1948) und viele andere. Die Heimkehrerperspektive bildet dabei nur eine Facette in der Stilisierung der Femme fatale zur fast überdimensionalen Projektion eines Weiblichkeitsbildes, dessen eigentliche Funktion die Modellierung männlicher Angstphantasien ist. Das „good bad girl" wie in Charles Vidors *Gilda* (1946) erscheint dabei als Ausnahme, typisch hingegen die Vamps wie in Fritz Langs *The Woman in the Window* (1946), Billy Wilders *Double Indemnity* (1946) oder Tay Garnetts *The Postman always Rings Twice* (1946).

Der obsessive Noir der 1950er Jahre

Die „obsessive" (Werner 2000, 53) dritte Phase des Noir von 1949 bis zum Ende der 1950er Jahre verallgemeinert diese am Geschlechterkrieg exemplifizierte gesellschaftliche Destruktion, indem das Chaos zum Kürzel der Zustände und der obsessive Verbrecher zur Verkörperung der Atmosphäre von Angst, Irrationalität und Resignation wird. Als Höhe- und Endpunkt dieser Phase wird allgemein Orson Welles' *Touch of Evil* (1958, mit Marlene Dietrich in der weiblichen Hauptrolle, nach Whit Mastersons *Badge of Evil*) gesehen, eine an der Grenze von Mexiko und den USA spielende Geschichte um Rauschgiftschmuggel, Attentate und korrupte Polizei. Der Titel weist auf die verallgemeinernde, ontologische Tendenz des Film noir, den Welles hier in der Gesamtheit seiner Themen und Stilmittel resümiert.

Mythisierung des Geschlechterkampfes

Weiblichkeitsimago und Kastrationsangst als allgemeines Gefühl des Machtverlusts korrespondieren im Film noir mit der generellen Symbolisierung von Sujets und Mise en Scène, die auch realistische Charaktere und Schauplätze zur filmischen Chiffre der Moderne transzendiert. Daher wird der Film noir in Amerika wie in Europa als Narration einer umfassenden Entfremdung rezipiert, die im Existenzialismus ihr philosophisches Pendant hat.

Remakes der 1970er Jahre

Dieser Charakter garantierte dem Noir zugleich sein Fortleben nach einer kurzen Pause der Absenz in der internationalen Filmgeschichte, bevor er als „Neo-noir" in den 1970er Jahren wieder auflebte. Die Geschlossenheit des Konzepts, zu der nicht zuletzt die Schwarz-Weiß-Inszenierung gehörte, ist nicht mehr da, die Vielfalt der Stilmittel jedoch erweist sich mit dem Schauplatz Großstadt und der typischen Mischung aus Kriminalstück und Thriller als außerordentlich entwicklungsfähig. Neben den expliziten Remakes von Klassikern wie Dick Richards *Farewell, my Lovely* (1975), Michael Winners *The Big Sleep* (1978) oder Bob Rafelsons *The Postman Always Wrings Twice* (1981) kann eine direkte Fortführung der aus Kriegs- und Nachkriegsbefindlichkeit gespeisten Tradition in Martin Scorseses *Taxi Driver* (1976) verstanden werden, in der nunmehr ein Vietnamkriegsveteran zum amoklaufenden Outlaw in der Großstadt wird.

Ähnlich adaptiert Roman Polanski in *Chinatown* (1973) die Noir-Tradition von Gangstermilieu und korrumpierter Polizei in einen zeitgenössischen Politthriller. Insgesamt jedoch ist es schwer, die Vielfalt der sich auf den Noir berufenden Filme systematisch zu erfassen, zumal im Zuge der Postmodernisierung des Kinofilms ironisierende und parodistische Tendenzen dominieren und das Spiel mit Zitaten von überall her kaum noch entwirrbar ist. „The Shades of Noir" (Copjec 1993) lässt sich dennoch an der Wiederbelebung von Figurenstereotypen ausmachen wie der verderblichen Femme fatale (Typ Catherine Tramell in Paul Verhoevens *Basic Instinct*, 1992), des psychopathischen Verbrechers (Typ Dr. Hannibal Lecter in Jonathan Demmes *The Silence of the Lambs*, 1991 nach Thomas Harris) oder dem einsamen, der Wahrheit verpflichteten „romantischen" Detektiv, der nun auch eine Detektivin sein darf (Typ Clarice Sterling ebenda). Der Tradition verpflichtet sind sicher die zwischen Sex, Crime und Psychopathologie oszillierenden Verwirrspiele David Lynchs. Die „hard-boiled detective stories" wirken ebenso nach in einem Sciencefiction-Thriller wie Ridley Scotts *Blade Runner* (1981), dessen Zitatenschatz gleichzeitig bis auf den expressionistischen Film der 1920er Jahre zurückgreift. Sollte, etwa von den letztgenannten Beispielen aus, überhaupt eine Zwischenbilanz in der never ending story des Film noir möglich sein, dann könnte sie mit Slavoj Žižek vielleicht so lauten, dass der Film noir im Vergleich zum klassischen Detektivfilm eine Wende eingeleitet hat, in der der Protagonist vom rational geleiteten Investigator zum Gefangenen der Ereignisse wird, der letztlich der „Matrix" seines Unbewussten auf der Spur ist. Für deren Inszenierung gibt es, wie nicht zuletzt Lynch beweist, sicher noch ein großes Potential.

Noir-Tradition im Großstadtfilm

4. Der italienische Neorealismus

Realismus ist der vielleicht umstrittenste Begriff in der Kunsttheorie, sofern er sich auf die Methode der künstlerischen Wiedergabe von Wirklichkeit nach dem Prinzip der Ähnlichkeit bezieht. Als Epochenbegriff ist er für die europäische Literatur des 19. Jahrhunderts klarer begrenzt, er bezeichnet hier die stoffliche Hinwendung zur zeitgenössischen sozialen Realität in dem Versuch, sie möglichst „genau" zu erfassen. Bereits hier, im nachträglich so genannten bürgerlichen Realismus, ist dieser „Genauigkeit" eine Tendenz eingeschrieben, die Realität in Bezug auf Detailtreue, Typik und historische Wahrhaftigkeit interpretiert, was heißt, sie einem historisch-ideologischen Modell zu subsumieren. Diesen Realismusbegriff hat im 20. Jahrhundert die Doktrin des sozialistischen Realismus mit den bekannten fatalen Abwehrkämpfen gegen die künstlerische Moderne für sich adaptiert und fortgeschrieben. Realismus im Film stand dagegen von Anfang an unter demselben materialästhetischen Vorzeichen wie die Fotografie, unleugbar immer auch und zuerst denotativ zu sein. Inwiefern Film dann gerade etwas anderes als die äußerlich wahrnehmbare Wirklichkeit zeigen kann, ist der Gegenstand der referierten Film-als-Kunst-Theorien. Von den verschiedenen Möglichkeiten leiten sich die frühesten „filmtheoretischen" Richtungen ab, nämlich die dokumentarische der Brüder Lumièreund die narrative von Méliès, die den Weg zum „Illusionskino" nahm.

Realismus – Koordinaten einer Begriffsbestimmung

Kracauers Realismusbegriff

Zwei Theoretiker des Films haben sich dem Realismus besonders verschrieben: Siegfried Kracauer und André Bazin. Kracauer verteidigte die „realistische" gegen die „formgebende" Tendenz und erklärte bei der Avantgarde klar seine Präferenzen: René Clair etwa spiele mit der physischen Realität, um sie zum Beispiel in *Entr'acte* in die Ästhetik der Stummfilmkomödie einzupassen, Légers *Ballett mecanique* vernichte in der endlosen Wiederholung der Treppenszene die Realität der Frau, die sie zeige, Ruttmann verfälsche die Realität Berlins mit dem Rhythmus usw. (Kracauer 1993) Wenn man sich dem Urteil, dass hier Irrwege beschritten wurden, zwar nicht anschließen muss, treffen aber die Beschreibungen zweifellos zu. Die „Errettung der physischen Realität" oder „Realismus" intendiert im Gegenteil, wie schon der Realismus der Neuen Sachlichkeit, die Dinge und vor allem die Menschen in ihrer sozialen Realität zum Sprechen zum bringen.

Bazins Begriff des Neorealismus

Bazin hat den italienischen Neorealismus als Kritiker unmittelbar begleitet und dabei bleibende ästhetische Urteile formuliert. Der Begriff Neorealismus selbst wurde von dem italienischen Kritiker Umberto Barbaro zunächst auf eine Strömung des französischen Kinos der 1930er Jahre angewandt, bevor er für die italienischen Filme der Nachkriegszeit üblich wurde. Auch Bazin bezieht sich auf die wichtigsten Regisseure dieser Richtung: Jean Renoir, René Clair – der deshalb Kracauers Wertschätzung für die „Abkehr" vom Experimentalfilm erhielt – und Marcel Carné. Deren „poetischer Realismus" nahm den Alltag und die Schicksale der „kleinen Leute", der Proletarier in den Blick.

Bestandsaufnahme der Zeit

Ein solcher Ansatz gewann im Italien der letzten Kriegsjahre und der unmittelbaren Nachkriegszeit eine neue Brisanz, weil er die Aufgabe einer nationalen Selbstvergewisserung nach 20 Jahren faschistischer Diktatur und drei Jahren deutscher Besatzung übernahm. Der Krieg wird hier, schreibt Bazin, nicht als Einschub, sondern als Abschluss einer Epoche empfunden, nach der sich Italien zwischen amerikanischer Besatzung und während des Krieges gewachsener Widerstandsbewegung, des politischen und kulturellen Gegensatzes zwischen dem Norden und dem Süden erst als frei zur Selbstbesinnung empfinden konnte. Entsprechend ist der neorealistische Film Dokumentation im eigentlichen Sinn – Bestandsaufnahme der Zeit. Er spielt auf den Straßen und in den Mietskasernen, er zeigt die zerstörten Städte und die hungrigen Menschen, er ist unter schwierigen Bedingungen teils amateurhaft gedreht, arbeitet mit Laiendarstellern und gewinnt dadurch einen bislang unbekannten Grad Authentizität. Als wichtigste Voraussetzung jedoch, diesen Effekt zu erzielen, benennt Bazin die Haltung des „revolutionären Humanismus", mit der diese Filme produziert wurden. (Bazin 2004)

Rossellinis neorealistische Trilogie

Der Neorealismus wurde 1945, nach kurzzeitiger Ablehnung durch die Kritik, mit der Premiere von Roberto Rossellinis *Roma, città aperta* (dt. *Rom, offene Stadt*) populär und löste erfolgreich die Jahre des „Weiße-Handschuhe-Films", also des italienischen Illusionskinos im Stile Hollywoods, ab. Rossellini hatte selbst noch während der 1940er Jahre politisch indifferente Filme gedreht, 1944 aber zwei Dokumentarfilme konzipiert, einen über den Märtyrertod eines katholischen Priesters, der sich der Resistenza angeschlossen hatte, und einen über die Kinder in Rom, die sich der deutschen Okkupation widersetzten. Daraus entstand dann der Spielfilm mit drei großen Protagonisten, dem Priester, einem kommunistischen Widerstandskämpfer und einer schwangeren, ums tägliche Überleben für ihre Familie kämpfenden Frau, die während einer Razzia erschossen wird – das war die Entdeckung der Varietékünstlerin Anna Magnani für den Film. Der Film zeigt, bislang so nicht bekannt, Folter, Verrat und Widerstand mit melodramatischen Elementen und großem Pathos, ohne damit an realistischer Glaubwürdigkeit zu verlieren. Am Ende des Films, nach der Hinrichtung des Priesters noch in den letzten Wochen des Krieges, kehren in einer großen Totale die Kinder in die für die Freiheit „offene Stadt" zurück. *Roma, città aperta* bildet den ersten Teil eines Kriegstriptychons von Rossellini, der zweite Film ist *Paisà* (1946), der dritte *Germania anno zero* (1948, dt. *Deutschland im Jahre Null*).

Konzeptionell geht *Paisà* gegenüber *Roma, città aperta* einen bedeutenden Schritt über dessen konventionelle narrative Struktur hinaus, indem der Film sechs nicht zusammenhängende Episoden aus dem italienischen Alltag inszeniert, eine Technik, die Bazin zu Recht mit der Struktur des modernen amerikanischen Romans als Folge von Kurzgeschichten vergleicht. Die Episoden erzählen sehr lapidar alltägliche, unspektakuläre Tragödien der kleinen Leute, die Schauplätze verteilen sich über das ganze Land, von Sizilien über Neapel, Rom, Florenz, ein Kloster bis in den Norden in die Landschaft der Po-Ebene, und stellen so ein Mosaik aus Momentaufnahmen her, die sich zu einem Gesamtbild von Wirklichkeit fügen. *Germania anno zero* nimmt eine bemerkenswerte Sonderstellung ein, weil der Film in Berlin spielt und den Blick nicht nur auf die zerstörte Physis des Landes, sondern auf die Psyche lenkt. Der Protagonist ist ein zehnjähriger Junge, der sich aus seiner ideologischen Prägung durch die Nazis nicht befreien kann und im Selbstmord endet.

Episodische Narration

Neben Rossellini stehen für den Neorealismus u.a.: Vittorio de Sica, zusammen mit Cesare Zavattini als Drehbuchautor (*La porta del cielo*, 1946, dt. *Die Pforte des Himmels*; *Sciuscià*, 1947, dt. *Schuhputzer*; *Ladri di biciclette*, 1948, dt. *Fahrraddiebe*; *Umberto D.*, 1952) Luchino Visconti (*La terra trema*, 1948, dt. *Die Erde bebt*), Renato Castellani (*Mio figlio professore*, 1946, dt. *Mein Sohn, der Professor*; *Sotto il sole di Roma*, 1946, dt. *Unter der Sonne Roms*; *Due soldi de speranza*, 1952, dt. *Für zwei Groschen Hoffnung*). Diese Filme haben ihre thematische, ästhetische und moralische Gemeinsamkeit darin, dass sie den italienischen Widerstand und die harte soziale Realität der Nachkriegszeit mit einem unbedingten Willen zur Wahrhaftigkeit zeigen. Erstaunlicherweise publizierte die Zeitschrift *Cinema* 1943 im faschistischen Italien ein Manifest des Neorealismus, das sich zwar etwas verschlüsselt, aber deutlich genug gegen Konventionalität und „Phantastik" jenseits realer menschlicher Probleme im Film wendet sowie gegen eine geschichtsverfälschende proitalienische Rhetorik, mit der sich die faschistische Ideologie im Film gemeint fühlen musste. (Gregor/Patalas, Bd. 2) Obwohl der italienische Film nie völlig „gleichgeschaltet" war und sich daher noch während Mussolinis Herrschaft und der deutschen Besatzung der Neorealismus anbahnen konnte, geriet seine politisch linke, „klassenkämpferische" und „staatsfeindliche" Tendenz bereits 1947 wieder ins Visier des erneuerten Zensurgesetzes von 1923. (ebd.) Seine kurze Lebensdauer bis

Der antifaschistische Widerstand im Film

Anfang der 1950er Jahre, in denen sich auch unabhängig von den veränderten konservativen politischen Bedingungen das öffentliche Interesse an den ursprünglichen Themen erschöpfte, ändert dabei nichts am bleibenden Gewinn der neorealistischen Phase auf filmästhetischem Terrain. Das von Zavattini am radikalsten vorgebrachte Postulat der Objektivierung des Einzelschicksals, Entromantisierung der Fabeln zugunsten dokumentarischer Genauigkeit bei der Darstellung des Alltags verpflichtete auf die Einbindung des einzelnen Menschen in sein Milieu. Dem kommen der Einsatz von Laiendarstellern und die dokumentarische Tendenz der vorwiegend in realen Außenräumen gedrehten Filme entgegen, doch ergibt sich auch daraus kein „Rezept" neorealistischer Techniken. Neorealismus ist, wie Bazin pointiert zusammenfasst, nicht zuerst eine Ästhetik, sondern ein ontologischer Standpunkt, der es erlaubt, verschiedene individuelle Stile unter diesem Titel zu führen.

Objektivierung des Einzelschicksals und dokumentarische Tendenz

Dieser „ontologische Standpunkt" ist dem Realismus des Montagekinos völlig entgegengesetzt, da er nicht mit einer vorgefassten Idee Ausschnitte von Realität zu einer Tendenz konstruiert, sondern diese aus dem Bild, der Figur, der Geste selbst hervortreten lässt. Das hat Folgen für die Narration, die die im Film notwendigen Zeitsprünge nicht als Mittel der Synthese nutzt, sondern als Lücken stehen lässt, und das hat wiederum Folgen für die Einstellungen und Bildkompositionen.

Der „ontologische Standpunkt" – gegen das Montageprinzip

Sicas *Ladri di biciclatte*, der neben Rossellinis *Roma, città aperta* und *Paisà* wechselweise als das Meisterwerk der Epoche gehandelt wird, stellt einen Arbeiter dar, dessen Arbeitsplatz vom Besitz eines Fahrrads abhängt. Dieses Fahrrad wird ihm gestohlen, und nach einem Tag der verzweifelten Suche kann er dem schließlich gefundenen Dieb nichts beweisen, ihm misslingt seinerseits der Diebstahl eines Fahrrads, beinahe wird er gefasst und steht vor seinem Sohn nunmehr auch als moralischer Versager dar. – Kinder spielen im neorealistischen Film überhaupt eine auffällig große Rolle, an ihnen werden die soziale und die psychologische Dramatik der zeitgenössischen Realität besonders sinnfällig. – Die Story ist so alltäglich unspektakulär wie zeittypisch existenziell, Sica dreht sie ohne dramatische Finessen und tragische Steigerung als Parabel der gesellschaftlichen Situation, in der jeder jeden bestiehlt und jeder mit sich allein ist. Diese Essenz ergibt sich aus der Fülle detailliert eingefangener Bildepisoden, die jede für sich einen kleinen Ausschnitt aus dem gewöhnlichen Leben erzählen und damit die eigentliche Fabel mit Aktualität und Körperlichkeit auffüllen. Die Schnitte reihen die Episoden so aneinander, wie sie der Wahrscheinlichkeit einer authentischen Geschichte entsprechen – die politische Brisanz dieser Filme besteht ja gerade darin, dass sie vor der Realität nicht auf eine artifiziell gemachte und mehrsinnig deutbare Ebene ausweichen.

Authentische Geschichten

Diesem „Aussprechen lassen" von Realität in der Narration entsprechen in der Bildkomposition die Totale bzw. die Plansequenzen, d. h., die langen Einstellungen, in denen die Kamera über den gesamten Horizont des Schauplatzes fährt und das Geschehen akribisch situiert. Bazin hat die Plansequenzen neben der Schärfentiefe als die wichtigsten Mittel realistischer Filmerzählung herausgestellt, die im französischen Film Jean Renoir und im amerikanischen Orson Welles mit *Citizen Kane* etabliert haben. Während sich der „dokumentarische Realismus" vor allem in den Außenaufnahmen

„Aussprechen lassen" von Realität

bewähre, definiert er an Welles einen „ästhetischen Realismus," der in Schärfentiefe einer langen, über mehrere Minuten währenden einzigen Einstellung auch im Innenraum eine Bildauflösung erreicht, die die Montage nicht vermag und auch nicht intendiert. Bazin hat sie an Viscontis *La terra trema* exemplifiziert.

Die Einbindung des italienischen Neorealismus in eine längere Tradition dokumentiert auch sein frühester, nach Fertigstellung sofort verbotener Film: Viscontis *Ossessione* (1942, dt. *Besessenheit*), der an die von Pierre Chenal bereits 1939 hergestellte erste Verfilmung eines Kriminalromans der schwarzen Serie anknüpft, James M. Cains *The Postman Always Rings Twice*. Visconti lernte den Roman über Jean Renoir kennen, mit dem er in Frankreich gearbeitet hatte, und versetzte die Handlung um die große Liebe, die vom Kalkül eines unbedingten Ausbruchs- und Aufstiegswillens diktiert ist, in das Milieu des italienischen Lumpenproletariats, angesiedelt in der unwirtlichen Landschaft der Po-Ebene im Norden Italiens. Erst 1947 folgte Viscontis Film *La terra trema*, der dem Realismus bereits den unverwechselbar Viscontischen Ästhetizismus beimischt. Ein weiterer Großmeister des späteren italienischen Films ging ebenfalls in die neorealistische Schule: Frederico Fellini wirkte bei Rossellinis ersten beiden Filmen als Drehbuchautor mit. 1943 begann Michelangelo Antonioni als Dokumentarfilmer, seinen ersten Spielfilm drehte er 1950 mit *Cronaca di un amore* (dt. *Chronik einer Liebe*). Auch die letztgenannten Namen stehen dafür, dass der Neorealismus am Beginn des italienischen Autorenkinos steht.

Vorläufer des italienischen Autorenkinos

5. Nouvelle Vague und Autorenkino

Avantgarde- und Experimentalfilmer haben immer versucht, die Not des nichtkommerziellen Kinos zur Tugend ihres Programms zu erheben: Ihr selbst deklarierter Ausschluss aus den Zwängen des Filmmarktes galt als Voraussetzung für künstlerische Qualität, den Luxus eines elitären Publikums und den Willen zur Innovation jenseits finanziell aufwändiger Technik und Ausstattung. Für die Erneuerungsbewegung der französischen Nouvelle Vague galt das aber nur bedingt, hatte sie doch die Chance, die staatliche Filmförderung zu nutzen, mit der der Kulturminister André Malraux 1958 die bereits seit 1953 geltende Subventionsregelung für Kurzfilme auch auf Spielfilme ausweitete. Frankreich wollte mit seiner Filmproduktion aus dem Schatten des Hollywoodkinos heraustreten und unterstützte sowohl Filmproduktionen nach Qualitätskriterien als auch im ganzen Land Programmkinos und Filmklubs, so dass eine neue Generation von Filmemachern für ihre unkonventionellen Filme mit einem bald sogar internationalen Publikum rechnen konnte.

Privilegierte Bedingungen

Diese Resonanz bezeugt auch die Herkunft des Begriffs „Nouvelle Vague" aus der französischen Presse, die damit eine Reihe junger Regisseure bzw. „Filmautoren" zu einer Gruppe zusammenfasste. Personell gehörten dabei vor allem die Kritiker der Zeitschrift *Cahiers du cinéma* dazu, die zu Regisseuren wurden – François Truffaut, Claude Chabrol, Jean-Luc Godard, Jacques Rivette und Eric Rohmer. Als Gründungsdokument dieser Bewegung gilt der Aufsatz *Eine bestimmte Tendenz im französischen Film*, in

Truffauts Gründungsdokument der Nouvelle Vague

dem Truffaut bereits 1954 in *Cahiers du cinéma* den „Autorenfilm" gegen den „Qualitätsfilm", die realistische und subjektive Mise en Scène gegen den Metteur en scène verteidigte, der vermeinte, ein vorgefertigtes Drehbuch einfach umzusetzen. Er wandte sich damit gegen den konservativen Perfektionismus, den die offizielle Filmkritik mit Blick auf einen nur kleinen Ausschnitt des zeitgenössischen französischen Kinos favorisierte und dabei die neue Tendenz ignorierte, die in der Nachkriegszeit an den poetischen Realismus anknüpfte. Truffaut qualifizierte diese als antibürgerlich, psychologisch und subjektiv authentisch. Der Wille zum Nicht-Perfekten korrespondiert dabei auf eigentümliche Weise mit einem betont reflektierenden, keineswegs Dilettantismus befürwortenden Ansatz. Das ergibt sich sowohl aus der Herkunft dieser Regisseure aus der Filmkritik wie auch ihrer engen Verbindung zur *Cinematheques française*, aus deren Archiv sie ihre filmhistorische Bildung bezogen. So kümmerte sich ihre Entdeckerfreude an individuellen Stilen auch nicht um etwaige ideologische Frontlinien zwischen kommerziellem und Außenseiterkino oder bestimmten Schulen, zu ihren Vorbildern zählten Jean Renoir wie Orson Welles, Alfred Hitchcock wie Howard Hawks, Charlie Chaplin wie Roberto Rossellini, Samuel Fuller wie Ingmar Bergman, Max Ophüls wie Fritz Lang.

„Camera Stylo" – die individuelle Handschrift

Das Bekenntnis zur Individualität schließt aus, unter Autorenkino und Nouvelle Vague eine bestimmte kohärente Schule zu verstehen, vielmehr liegt die Betonung auf dem je Unverwechselbaren des einzelnen Autors, der seine Kamera als „Federhalter" („Camera stylo" – nach einem bereits 1948 erschienenen Artikel von Alexandre Astruc) handhabte. So gerät die Mise en Scène zur akribischen, erkundenden Anordnung von Figuren und Raum, in die der einzelne Regisseur seine „Handschrift" einschreibt. Exemplarisch zeigen einige Titel die Bandbreite der Autoren und Stile: Louis Malle errang mit dem schönen Gangsterfilm *L'Ascenseur pour l'Echafaud* (1957, dt. *Fahrstuhl zum Schafott*) seinen ersten großen Erfolg, François Truffaut überzeugte mit *Les Quatre Cents Coups* (1959, dt. *Sie küssten und sie schlugen ihn*), *Tirez sur le Pianiste* (1960, dt. *Schießen Sie auf den Pianisten*), *Jules et Jim* (1961, dt. *Jules und Jim*), *L'amour de vingt ans* (1962, dt. *Liebe mit zwanzig*). Claude Chabrol begann seine Karriere mit *Le Beau Serge* (1958, dt. *Der schöne Serge*), *Les Cousins* (1959, dt. *Schrei, wenn du kannst*), *Les Bonnes femmes* (1960, dt. *Die Unbefriedigten*) und *Les Godelureaux* (1961, dt. *Speisekarte der Liebe*). Jean-Luc Godards Anfänge sind sein grandioser Film *A Bout de souffle* (1960, dt. *Außer Atem*), *Le Petit Soldat* (1960, dt. *Der kleine Soldat*) und *Le Mépris* (1963, dt. *Die Verachtung*). Alain Resnais brillierte mit sehr intellektuellen Filmen wie *Hiroshima, mon amour* (1959, dt. *Hiroshima, meine Liebe*) und *L' Année dernière à Marienbad* (1961, dt. *Letztes Jahr in Marienbad*).

Autorenkino und der strukturalistische „Tod des Autors"

Was aber taugen „Camera stylo" und „Handschrift" als metaphorische und noch dazu aus der Literaturwissenschaft geborgte Begriffe zur Beschreibung einer neuen Filmästhetik? Die Frage ist doppelt berechtigt. Einerseits verfehlt sie die Realität aus der Sicht einer kongenialen Filmkritikerin wie Frieda Grafe, die wie keine andere die Nouvelle Vague begleitet hatte – dokumentiert in dem Band *Nur das Kino – 40 Jahre mit der Nouvelle Vague* (2003). Andererseits widerspricht sie prinzipiell der Sicht der seit den 1960er Jahren etablierten akademischen Filmkritik, die sich zur Zeit der Erfindung des Autorenkinos aus strukturalistischer Sicht mit Barthes' apodiktischer, auf die Literatur bezogener Feststellung vom Tod des Autors und mit Foucaults etwas skeptischer formulierten Frage *Was ist ein Autor?* auseinanderzusetzen hatte. Grafe entmythologisiert von der einen Seite die Autoren der *Cahiers de Cinéma* als ein „Terrorkommando" (Grafe, 19) junger, potentieller Regisseure, die ihre eigenen Vorstellungen an ambitionierten Analysen fremder Filme abarbeiteten und dabei ein Konzept des Autorenfilms entwarfen, das nur missverständlich als neuer Geniekult aufgefasst wurde. Nach ihrer Auffassung ging es stattdessen um die Herausforderung des konsumorientierten Zuschauers, sich auf ein nur scheinbar abbildgetreues, verführerisch leichtes Kino einzulassen. Als Kern des französischen Autorenkinos greift sie die alte filmästhetische Frage nach dem mimetischen Potential auf und beantwortet sie mit der so treffenden wie weiträumigen Formel vom Gehalt an Realität, aber nicht Realismus. Dabei verbietet sich aus der Sicht eines Individualstils ohnehin eine generalisierende Beschreibung. Wie weit der Begriff von Realität zu fassen ist, die durch die filmische Komposition von Raum und Zeit entsteht, lässt sich am besten an zwei recht unterschiedlichen Regisseuren demonstrieren, an Truffaut und Resnais. Truffaut entwickelt in *Jules et Jim* die Dreiecksgeschichte einer Frau zwischen bzw. mit zwei Männern, die sich auf einer Ebene als ebenso romantische wie emanzipatorische Narration mit melodramatisch-surrealem Ausgang – dem Liebestod – deuten lässt. Grafe hingegen sieht, überzeugend, zwei „realiter" aufeinanderfolgende Geschichten zeitlich ineinander geschoben, die es daher nicht brauchen, psychologisch in einer aufgelöst zu werden. Resnais seinerseits näherte sich mit vergleichbaren, allerdings expliziten Experimenten mit der Zeit dem Nouveau Roman, indem für *Hiroshima, mon amour* Duras und für *L' Année dernière à Marienbad* Alain Robbe-Grillet das Drehbuch schrieb. Die Auflösung von Fabel, herkömmlichen Raum- und Zeitstrukturen, die Destruktion des Erzählers sowie das Sinn-Spiel der Zeichen, die der Nouveau Roman praktiziert, scheinen wie geschaffen für die visuelle, filmische Umsetzung. Resnais realisiert sie in diesen beiden Filmen am Thema von Erinnern und Vergessen, das er bereits 1955 mit seinem berühmten Dokumentarfilm *Nuit et brouillard* (dt. *Nacht und Nebel*) an der spezifischen Problematik der Darstellbarkeit des Holocaust erprobt hatte. In beiden Spielfilmen zielt Resnais auf den psychologischen Effekt, den die Assoziation von Bildern und Tönen beim Zuschauer auslöst, und damit auf eine Realität jenseits des Faktischen. *Hiroshima, mon amour* setzt mit harten Schnitten die kurze Liebesaffäre einer jungen Französin mit einem Japaner gegen die Erinnerungen an ihre tragische Liebesgeschichte mit einem deutschen Soldaten kurz vor Ende des Zweiten Weltkrieges, bis letztlich vor dem aktuellen Hintergrund der Auslöschung der Bombenopfer in Hiroshima die beiden männlichen Figuren für sie miteinander verschmelzen. Während hier Vergessen zur Voraussetzung für den Neuanfang wird, stellt *L' Année dernière à Marienbad* die Suggestion von Erinnerung in den Mittelpunkt: Ein junger Mann behauptet, eine junge Frau im letzten Jahr im selben Hotel in Marienbad getroffen zu haben. Die Kamera kreist um Möbel, Bilder, Parkanlagen, auf dass sie zu Zeugen und Zeichen der von ihm insistierten und von ihr nicht erinnerten Beziehung werden, bis nichts als das Vielleicht einer gewesenen oder potentiellen Liebesgeschichte im Raum steht.

Marginalien:
Zwei Handschriften – Truffaut und Resnais

Resnais' Thema: Erinnern und Vergessen

Die Wirklichkeit der Zeichen

Der Verweisungscharakter der Zeichen ist es auch, der von der Seite der Filmwissenschaft die Autorentheorie mit dem strukturalistischen bzw. poststrukturalistischen Stand der Wissenschaft zu versöhnen vermochte. Die Akzeptanz der Autorentheorie basiert auf der Voraussetzung, dass der filmische „Text" aus motivischen und kompositorischen Basiselementen besteht, die zwar auf den Stil eines bestimmten Autors verweisen, diesen aber gleich anderen Texten nur in der Wiederholung und Variation als solchen erkennbar machen. Zweifellos kann man „einen Truffaut", „einen Godard" oder „einen Malle" als solche identifizieren. Dieser Individualstil lässt sich weder auf eine essentielle, a priori gefasste Idee und Motivation noch auf die Alleinschöpfung des Autors zurückführen, da der kollektive Produktionsprozess durch Kameraführung, Bildeinstellung, das Agieren der Schauspieler usw. immer variabel und okkasionell ist. Peter Wollen unterscheidet zwischen Komposition und Performance als den zwei Seiten der filmischen Produktion und plädiert damit für einen Begriff des Autors „a posteriori". Diese These ist identisch mit der Unterscheidung des Mise en metteur und der Mise en Scène. (Wollen 1985) Die Absage an ein idealistisch-hermeneutisches Verständnis vom Autor ermöglicht zugleich – paradox oder nicht – die „Rettung" des Autors a posteriori vor einem Verständnis von filmischem Realismus, der der äußeren Realität die Priorität vor ihrer filmischen Konstruktion einräumt. Wenngleich dabei die semiotisch argumentierende Theorie nicht ohne einen Teil von Intuition und Unbewusstem bei der Beschreibung des Autors auskommt und Fragen offen lässt, überzeugt sie gerade in ihrer Koinzidenz mit den individuellen und programmatischen Äußerungen der Nouvelle-Vague-Gruppe, deren Vertreter jeder auf seine Weise auf dem experimentellen, Realität befragenden und erkundenden Charakter ihrer Filme bestand.

Das „Oberhausener Manifest" als Initial des Neuen deutschen Films

Die wenige Jahre nach der Nouvelle Vague einsetzende Bewegung des Neuen deutschen Films hat mit dem französischen Pendant deutliche Gemeinsamkeiten. Das Attribut „neu" verweist auch hier auf eine Generationenablösung, die gegen eine pauschal verworfene traditionelle Filmästhetik auf unkonventionelle und vor allem „authentische" Filmästhetiken setzt, die die Handschrift eines „Autors" tragen, sie ist durch staatliche Förderungen unterstützt worden, und schließlich hat auch der Neue deutsche Film ein nachträglich legendär gewordenes Gründungsdokument, das ähnlich wie bei Truffauts Beschwörung der „neuen Tendenz" im französischen Kino nur wenig von der späteren Produktion erahnen lässt. Das *Oberhausener Manifest* von 1962 besticht durch die so klare wie allgemeine Feststellung, dass „der alte Film" tot sei und der neue deutsche Spielfilm andere „geistige, formale und wirtschaftliche Vorstellungen" als bislang erfüllen müsse. Das erkennbar an die Kulturpolitik adressierte Manifest zeitigte mit einiger Verzögerung Wirkung in Gestalt der Gründung des Kuratoriums Junger deutscher Film 1967, das junge Regisseure finanziell in der Behauptung gegen die etablierte Filmindustrie unterstützte.

Neue Autoren – die erste Welle des Erfolgs

Eine Verzögerung trat auch in der Etablierung der Regisseure auf, die für den Neuen deutschen Film repräsentativ werden sollten: Von den Oberhausener Kurzfilmern, die ihre Produktionen als „Schule und Experimentierfeld des Spielfilms" beanspruchten, brachten es Alexander Kluge (*Die Artisten in der Zirkuskuppel: Ratlos*, 1967), Edgar Reitz (*Mahlzeiten*, 1966/67),

Ulrich Schamoni (*Es*, 1965) einige Jahre nach dem Manifest zu Spielfilmen, andere und wichtige kamen mit ihren ersten Langfilmproduktionen ebenfalls später: Volker Schlöndorff mit *Der junge Törless* (1965, nach dem Roman von Robert Musil), Rainer Werner Fassbinder mit *Liebe ist kälter als der Tod* (1967), Werner Herzog mit *Auch Zwerge haben klein angefangen* (1969/70), Jean-Marie Straub und Danièlle Huillet mit *Nicht versöhnt oder Es hilft nur Gewalt, wo Gewalt herrscht* (1964/65, nach Heinrich Bölls *Billard um halb zehn*). 1982, mit dem Tod von Fassbinder, mit Herzogs neuerlicher Wendung zum Dokumentarfilm und Wim Wenders' Abwanderung nach Hollywood stellten sich die 1970er Jahre als die eigentliche Dekade des Neuen deutschen Films heraus. Nicht zufällig fällt sie mit der ebenfalls in den 1960er Jahren eingeleiteten politischen und kulturellen Erneuerung Westdeutschlands zusammen, ohne dass jeder einzelne Regisseur als „Achtundsechziger" qualifiziert werden müsste. Entscheidend ist vielmehr, dass die im Neuen deutschen Film geführten Debatten über Autorenfilm und Zuschauerpotential, über Kunst und Kommerz, über gesellschaftskritische Inhalte und entsprechende authentische formale Strategien ihrerseits einen „Diskurs" und eine „Haltung" (Elsaesser 1994) bildeten, die an dem breiteren gesellschaftlichen Diskurs partizipierten.

Darin zeigt sich auch der eigene, nationale Aspekt des Neuen deutschen Films: Auf einer seiner möglichen Ebenen der Klassifizierung setzt er sich in seinen Inhalten mit deutscher Zeitgeschichte und ihrer unmittelbaren Vergangenheit auseinander. So thematisiert Alexander Kluges *Die Patriotin* (1977/79) die für einen Film recht sperrige Frage nach dem Geschichtsverständnis, Schlöndorff verfilmt Günter Grass' *Die Blechtrommel* (1978/79), Wolfgang Petersen untersucht das „Heldentum" im Weltkrieg in dem Publikumserfolg *Das Boot* (1981), Helma Sanders-Brahms die Nazizeit und ihre Folgen aus weiblicher Perspektive in *Deutschland, bleiche Mutter* (1981), Herbert Achternbusch setzt sich in *Das letzte Loch* (1981) ebenso eigenwillig mit dem Faschismus auseinander wie auf unverwechselbar andere Weise Hans Jürgen Syberberg in *Hitler – ein Film aus Deutschland* (1976/77) und Rainer Werner Fassbinder in seinen Deutschlandfilmen *Die Ehe der Maria Braun* (1978), *Lili Marleen* (1980), *Lola* (1981) und *Die Sehnsucht der Veronika Voss* (1981). Einen filmischen Kommentar zum brennendsten Politikum der 1970er Jahre, der RAF, geben Margarete von Trotta in *Das zweite Erwachen der Christa Klages* (1977) und *Die bleierne Zeit* (1981) sowie zusammen mit Schlöndorff in der Heinrich-Böll-Verfilmung *Die verlorene Ehre der Katharina Blum* (1975), Fassbinder in *Die dritte Generation* (1979) und die Gemeinschaftsproduktion von Schlöndorff, Fassbinder, Kluge u. a. *Deutschland im Herbst* (1978).

Reflexion von Geschichte und Zeitgeschichte

Man kann „Frauenfilme" etwa von Doris Dörrie, Helke Sander, Helma Sanders-Brahms und Margarethe von Trotta ebenso thematisch klassifizieren wie zeittypische „Außenseiterfilme" von Fassbinder (im Grunde alle seine Filme), Werner Herzog – im historischen Gewand wie *Aguirre, der Zorn Gottes* (1972), *Kaspar Hauser – Jeder für sich und Gott gegen alle* (1974), *Herz aus Glas* (1976), *Stroszek* (1976/77), *Woyzeck* (1978), *Fitzcarraldo* (1980/81). Es liegt auf der Hand, dass eine solche inhaltliche Systematisierung so klar auf die Zeitgenossenschaft dieser Filme verweist, wie sie die ästhetische Handschrift des Autorenfilms verfehlt. Wim Wenders etwa mit sei-

„Außenseiterfilme" und „Frauenfilme"

nen wichtigen Produktionen *Die Angst des Tormanns beim Elfmeter* (1971, mit Peter Handke), *Alice in den Städten* (1973) oder *Im Lauf der Zeit* (1975/76) und überhaupt in seinem vielschichtigen Gesamtœuvre ist wie Fassbinder von seinen formalen Experimenten her viel eher zu beschreiben als von seinen Inhalten.

Markenartikel, aber kein Massenartikel

Wenn insgesamt richtig ist, dass der deutsche Film seit den 1920er Jahren nie wieder eine solche internationale Anerkennung fand wie in der Blütezeit des Neuen deutschen Films, so muss man dieses Phänomen in seiner Gesamtheit begreifen. Dazu gehört, diese Bewegung als eine gelungene Emanzipation vom eher kümmerlichen filmischen Ertrag der End-1940er und 1950er Jahre zu würdigen, die im Schatten von Tradition, Hollywood-Vormacht in deutschen Kinos und Filmzensur standen. Wenn dabei die staatliche Förderung auch eine hemmende, bürokratische und zensierende Kehrseite hatte (vgl. Elsaesser 1994), so ist die umfassende Neuorientierung des deutschen Films schwerlich ohne diese „Eingriffe" zu denken: In den „Wunderjahren" des Neuen deutschen Films stand dessen internationale Anerkennung im krassen Missverhältnis zum einheimischen Kassenerfolg – sie kamen dort nicht einmal unter die 50 bestbesuchten Filme. (ebd.) So blieb der „Kunstfilm", der in der offiziellen Wertehierarchie Priorität genoss und wofür auch die auffällig vielen Literaturverfilmungen sprechen, zugleich ein dubioses Produkt im Massenmedium Kino. Es scheint fast, dass die alten Film-als-Kunst-Debatten in spezifisch deutscher Manier wieder auflebten. Die Orientierung der Autoren war dabei mehrheitlich keineswegs elitär. Dafür spricht die Herkunft vieler vom Dokumentar- und Kurzfilm, mit denen sie die Nähe zum Fernsehen suchten, wie auch die vielen Fernsehproduktionen, unter denen auch Reitz mit *Heimat* (1980–84), *Die zweite Heimat* (1986–82) sowie die dritte Folge seit 2004 und Fassbinder mit *Berlin Alexanderplatz* (1980) erfolgreich waren. Für die Suche nach dem Massenpublikum spricht zudem der in den späten 1970er Jahren verstärkt zu beobachtende Anschluss an den Genrefilm. Auch hier sind es Fassbinder und Wenders, die am ehesten die Schallmauer zu Hollywood durchbrachen.

6. Postklassisches Hollywood und postmoderner Film

Postmoderne – Vermischung von E- und U-Kunst

Ein Kapitel über „stilbildende Epochen" mit der Postmoderne zu beenden, scheint insofern schlüssig, als man im allgemeinen Verständnis von postmoderner Ästhetik die Auflösung der Stile einschließlich der im Autorenkino kenntlichen Individualstile meint. Dabei hat, trotz aller komplizierten und polemischen Theoriedebatten, das Kulturphänomen Postmoderne ein höchst einfaches und schlüssiges Konzept: die Zusammenführung von E- und U-Kunst, wie sie Leslie Fiedler in seinem berühmten Artikel *Cross the Border – Close the Gaps* (1969) postuliert hatte.

„New Hollywood" – neues Marketing und Neuerfindung des Genrekinos

In der Filmindustrie wird die in Architektur, Literatur, bildender Kunst und Musik seit den 1960er Jahren zu beobachtende Fusionierung von – mit einem Schlagwort – Klassik und Pop mit dem Phänomen „New Hollywood" identifiziert. Elsaesser beschreibt es zu Recht als ein Bündel verschiedener neuer Strategien, bei denen die Ästhetik keineswegs Priorität hat. Vielmehr steht New Hollywood nach einem drohenden geschäftlichen Desaster zuallererst für neue ökonomische Strukturen und ein neues, von der Musikindustrie abgeschautes Marketingkonzept. Ihm entsprechend sind die Blockbuster-Produktionen für ein Massenpublikum bestimmt, dessen Rezeptionsgewohnheiten von Fernsehen, Video und Popkultur geschult wurden. Symptomatisch für die Erfolgsstory des New Hollywood erscheint die Aufwertung und Neuadaption des Genrekinos in Sparten, die in den 1950er Jahren den B-Filmen vorbehalten waren – Sciencefiction, Horror, Fantasy –, die sich jetzt ironischerweise in einem Autorenkino etablierten. Für die neue Generation des Hollywood-Kinos zeichnen Namen wie Denis Hopper, Steven Spielberg, Roman Polanski, George Lucas, Martin Scorsese, Francis Coppola, Robert Altman, Stanley Kubrick u. a. m.

Selbstredend kann dieses „postklassische" Kino, für das seit Ende der 1960er Jahre etwa eine Dekade anberaumt wird, ein ästhetisch verstandener Begriff von Postmoderne nicht pauschal veranschlagt werden. Eher bereitete der Abschied vom klassischen Genrekino die postmoderne Dekade der 1980er Jahre erst vor.

New Hollywood präsentiert sich thematisch mit gesellschaftskritischen Stoffen und Tabubrüchen und filmästhetisch, durchaus ähnlich wie das europäische Autorenkino, mit dem Aufbrechen linearer Erzählstrukturen, dem Verzicht auf technische Perfektion, mit subjektiven Stilen. Dennis Hoppers Roadmovie *Easy Rider* (1969) über den Zusammenprall des konservativen Amerika mit der Hippiekultur wurde so zum Kultfilm. Er steht beispielhaft dafür, wie der Erfolg des New Hollywood-Kinos aus einer Mischung von brisanten Stoffen, ästhetischer Experimentierfreude und Genrekino entstand. Coppolas *Der Pate* (Teil 1 1972, Teil 2 1974, Teil 3 1990) ist eine Familiensaga in der Form des Gangsterfilms, Polanskis *Chinatown* (1974) ein Neo-Noir, Scorseses *Taxi Driver* (1976) ein Melodram vor dem Hintergrund des Vietnam-Traumas, *Star Wars* ein Kriegs- und Sciencefiction-Film, Spielbergs *Jaws* (1976, dt. *Der weiße Hai*) ein Katastrophenfilm und John Carpenters *Halloween* (1978) ein Thriller, der mit den Urängsten und Tabus spielt, die im prüden amerikanischen Mittelklassemilieu ihren Ursprung haben.

Gesellschafts-
kritische Stoffe

Die teils vom Fernsehen kommenden Serials, das Remake, die Parodie, die Ästhetik des Thrills, die im Sciencefiction-Film kreierten Zeitreisen entwickeln die Techniken, die dann doch so etwas wie einen postmodernen „Stil" des Hollywood-Kinos begründen. In ihm erkennt man die allgemeinen Elemente postmoderner Kunst als ein universelles Spiel mit Zeichen und ihren Verweisungszusammenhängen wieder. Das Filmzitat ist dem Remake schon eingeschrieben.

Serials, Remakes,
Zitate, Ironie – post-
moderne Stilmittel

Im postmodernen Film steht es aber nicht für Aktualisierung und damit zeitliche Kontinuität, sondern als Spiegeleffekt von Brechungen und Vervielfachungen. Das Zitat bildet etwa in Coppolas *Bram Stokers Dracula* (1992) das durchgängige Konstruktionsprinzip: Neben den etwa 30 Dracula-Filmen werden noch etwa 60 weitere Filmzitate aufgenommen und gestalten den Film zum „Palimpsest von 100 Jahren Filmgeschichte". (Elsaesser 1998) Das ausgestellte Spiel mit Authentizität durch zahlreiche literarische und filmische Quellenverweise – eine Strategie, mit der schon Murnau in seinem *Nosferatu* arbeitete – schlägt hier in das Gegenteil einer vollkommenen Künstlichkeit um. Dazu trägt das Konzept der Verdoppelungen und

Simulakren,
Verdoppelungen,
Mise en Abyme

Reinkarnationen von Figuren bei, das wiederum eine Replik auf das Thema des künstlichen Menschen ist und ebenfalls zum Repertoire des klassischen Horrorgenres gehört. Der künstliche Mensch des digitalen Zeitalters erscheint aber nicht mehr als ein von Frankenstein zusammengeflicktes Monster, sondern als ein Hightech-Produkt von künstlicher Intelligenz, dessen Bedrohlichkeit darin besteht, dass Schöpfer und Produkt nicht mehr voneinander unterschieden werden können wie in Ridley Scotts *Blade Runner* (1982) oder Andy und Larry Wachowskis *Matrix* (1999). Nicht zufällig dekonstruieren solche Filme Ursprungs- und Schöpfungsmythen, denn im medialen Zeitalter ist die Frage des „Originals" obsolet geworden. Als Simulakren verschiedener Ordnung durchdringen sich Lebens-, Technik- und Medienwelt wie in David Cronenbergs Horrorszenarien *Videodrome*, *eXistenZ*, *The Fly* (USA 1986, dt. *Die Fliege*) oder *Scanners* (CAN 1980).

Altman und Lynch – Parabeln des postmodernen amerikanischen Lebensgefühls

Die Doppelung von Figuren und Handlungssträngen ist dabei kein Privileg von Sciencefiction- und Horrorproduktionen, sondern ein häufiges narratives Element in Filmen, die sich zu Parabeln des postmodernen amerikanischen Lebensgefühls verdichten. Robert Altman konstruiert in *Short Cuts* (1993) eine immer hektischer in „Short Cuts" – in der Doppelbedeutung von „kurzen Schnitten" und „Abkürzungen" – auf die Katastrophe zutreibende Sequenz von Alltagsepisoden über gestörte Paarbeziehungen, ohne dass am Ende eine Auflösung und Erlösung von der Verwirrung in Sicht wäre. Der Meister der Verdoppelungsstrategie jedoch ist David Lynch mit seinen dunklen Kriminalthrillern von *Blue Velvet* (1986) über *Wild at Heart* (1990), *Twin Peaks – Fire Walk with Me* (1992), *Lost Highway* (1996) bis zu *Mulholland Drive* (2001). Stets führen Lynchs Geschichten von der Oberfläche einer vermeintlichen Realität in archaische Schichten des Unbewussten, in denen Vergewaltigung, Inzest und Mord die Oberhand über eine geordnete Bürgerlichkeit gewinnen (*Blue Velvet*, *Twin Peaks*) oder aber das Glücks- und Freiheitsversprechen des amerikanischen Traums mit solcher Ironie daher kommen (*Wild at Heart*), dass niemand darauf hereinfallen mag. Lynchs Figuren haben sowenig psychologische Glaubwürdigkeit wie seine Fabeln eine narrative Stringenz. Surreale Traumsequenzen vermischen sich ununterscheidbar mit Referenzen auf mediale Klischees als die einzige Wirklichkeit, die hier noch übrig bleibt. So gesehen, fasste Quentin Tarantino mit dem Titel *Pulp Fiction* (1994) eine Tendenz des postmodernen Kinos zusammen. *Pulp Fiction* heißt so viel wie Schundliteratur und schlägt damit die Brücke vom großen postmodernen Kino zurück zu den Kolportagestorys der B-Movies. Seine durch Zeit- und Raumsprünge in sich kreisende Gangsterstory nach dem Vorbild von *Bonnie and Clyde* führt durch Actionszenen, Gewalt- und Drogenexzesse, durch Film- und Popmusikzitate in ein Feuerwerk von medialer Selbstreferentialität, in dem die Grenzen von Raum und Zeit wie die von Gut und Böse aufgehoben sind.

Greenaways unendliches Spiel der Zeichen

Eine ganz eigene, gleichsam aristokratische Variante des Spiels mit den Zeichen bieten die Filme des Briten Peter Greenaway. Um sie zu beschreiben ist man versucht, mit einer Kaskade von Termini aufzuwarten, die alles herbeizitieren, was in der Postmoderne schick und teuer ist: Emblematik, Allegorie, Artefakt, Parodie, Ironie, Kabbalistik, Zahlenmystik, Körper, Selbstreferentialität usw. Absolut jenseits von Pulp Fiction sind auch die historischen oder die zeitlos mythischen und exotischen Stoffe: Greenaways *The Draught-*

man's Contract (1982, dt. Der Kontrakt des Zeichners), der im englischen Barock spielt, The Belly of an Architect (1987, dt. Der Bauch des Architekten), Drowning by Numbers (1988, dt. Verschwörung der Frauen), The Cook, the Thief, his Wife and her Lover (1989, dt. Der Koch, der Dieb, seine Frau und ihr Liebhaber), Prospero's Books (1991, dt. Prosperos Bücher) oder The Pillow Book (1996, dt. Bettlektüre) – um nur die bekanntesten aufzuführen. Die Filme handeln sämtlich von Sex & Crime auf höchstem Niveau. Beispielhaft kann man bereits in Der Kontrakt des Zeichners Greenaways Lust an der Verführung in die Welt der Signifikanten von Bildern, Statuen, Symbolen, Schriften, Zahlen und Mythen nachvollziehen, wenn er seinen Protagonisten, den Zeichner und unfreiwilligen Detektiv in einer Erbschafts-, Ehebruchs- und Mordgeschichte losschickt, das Rätsel der Ereignisse zu entwirren. Fatalerweise unterzeichnet er den Vertrag seines Auftraggebers, nach dem er minutiös in Zeichnungen dessen Besitz festhalten muss und macht sich so der Hybris schuldig, mit seinem eigenen Leib und Leben für ein „Zeichen" zu haften, das eine Wirklichkeit nicht herbeizaubern und nicht beglaubigen kann. Wie seine Zeichnungen am Ende ein Raub der Flammen werden, so bleibt das Mysterium der Geschichte ungelöst.

7. Film heute

Kann man im heutigen Kino einen Stil ausmachen? – Einen sicherlich nicht, und man sollte überhaupt statt von Stil von Tendenzen sprechen. Die Genredarstellungen haben bereits deutlich gemacht, dass die typischen Narrationsformen, die sämtlich bereits im Kino der 1910er und 1920er Jahre entstanden, schon seit den 1970er Jahren entweder in Parodien oder in Mischformen der sog. Bindestrich-Genres wie Western-Melodram, Horror-Thriller oder Sciencefiction-Abenteuer aus- bzw. weiterlaufen. Das Hypergenre ist in und schafft wie zum Beispiel in Stephen Sommers Von Helsing (USA 2004) mühelos die Synthese von Abenteuer, Horror und Liebesdrama in einem Kinderfilm. Solch intelligente Mischung hat ihrerseits vom Zitationsstil des postmodernen Films profitiert, der absichtsvoll Originale plündert und perpetuiert. Auch vom postmodernen Film her ist eine zweite Tendenz zu begreifen, bei der das Medium Film sich selbst ausstellt und mit anderen Medien kombiniert. Wurden schon früh Filme nach literarischen Vorlagen gedreht, so adaptiert man heute andere Massenmedien wie Computerspiele oder Musikvideos mit der ihnen eigenen Ästhetik. Nach Computerspielen entstandene Animationsfilme wie Resident Evil oder Final Fantasy haben den klassischen Animationsfilm auch darin abgelöst, dass Trickfilme heute überwiegend im Computer hergestellt werden und damit die traditionellen Trickfiguren in ihrem Aussehen „realen" Figuren annähern. Wer in komplett am Computer konstruierten Filmen lieb gewordene Stars vermisst, kommt dennoch in Produktionen wie Toy Story oder Shrek auf seine Kosten, bei denen Kinostars früherer Jahre die Sprecherstimme zur Verfügung stellen.

Daneben hat das beim jungen Publikum Priorität genießende Videoclip – MTV wurde 1981 gegründet und ist der Jugendsender schlechthin – Einfluss auf die Filmproduktion genommen. Die Clip-Ästhetik nimmt die am Musikvideo geschulten Sehgewohnheiten auf und operiert in abendfüllenden

Fortsetzung der Postmoderne im digitalen Kino

Import aus dem Fernsehen – Clipästhetik und Strategien der Authentisierung

Spielfilmen ebenfalls mit schnellen Schnitten, extrem beweglicher Kamera und äußerst agilen, verwandlungsfähigen Figuren. Als Beispiel sei Tony Scotts *Man on Fire* (USA 2003) genannt. Insgesamt kann man feststellen, dass Marktorientierung beim Kinofilm heute bedeutet, diesen sofort für Fernsehen und DVD kompatibel zu gestalten. Diese ästhetische Kompatibilität beginnt beim Verzicht auf Totalen, die im Wohnzimmerformat schlicht nicht zur Wirkung kommen, und endet bei der Produktion einer separaten Tonspur, die den Möglichkeiten der Fernsehrezeption angepasst ist. Dem Fernsehen angepasst ist auch eine Tendenz von narrativen Strategien der Authentisierung. D. h., was Fernsehen an Aktualität in Live-Reportagen bringt, will Kino zumindest durch Simulation von Life-Elementen und Einblendungen dokumentarischen oder pseudodokumentarischen Materials in Gegenwarts- oder Historienfilmen suggerieren, wie David Grubins vierstündiges Epos *Napoleon* (USA 2004). Brandneu auf diesem Gebiet ist Martin Weisz' Krimithriller *Rohtenburg* (2006) über den authentischen Kannibalen gleichen Namens, der zur Produktionszeit noch die Gerichtsreportagen füllt.

Bollywood – neue Perspektiven für das internationale Kino

Wem nicht nur dabei das Gruseln kommt, sondern die hier skizzierten Tendenzen allesamt nicht geheuer sind, der sei daran erinnert, dass das Kino nicht zum ersten Mal um sein Publikum bangt. Die große Konkurrenz durch das Fernsehen in den 1950er und 1960er Jahren hat es durch die Kreation neuer Ästhetiken und neuer Vermarktungsstrategien bestanden. Ganz ähnlich sieht die Situation heute aus, wenn durch die neuen digitalen Medien und das Internet Filme lieber auf DVD oder über Raubkopien konsumiert werden als im Gemeinschaftserlebnisraum Kino. Doch Konkurrenz macht bekanntlich erfinderisch. Der Kinofilm seinerseits wird bereits zu großen Teilen digital produziert und verbessert damit seine Marktchancen. Und was die ästhetische Seite betrifft: Der Film ist als Unterhaltungsmedium entstanden und weder seine Schöpfer noch sein Publikum haben ihn mit professoraler Strenge auf seinen Kunstwert abgeklopft. Kunst ist er dennoch geworden und ohnehin ist Kunst bekanntlich ein wandelbarer Begriff.

Wenn von Markt die Rede ist, soll am Ende der Hollywood- und eurozentristische Blick auf zwei neue Märkte gerichtet werden, die sich seit Jahrzehnten den traditionellen Filmländern an die Seite stellen. Indiens Filmproduktion ist deshalb als „Bollywood" bekannt, weil es dort den Status des ansonsten weltweiten Marktführers innehat. Das gilt vor allem für sein Starsystem, in dem der öffentliche Kult um die Stars den Bekanntheitsgrad der Regisseure bei weitem übertrifft. Es gibt aber auch so etwas wie einen „Bollywood-Stil", der den Musik- und Ausstattungsfilm pflegt und mittlerweile über die Landesgrenzen hinaus gekannt und geschätzt wird. Wenn ein Film wie Nikhil Advanis *Indian Love Story* (2003) mit dem Megastar Shahruba Khan beim westlichen Publikum angekommen ist, spricht das im Übrigen dafür, dass auch traditionelle Narrationen immer wieder eine Chance haben. Der zweite, nach Westen expandierende neue Markt umfasst Filmproduktionen aus Japan, China, Hongkong, Südkorea und Thailand, die nicht allein importiert, sondern teils in Hollywood in eigenen Filmen adaptiert werden. Eine dieser asiatischen Spezialitäten ist der Animationsfilm, für den zum Beispiel der seit den 1970er Jahren als Regisseur hervorgetretene Japaner Hayao Miyazaki steht. Mit etwas Verzögerung, aber immerhin erhielt sein abendfüllender Zeichentrickfilm *Chihiros Reise ins Zauberland* (2001) im Jahr 2003 einen Oscar für den besten Animationsfilm. Gleich vier Oscars bekam 2001 die chinesische Produktion *Tiger and Dragon* (2000) von Ang Lee. Dieser Film gehört zu einem Genre, das im Westen keine Tradition hat – der zuvor als „Karatefilm" gehandelte Martial-arts-Film. Mehr als 1000 davon stellten bereits zwischen 1960 und 1980 die ebenfalls in China produzierenden Shaw-Brothers her. Gegenwärtig wird eine kleine Auswahl von 300 für den westlichen Markt neu aufbereitet. Wenn asiatische Filme heute nicht nur weltweit gesehen werden, sondern auch Einfluss auf Filmästhetiken nehmen, so kann das als Hinweis verstanden werden, wohin Kino sich entwickeln wird.

Kommentierte Bibliografie

Albersmeier, Franz-Josef (Hg.): Texte zur Theorie des Films. 5. durchges. und erw. Aufl. Stuttgart 2003 [Kommentierte Textsammlung zur Filmtheorie von den frühen Theoretikern bis zur Semiotik, Psychoanalyse und Medientheorie].

Albersmeier, Franz-Josef u. Volker Roloff (Hg.): Literaturverfilmungen. Frankfurt a.M. 1989 [Zur Theorie der Literaturverfilmung mit 22 Beispielanalysen aus dem internationalen Kino].

Altenloh, Emilie: Zur Soziologie des Kino. Jena 1914 [Erste kinosoziologische Studie].

Altman, Rick: A Semantic/Syntactic Approach to Film Genre. In: Grant, 26–40 [Zusammenfassender Aufsatz aus: Altman 1999].

Ders.: Film/Genre. London 1999 [Systematische Darstellung aller relevanten Kategorien der Genretheorie].

Ders.: Film and Genre. In: Nowell-Smith 1998 [Kurzfassung seiner Genretheorie].

Arnheim, Rudolf: Film als Kunst. München 1974 [Filmtheoretisches Standardwerk, Erstauflage 1932].

Ders.: Kunst und Sehen. Eine Psychologie des schöpferischen Auges. Neufassung. Berlin, New York 1978 [Opulentes Standardwerk der Wahrnehmungstheorie und ihrer kunsttheoretischen Anwendung].

Ders.: Kritiken und Aufsätze zum Film. Hg. v. Helmut H. Diederichs. München, Wien 1977 [Sammlung von Aufsätzen zu Theorie und Technik des Films, zum Tonfilm, zur Filmproduktion sowie von Filmkritiken, sämtlich aus den 1930er Jahren].

Astruc, Alexandre: Die Geburt einer neuen Avantgarde: die Kamera als Federhalter. In: Kotulla, 11–115 [Schlüsselaufsatz zur Autorentheorie, 1948].

Balázs, Béla: Der sichtbare Mensch oder die Kultur des Films (1924). Frankfurt a.M. 2001 [Klassiker der realistischen Filmtheorie].

Ders.: Der Geist des Films. (1930) Frankfurt a.M. 2001 [Klassiker der realistischen Filmtheorie].

Baudrillard, Jean: Kool (sic!) Killer oder der Aufstand der Zeichen. Berlin 1978.

Bazin, André: Was ist Film? (1975) Hg. v. Robert Fischer. Berlin 2004 [Filmtheoretisch relevante Sammlung der wichtigsten Aufsätze Bazins].

Beier, Lars-Olav u. Georg Seeßlen (Hg.): Alfred Hitchcock. Berlin 1999 (film: 7) [Theorierelevante und gut illustrierte Aufsatzsammlung zu sämtlichen Hitchcock-Filmen].

Beilenhoff, Wolfgang (Hg.): Poetika Kino. Theorie und Praxis im russischen Formalismus. Frankfurt a.M. 2005 [Wesentlich erweiterte Fassung der Textausgabe von 1974].

Bock, Michael u. Wolfgang Jacobsen (Hg.): Recherche: Film. Quellen und Methoden der Filmforschung. München 1997 [Übersichtsartikel zu Epochen, Methoden, Begriffen sowie kommentierte Bibliografie von Handbüchern, Datenbanken, Archiven].

Böhringer, Hannes: Auf dem Rücken Amerikas. Eine Mythologie der neuen Welt im Western und Gangsterfilm. Berlin 2005 [Präsentation von 25 Filmen].

Bordwell, David: On the History of Film Style. Cambridge (Mass.), London 1997 [Ausgewählte historische Etappen der Filmtheorie sowie filmischer Stilepochen vom Stummfilm über Hollywood bis zum Autorenfilm].

Bordwell, David und Noel Carroll (Hg.): Post-Theory. Reconstructing Film Studies. Madison, London 1996 [Theoretisch ergiebige polemische Auseinandersetzung mit der Postmoderne-Diskussion im Film].

Bordwell, David: Narration in the Fiction Film. Madison 1985 [Gut illustriertes Standardwerk zur filmischen Narration auf konstruktivistisch-formalistischer Basis].

Bordwell, David/Staiger, Janet/Thompson, Kristin (Hg.): The Classical Hollywood Cinema. Film Style and Mode of Production to 1960. Madison 1985.

Borstnar, Nils/Pabst, Eckhard/Wulff, Hans-J. (Hg.): Einführung in die Film- und Fernsehwissenschaft. Konstanz 2002 [Präsentation verschiedener Herangehensweisen an Film und Fernsehen – vom Medienkarakter über Filmästhetik bis zu Filmsemiotik und -theorie].

Brandlmeier, Thomas: Lachkultur im Kino vom fin de siècle bis zum Ersten Weltkrieg. In: Müller/Segeberg (Hg.), 77–96.

Brauerhoch, Annette: Der Autorenfilm. Emanzipatorisches Konzept oder autoritäres Modell. In: Hoffmann, Hilmar u. Walter Schobert (Hg.): Abschied vom Gestern. Bundesdeutscher Film der sechziger und siebziger Jahre. Frankfurt a.M. 1991 [Theo-

rierelevante Auseinandersetzung mit dem deutschen Autorenfilm].
Brooks, Peter: Die melodramatische Imagination. In: Cargnelli/Palm, 35–64 [Vergleich von Literatur- und Filmmelodram].
Brown, Royal S.: Overtones and Undertones: Reading Film Music. Berkeley u. a. 1994.
Brustellin, Alf: Singen und Tanzen im Regen. In: Pollach u. a., 13–39 [Geschichtliche Darstellung des klassischen Filmmusicals].
Bürger, Peter: Kino der Angst. Terror, Krieg und Staatskunst aus Hollywood. Stuttgart 2005 [Über Terrorinszenierungen in Politik und Film].
Burch, Noël: Life to those Shadows. London 1990 [Theorie der Repräsentation im Stummfilm].
Cargnelli, Christian u. Michael Palm (Hg.): Und immer wieder geht die Sonne auf. Texte zum melodramatischen Film. Wien 1994 [Sammlung grundlegender Essays zum Filmmelodram].
Cargnelli, Christian: Sirk, Freud, Marx und die Frauen. In: Cargnelli/Palm, 11–34 [Systematik der methodischen Ansätze zum Filmmelodram].
Chatmann, Seymour: Story and Discourse. Narrative Structure and Film. Ithaca, London 1978 [Erste umfassende Theorie der Narration in Hinblick auf das Verhältnis verbaler und visueller Medien].
Ders.: Coming to Terms. The Rhetoric of Narrative in Fiction and Film. Ithaca, London 1990 [Zum Verhältnis von Literatur und Film in kritischer Auseinandersetzung mit Metz' Semiotik].
Copjec, Joan (Hg.): Shades of Noir. A Reader. London, New York 1993.
Deleuze, Gilles: Kino. 2 Bde. Frankfurt a. M. 1989–91 [Brillante historisch-systematische Filmphilosophie].
Diederichs, Helmut H. (Hg.): Geschichte der Filmtheorie. Kunsttheoretische Texte von Méliès bis Arnheim. Frankfurt a. M. 2004.
Eisner, Lotte: Die dämonische Leinwand (1955). Frankfurt a. M. 1975 [Klassiker zum deutschen expressionistischen Film].
Elsaesser, Thomas: Filmgeschichte und frühes Kino. Archäologie eines Medienwandels. München 2002 [Auseinandersetzung mit den kinotheoretisch relevanten Studien zum frühen Film].
Elsaesser, Thomas u. Michael Wedel (Hg.): Kino der Kaiserzeit. Zwischen Tradition und Moderne. Stuttgart 2002 [Materialintensive Aufsatzsammlung].
Elsaesser, Thomas: Das Weimarer Kino – aufgeklärt und doppelbödig. Berlin 1999 [Theoretische Auseinandersetzung mit herkömmlichen Interpretationsansätzen zum Kino der Weimarer Republik an exemplarischen Filmen].
Ders.: Augenweide am Auge des Maelstroms? – Francis Ford Coppola inszeniert Bram Stoker's Dracula als den ewig jungen Mythos Hollywood. In: Rost/Sandbothe (1998), 63–106 [Exemplarische Studie zum postmodernen Film].
Ders.: Tales of Sound and Fury. Anmerkungen zum Familienmelodram. In: Cargnelli/Palm, 93–130 [Fokus Familienmeldodram].
Ders.: Der Neue Deutsche Film. Von den Anfängen bis zu den neunziger Jahren. München 1994 [Historisch-systematische Untersuchung des Kinos, keine Filmanalysen].
Fassbinder, Rainer Werner: Filme befreien den Kopf. Hg. von Michael Töteberg. Frankfurt a. M. 1986.
Faulstich, Werner: Grundkurs Filmanalyse. München 2002 [Bauformen des Spielfilms mit Beispielanalysen].
Faulstich, Werner u. Helmut Korte (Hg.): Fischer Filmgeschichte. 5 Bände. Frankfurt a. M. 1995 [Interpretationen zu international repräsentativen Filmen über 100 Jahre Filmgeschichte].
Felix, Jürgen (Hg.): Moderne Film Theorie. 2. Aufl. Mainz 2003 [Sammlung fundierter Aufsätze zur modernen Filmtheorie].
Ders.: Autorenkino. In: Ders. (Hg.): Moderne Film Theorie. 2. Aufl. Mainz 2003, 13–57.
Ders. (Hg.): Die Postmoderne im Kino. Ein Reader. Marburg 2002 [10 Aufsätze zu grundlegenden Kategorien des postmodernen Films und 10 Beispielanalysen].
Gorbman, Claudia: Unheard Melodies. Narrative Film Music. Bloomington 1987 [Erkundung der Grundregeln für die Hollywood-Filmmusik].
Grafe, Frieda: Nur das Kino. 40 Jahre mit der Nouvelle Vague. Schriften, Bd. 3. Berlin 2003 [Materialreiche Darstellung der Nouvelle Vague aus persönlicher Sicht].
Grant, Barry Keith (Hg.): Film Genre Reader II. 3. Aufl. Texas 1999 [Sammlung von Standardessays zur Genretheorie].
Gregor, Ulrich u. Enno Patalas: Geschichte des Films. Bd. 1, 1895–1939, Bd. 2 1940–1960. Reinbek bei Hamburg 1976, 1989.
Greiner, Bernhard: Die Komödie. Eine theatralische Sendung: Grundlagen und Interpretation. Tübingen 1992 [Interpretationen zur Theaterkomödie mit grundsätzlichen Darstellungen zur Gattung des Komödischen].
Großklaus, Götz: Medien-Zeit Medien-Raum. Zum Wandel der raumzeitlichen Wahrnehmung in der Moderne. Frankfurt a. M. 1995 [Analyse verschiedener Phänomene der medialen Transformation einschließlich der Kategorie Raum in Film und Kino].
Gunning, Tom: The cinema of attractions. Early film, its spectator and the avantgarde. In: Elsaesser,

Thomas (Hg.): Early cinema, space, frame, narrative. London 1990, 56–62.

Hake, Sabine: Film in Deutschland. Geschichte und Geschichten seit 1895. Reinbek bei Hamburg 2004 [Komprimierte Geschichte des deutschen Films am Leitfaden des Verhältnisses von Unterhaltungskino und künstlerischem und politischem Film].

Hattendorf, Manfred (Hg.): Perspektiven des Dokumentarfilms. München 1995 [Theoretische Auseinandersetzung mit der Problematik der Dokumentation].

Heller, Heinz-B. u. Peter Zimmermann (Hg.): Bilderwelten. Weltbilder. Dokumentarfilm und Fernsehen. Marburg 1990.

Heller, Heinz-B. u. Matthias Steinle (Hg.): Filmgenres: Komödie. Stuttgart 2005 [Eingeführte Sammlung exemplarischer Interpretationen von Filmkomödien].

Hickethier, Knut: Film- und Fernsehanalyse. 3. überarb. Aufl. Stuttgart, Weimar 2001 [Analyse von Erzähl- und Darstellungsstrategien].

Hickethier, Knut unter Mitarbeit v. Katja Schumann: Filmgenres: Kriminalfilm. Stuttgart 2005 [Eingeführte Sammlung exemplarischer Interpretationen von Kriminalfilmen].

Hohenberger, Eva (Hg.): Bilder des Wirklichen. Berlin 1998 [Geschichte des Dokumentarfilms].

Hoormann, Anne: Lichtspiele. Zur Medienreflexion der Avantgarde in der Weimarer Republik. München 2003 [Untersuchung über die medialen Transformationen des Films in die Kunst und umgekehrt].

Jäger, Christian: Gilles Deleuze. Eine Einführung. München 1997.

Kaes, Anton: Deutschlandbilder. Die Wiederkehr der Geschichte als Film. München 1987 [Auseinandersetzungen mit deutscher Geschichte im Neuen deutschen Film].

Ders. (Hg.): Die Kino-Debatte. Literatur und Film. Frankfurt a. M. 1974 [Textsammlung zur frühen Kinodebatte von 1909–1929, mit einer Einführung].

Jacobson, Wolfgang/Anton Kaes/Hans Helmut Prinzler (Hg.): Geschichte des deutschen Films. Stuttgart, Weimar 1993 [Historisch-systematischer Überblick in 16 Kapiteln].

Kaplan, Ann E. (Hg.): Women in Film Noir. 10. Aufl. London 1998 [14 feministische Analysen zum Noir].

Kaplan, Ann E.: Psychoanalysis & Cinema. New York, London 1990 [Methodologische Fundierung der psychoanalytischen und feministischen Filmtheorie].

Kappelhoff, Hermann: Der möblierte Mensch. Georg Wilhelm Pabst und die Utopie der Sachlichkeit. Berlin 1994 [Monografie zu Pabst mit einer Diskussion der neuen Sachlichkeit].

Kasten, Jürgen: Der expressionistische Film. Abgefilmtes Theater oder avantgardistisches Erzählkino? Münster 1990 [Grundsätzliche Diskussion des Expressionismus-Begriffs mit Interpretationen repräsentativer Filme].

Kitses, Jim: Horizonts West. Directing the Western from John Ford to Clint Eastwood. London 2004 [Systematisierung des Western nach Themen, Figuren, Dramaturgie].

Kittler, Friedrich: Optische Medien. Berliner Vorlesung 1999. Berlin 2002 [Theoretisch ambitionierte Präsentation optischer Medien vor dem Film].

Kiefer, Bernd u. Norbert Grob, unter Mitarbeit v. Marcus Stiglegger: Filmgenres: Western. Stuttgart 2003 [Eingeführte Sammlung exemplarischer Interpretationen von Westernfilmen].

Kiefer, Bernd u. Marcus Stiglegger (Hg.): Pop & Kino. Von Elvis zu Eminem. Mainz 2004 [Aufsatzsammlung zur neueren Filmmusik].

Kloppenburg, Josef (Hg.): Musik multimedial. Filmmusik, Videoclip, Fernsehen. Laaber 1998 [Über die Kommentarfunktion der Musik im Film].

Koebner, Thomas in Verbindung mit Norbert Grob und Bernd Kiefer (Hg.): Diesseits der >Dämonischen Leinwand<. Neue Perspektiven auf das späte Weimarer Kino. Berlin 2003 [Neue Theoriedebatte zum Film der Weimarer Republik].

Koebner, Thomas (Hg.): Filmgenres: Science Fiction. Stuttgart 2003 [Eingeführte Sammlung exemplarischer Interpretationen von Sciencefiction-Filmen].

Ders.: Reclams Sachlexikon des Films. Stuttgart 2002.

Ders.: (Hg. unter Mitarbeit v. Kerstin-Luise Neumann): Filmklassiker. Beschreibungen und Kommentare. Bd. 1–4 Stuttgart 1995 [Einführungen in etwa 500 internationale Filme].

Korte, Helmut: Einführung in die systematische Filmanalyse. 2., durchges. Aufl. Berlin 2001 [Von Filmwahrnehmung über Film und Kontext zur systematischen Filmanalyse, mit 4 Beispielanalysen].

Koschorke, Albrecht: Das Panorama. Die Anfänge der modernen Sensomotorik um 1800. In: Segeberg 1996, 147–168 [Kulturgeschichtliche Reflexion des Panoramas].

Kotulla, Theodor: Der Film. Manifeste Gespräche Dokumente. Bd. 2: 1945 bis heute. München 1964 [Sammlung von Originaldokumenten].

Koch, Gertrud: Kracauer zur Einführung. Hamburg 1996.

Kracauer, Siegfried: Theorie des Films. Die Errettung der äußeren Wirklichkeit (1960). Frankfurt a. M. 1993 [Klassiker der realistischen Filmtheorie].

Ders.: Von Caligari zu Hitler. Eine psychologische Geschichte des deutschen Films (1946). Frankfurt a. M. 1979 [Bis heute umstrittenes Standardwerk zum Film der Weimarer Republik].

Kuchenbuch, Thomas: Filmanalyse. Theorien. Methoden. Kritik. 2. Aufl. Wien, Köln, Weimar 2005 [Umfangreiches, theoretisch fundiertes und praktikables Einführungsbuch zur Filmanalyse].

Kuenzli, Rudolf E. (Hg.): Dada and Surrealist Film. Cambridge, MA, London 1996 [Beitrag zum Avantgardefilm].

Kurtz, Rudolf: Expressionismus und Film. Berlin 1926 [Erste Monografie zum expressionistischen Film].

Lapsley, Robert u. Michael Westlake: Film Theory: An Introduction. Manchester 1988 [Darstellung moderner Filmtheorien – Semiotik, Psychoanalyse, Realismus, Autorenfilm, Avantgarde].

De Lauretis, Theresa: Alice Doesn't. Feminism, Semiotics, Cinema. Bloomington 1984 [Standardwerk der feministischen Filmtheorie].

Dies.: Technologies of Gender. Essays on Theory, Film, and Fiction. Bloomington, Indianapolis 1987 [Aufsätze zum Verhältnis von klassischer und feministischer Filmtheorie].

Link-Heer, Ursula: Wie ,literarisch' kann ein Film sein? Zu Rohmers *Marquise d'O*. In: Feltem, Uta u. Volker Roloff (Hg.): Rohmer intermedial. Tübingen 2001, 97–123 [Exemplarische Untersuchung zur Literaturverfilmung].

MacDonald, Scott: Avant-Garde Film. Motion Studies. 2. Aufl. Cambridge, MA 1997 [Tendenzen des Avantgardefilms von den Anfängen bis in die 1960er Jahre].

Marschall, Susanne: Slapstick. In: Koebner 2002, 557–560.

McLuhan, Marshall: The Gutenberg Galaxy. London 1962.

Metz, Christian: Sprache und Film. Frankfurt a. M. 1973 [Versuch einer Analogisierung auf semiotischer Basis].

Ders.: Semiologie des Films. München 1972 [Erste umfassende und grundlegende Filmsemiotik].

Monaco, James: Film verstehen. Kunst, Technik, Sprache, Geschichte und Theorie des Films und der Medien. Dt. Erstausg., überarb. und erw. Neuausg., 3. Aufl. Reinbek bei Hamburg 2001 [Umfangreiches Einführungsbuch in alle Bereiche des Films].

Müller, Corinna: Vom Stummfilm zum Tonfilm. München 2003 [Neu recherchierte, aufschlussreiche Geschichte der frühen Filmtechnik].

Dies.: Frühe deutsche Kinematographie. Formale, wirtschaftliche und kulturelle Entwicklungen. Stuttgart, Weimar 1994 [Quellengesättigte Darstellung].

Müller, Corinna u. Harro Segeberg (Hg.): Die Modellierung des Kinofilms. Zur Geschichte des Kinoprogramms zwischen Kurzfilm und Langfilm (1905/6–1918). Mediengeschichte des Films. Bd. 2. München 1998.

Müller, Robert: Stichwort Kamera/Ästhetik. In: Koebner 2002 (Reclam Filmlexikon).

Mulvey, Laura: Fetishism and Curiosity. Bloomington, Indianapolis 1996. [Anwendung Marxscher und Freudscher Kategorien auf eine Theorie des Fetischismus für den Film, dargestellt an Analysen von Filmklassikern].

Dies.: Visuelle Lust und narratives Kino. In: Albersmeier 2003, 389–408 [1975 publizierter Standardaufsatz zur feministisch-psychoanalytischen Filmtheorie nach Lacanistischem Modell].

Münsterberg, Hugo: Das Lichtspiel. Eine psychologische Studie (1916) und andere Schriften zum Kino. Hg. v. Jörg Schweinitz. Wien 1996 [Erste filmpsychologische Studie, vergessen und erst 1970 in den USA neu aufgelegt. Erste deutsche Übersetzung].

Neale, Steve: Genre and Hollywood. London, New York 2000 [Herausbildung der Hollywoodgenres, spätere Entwicklung und Diskussion der Ansätze zur Genretheorie].

Nichols, Bill (Hg.): Movies and Methods. An Anthology. Vol. I + II, Berkeley, Los Angeles, London 1976, 1985 [Umfängliche Standardanthologie zu Methoden der Filmanalyse].

Nowell-Smith, Geoffrey (Hg.): Geschichte des internationalen Films. Aus dem Englischen v. Hans-Michael Bock u. einem Team. Oxford 1996, Stuttgart, Weimar 1998 [Erweiterung des traditionellen Blicks auf Gattungen, Stars und Produktionsmethoden im internationalen Kino neben Hollywood].

Opl, Eberhard: Das filmische Zeichen als kommunikationswissenschaftliches Phänomen. München 1990 [Ausführliche Darstellung der filmischen Zeichenebenen mit einem Anwendungsteil].

Paech, Joachim: Literatur und Film. Stuttgart 1997 [Intermediale Beziehungen zwischen Literatur und Film].

Peters, Jan-Marie Lambert: Die Struktur der Filmsprache. In: Albersmeier, 374–392.

Pflaum, Hans Günther u. Hans Helmut Prinzler: Film in der Bundesrepublik Deutschland. Erw. Neuausgabe. Bonn 1992 [Überblick mit einem Exkurs über Film in der DDR sowie einer bio-bibliografischen Darstellung der wichtigsten Filmemacherinnen und Filmemacher].

Pinthus, Kurt: Kinobuch (1913). Zürich 1963 [Neuauflage von nie realisierten Filmprojekten deutscher Schriftsteller].

Pollach, Andrea, Isabella Reiche u. Tanja Widmann

(Hg.): Singen und Tanzen im Film. Wien 2003 [Aufsätze zu Filmmusical und Musikfilm].
Prokop, Dieter: Soziologie des Films. Neuwied, Berlin 1970 [Grundlegung der Filmsoziologie].
Ders.: Materialien zur Theorie des Films. Ästhetik, Soziologie, Politik. München 1971.
Rost, Andreas u. Mike Sandbothe (Hg.): Die Filmgespenster der Postmoderne [Aufsätze zu Postmoderne und Film von David Bordwell, Thomas Elsaesser, Mike Sandbothe, Ernst Schreckenberg und Georg Seeßlen].
Rother, Rainer (Hg.): Sachlexikon Film. Reinbek bei Hamburg 1997.
Ders. (Hg.): Bilder schreiben Geschichte. Der Historiker im Film. Berlin 1991 (Aufsätze zum Verhältnis von Film und Geschichte].
Samlowski, Wolfgang u. Hans J. Wulff: Licht/Beleuchtung in: Koebner 2002, 339–345.
Scheugl, Hans u. Ernst Schmidt Jr.: Eine Subgeschichte des Films. Lexikon des Avantgarde-, Experimental- und Undergroundfilms. 2 Bde. Frankfurt a. M. 2. Aufl. 1991 [Wichtiger Leitfaden einer „alternativen" Filmgeschichte].
Schlappner, Martin: Von Rossellini zu Fellini. Das Menschenbild im italienischen Neo-Realismus. Zürich 1958.
Schlemmer, Gottfried: Das frühe Filmepos. In: Faulstich, Werner u. Hermann Korte (Hg.): Fischer Filmgeschichte. Bd. 1. Frankfurt a. M. 1995.
Schlemmer, Gottfried (Hg.): Avantgardistischer Film 1951–1971: Theorie. München 1973.
Schlüpmann, Heide: Unheimlichkeit des Blicks. Das Drama des frühen deutschen Kinos. Basel, Frankfurt a. M. 1990 [Feministisch inspirierte Untersuchung zur heimlichen Komplizenschaft von Frauenemanzipation und Kinematographie im wilhelminischen Deutschland].
Schneider, Irmela: Der verwandelte Text. Wege zu einer Theorie der Literaturverfilmung. Tübingen 1981 [Semiotische Grundlegung des Vergleichs von Literatur und Film].
Schobert, Walter: Der deutsche Avantgarde-Film der 20er Jahre. München 1989 [Überblick über die wichtigsten Avantgardefilmer, mit einer Einleitung. In Deutsch und Englisch].
Seeßlen, Georg: Kino der Gefühle. Geschichte und Mythologie des Film-Melodrams. Reinbek bei Hamburg 1980.
Ders.: Thriller. Kino der Angst. Grundlagen des populären Films. Marburg 1995.
Ders. u. Fernand Jung: Horror. Geschichte und Mythologie des Horrorfilms. Marburg 2006.
Ders.: Abenteuer. Geschichte und Mythologie des Abenteuerfilms. Grundlagen des populären Films. Marburg 1996.
Ders.: Detektive. Mord im Kino. Grundlagen des populären Films. Marburg 1998.
Segeberg, Harro (Hg.): Mediale Mobilmachung I. Das Dritte Reich und der Film. Mediengeschichte des Films. Bd. 4. München 2004.
Ders. (Hg.): Die Perfektionierung des Scheins. Das Kino der Weimarer Republik im Kontext der Künste. Mediengeschichte des Films. Bd. 3. München 2000.
Ders. (Hg.): Die Mobilisierung des Sehens. Zur Vor- und Frühgeschichte des Films in Literatur und Kunst. Mediengeschichte des Films. Bd. 1. München 1996 [Vgl. Müller u. Segeberg 1998: Mediengeschichte des Films Bd. 2. Bd. 1–4 insgesamt opulente Zusammenstellung repräsentativer neuester Forschungen zum Thema].
Siegrist, Hansmartin: Textsemantik des Spielfilms. Zum Ausdruckspotential der kinematographischen Formen und Techniken. Tübingen 1986.
Silver, Alain u. James Ursini (Hg.): Film Noir Reader. 4. Aufl. New York 1998 [Repräsentative Essaysammlung seit 1955].
Silverman, Kaja: The Acoustic Mirror. The Female Voice in Psychoanalysis and Cinema. Bloomington, Indianapolis 1988 [Theorie weiblicher Subjektivität aus der Verbindung von Körper und Sprache].
Spielmann, Yvonne: Eine Pfütze in bezug aufs Mehr. Avantgarde. Frankfurt a. M., Bern, New York, Paris 1991 [Einbindung der Filmavantgarden in die allgemeine Avantgardediskussion].
Stam, Robert u. Toby Miller (Hg.): Film and Theory. An Anthology. London, Malden u. a. 2000.
Strübel, Michael (Hg.): Film und Krieg. Die Inszenierung von Politik zwischen Apologetik und Apokalypse. Opladen 2002 [Aufsatzsammlung zum Kriegsfilm].
Thompson, Kristin: Neoformalistische Filmanalyse. In: Albersmeier, 427–464 [Zusammenfassung der theoretisch-methodologischen Basis von Bordwell und Thompson].
Toeplitz, Jerzy: Geschichte des Films. Bd. 1–5, Berlin 1972–1991 [Materialgesättigte sozial- und ideologiekritische Darstellung der Geschichte des internationalen Films von den Anfängen bis 1953].
Töteberg, Michael (Hg.): Metzler Film Lexikon. 2., aktualisierte und erweiterte Aufl. Stuttgart, Weimar 2005 [Einführungen in 500 exemplarische Filme].
Traber, Bodo u. Hans J. Wulff (Hg.): Filmgenres: Abenteuerfilm. Stuttgart 2004 [Eingeführte Sammlung exemplarischer Interpretationen von Abenteuerfilmen].
Truffaut, François: Eine gewisse Tendenz im französischen Film. In: Kotulla, 116–131 [Gründungsdokument der Nouvelle Vague].

Tudor, Andrew: Film-Theorien. Frankfurt a. M. 1977.
Virilio, Paul: Krieg und Kino. Logistik der Wahrnehmung. Frankfurt a. M. 1989 [Historisch-philosophischer Essay zur Wechselwirkung visueller Techniken in Krieg und Kino].
Vogel, Amos: Film als subversive Kunst. St. Andrä-Wördern 1997 [Geheimtipp].
Vossen, Ursula (Hg.): Filmgenres: Horrorfilm. Stuttgart 2004 [Eingeführte Sammlung exemplarischer Interpretationen von Horrorfilmen].
Weiss, Peter: Avantgarde Film. Frankfurt a. M. 1995 [Emphatische Betrachtung zu den Filmen der historischen Avantgarden].
Werner, Paul: Film Noir und Neo-Noir. 2. Aufl. München 2000 [Systematische Darstellung des Genres mit umfänglicher kommentierter Filmografie].
Winkler, Hartmut: Der filmische Raum und der Zuschauer. >Apparatus< – Semantik – >Ideology<. Heidelberg 1992 [Rezeptionstheorie auf der Basis der Metapherntheorie].
Witte, Karsten (Hg.): Theorie des Kinos. 3. Aufl. Frankfurt a. M. 1982 [Aufsätze zum Kino von den Anfängen bis zur Gegenwart].
Wollen, Peter: Cinema and Semiology: Some Points of Contact. In: Nichols 1985, 481–492 [Standardaufsatz zur Filmsemiotik].
Wulff, Hans-J.: Grenzgängertum: Elemente und Dimensionen des Abenteuerfilms. In: Traber/Wulff, 9–30 [Profunde Einleitung zum Abenteuerfilm].

Wuss, Peter: Filmanalyse und Psychologie. Strukturen des Films im Wahrnehmungsprozess. 2., durchgeseh. Aufl. Berlin 1993 [Systematische Grundlegung einer kognitionspsychologischen Rezeption].
Ders.: Kunstwerk des Films und Massencharakter des Mediums. Konspekte zur Geschichte der Theorie des Spielfilms. Berlin 1990 [Praktikable, kommentierte Sammlung von Konzeptionen zur Theorie des Spielfilms von den Anfängen bis Ende der 1980er Jahre].
Zglinicki, Friedrich von: Der Weg des Films. Die Geschichte der Kinematographie und ihrer Vorläufer. Text- und Bildband. Berlin 1965. Nachdruck Hildesheim 1979 [Opulente Quellendarstellung zur Geschichte der optischen Medien].
Zielinski, Siegfried: Archäologie der Medien. Zur Tiefenzeit des technischen Sehens und Hörens. Reinbek bei Hamburg 2002 [Geschichte der Praktiken und Techniken des Medialen].
Ders.: Audiovisionen. Kino und Fernsehspiel als Zwischenspiele in der Geschichte. 2. Aufl. Reinbek bei Hamburg 1994 [Einbindung von Film und Fernsehen in eine umfassende Geschichte audiovisueller Medien].
Žižek, Slavoj u. a.: Ein Triumph des Blicks über das Auge. Psychoanalyse bei Hitchcock. 2. Aufl. Wien 1998 [Sammlung Lacanistisch-psychoanalytischer Aufsätze zu Hitchcock].

Sachregister

Abenteuerfilm 87, 89, 100 ff., 121, 166
Affektbild 44 f., 89 f.
Aktionsbild 44 f., 89 f.
Amerikanische Einstellung 52
Animationsfilm 147
Antikfilm 103 f.
Autorenkino 63 f.
Avantgardefilm 126 ff.

B-Film 96
Beleuchtung 52
Beschleunigungsmontage 54
Bewegungsbild 44 f.
Bildkomposition 24, 32, 55, 65, 70, 122, 132, 138
Black Mary 13
Blockbuster 86, 118

Camera eye 59
Camera obscura 11 f., 42
Close up 52, 76, 83
Code 35 f., 47 ff., 57, 65, 68, 97

Detektivfilm 48, 85 f., 109 ff., 121
Dokudrama 105 f.
Dokumentarfilm 15, 107, 116

Einstellung 19, 31, 35, 38, 56, 65 ff.
Einstellungsgrafik 66
Einstellungsgrößen 52, 66
Einstellungsprotokoll 65, 68 f.
Establishing Shot 52, 71 f.
Experimentalfilm 18, 126 ff., 139
Expressionistischer Film 29 f., 53, 120 ff., 131

Fabel 59, 97, 104, 122, 126
Farbfilm 16, 19, 27 f., 49
Feministische Filmtheorie 39 ff.
Filmkomödie 15, 48, 85, 87 ff.
Filmmusical 86, 90 ff.
Film noir 52 f., 110 f., 126, 131 ff.
Filmprotokoll 65
Formalismus 32
Fülllicht 53

Gangsterfilm 111, 140
Genre 48, 85 ff., 106

Großaufnahme 26, 29, 69 f., 74, 83
Guckkasten 12

Halbnah-Einstellung 52, 69 f., 73 f.
Halbtotale 52, 69 f., 71 f., 78, 112, 133
Hard-boiled detective 110, 132, 135
High Key Stil 53
Historienfilm 52, 85, 103 ff., 146
Horrorfilm 53, 113 ff., 121

Jump Cut 53

Kamera 13, 18, 29, 31, 45, 48 ff., 51 ff., 64 f., 125
Kamera, bewegte 11, 29, 51
Kamera, entfesselte 51
Kamera, statische 51, 53
Kamera, subjektive 51, 64, 115
Kamera, verkantete 51, 131
Kamerafahrt 52
Kameraperspektive 51, 74
Kameraschwenk 51
Kameraoptionen 53
Konstruktivismus 125
Kriegsfilm 106 ff.
Kriminalfilm 85, 87, 109 ff.
Kristallbild 45 f.
Kuleschow-Effekt 55

Laterna magica 11 f.
Licht 20, 22, 29, 44, 47, 52 f., 123 f., 133
Literaturverfilmung 18, 62 ff.
Low Key Stil 53, 71

Melodram 16 f., 48, 61, 70, 77, 84, 86 f., 89, 93 ff., 102, 121
Metteur en Scene 85
Mise en Abyme 145
Mise en Cadre 24
Mise en Metteur 142
Mise en Scène 36, 54 ff., 85, 87, 142
Montage 18 f., 22 f., 27, 29, 32, 47 f., 54 f., 61, 65, 138
Montage der Attraktionen 23 f., 55
Montage, dialektische 23
Montage, innere 32, 55
Montagediagramm 65
Monumentalfilm 17, 104

Musik 48, 61, 90 ff., 118,

Nahaufnahme 52, 69, 81, 83, 112
Narration 16, 22, 27, 33, 41, 52, 59 ff., 71, 137
Neorealismus 55, 135 ff.
Neuer deutscher Film 142 ff.
Nouvelle Vague 32, 55, 63, 85, 139 ff.

Off 62, 64 f.
On 60

Panorama 12 f., 52
Parallelmontage 35, 54, 56 f.
Plansequenz 53
Plot 48, 59, 67, 87, 100, 133
Polizeifilm 111
Point of View 59
Postmoderner Film 145 f.
Psychoanalytische Filmtheorie 36, 39

Rahmen 38, 53, 133
Raum 20, 22, 43, 48, 50 f., 57, 69, 73, 77 f., 82, 114 f., 123, 126, 146
Realismus 25 f., 29, 32 f., 45, 63, 104, 135 f., 138

Sandalenfilm 103
Schärfentiefe 32, 53 ff., 71, 78
Schnitt 47 ff., 56
Schnittfrequenz 66
Schnittfrequenzdiagramm 66
Schuss-Gegenschuss-Verfahren 52
Scienceficitonfilm 52, 85, 116 ff., 146

Semiotik 25, 33 ff., 47
Sequenz 35, 56, 65 ff.
Sequenzprotokoll 65 ff.
Showing 14 f., 58 f., 64
Slapstick 15, 87 f.
Slasherfilm 115
Snuff-Film 115 f.
Spionagefilm 111
Splatterfilm 115 f.
Stummfilm 22, 25, 32, 42, 55, 60 f., 101
Sujet 59 f., 85
Supertotale 52
Surrealistischer Film 27, 127, 129
Suspense 112
Syntagma 34 f., 56 ff.
Szene 35, 56 ff., 65 f.

Telling 14 f., 58 f., 64
Thriller 11 f., 114, 116
Tiefenschärfe 32 f., 53
Ton/Tonfilm 16, 19, 21, 27, 49 f., 55, 59 ff., 90
Totale 52, 71, 112, 133
Trickfilm 16 ff., 147, 149

Voice over 62

Wahrnehmungsbild 44 f., 89 f.
Western 52, 85 f., 96 ff., 131

Zeit 20, 22, 43, 50 f., 57, 59, 69, 146
Zoom 11, 69
Zwischentitel 61

Studieren mit Lust und Methode
Die preisgünstigen WBG-Studientitel

Das WBG-Programm umfasst rund 3000 Titel aus mehr als 20 Fachgebieten.
Aus der Programmlinie Studium empfehlen wir besonders die Reihe:

EINFÜHRUNGEN GERMANISTIK
Herausgegeben von GUNTER E. GRIMM und KLAUS-MICHAEL BOGDAL

Epochen, Gattungen und Theorien:
- Aktueller Forschungsstand
- Überblick zu System und Geschichte des Themas
- Einführung in literaturwissenschaftliche Methoden
- Einzelanalysen literarischer Werke
- Kernbegriffe der Sozial-, Ästhetik- und Mentalitätsgeschichte
- Kommentierte Bibliographie, Anhänge und Register
- Ideal zur Seminar- und Prüfungsvorbereitung

Eine Auswahl der Bände der Reihe:

Titel	Autor	ISBN-Nr.
›Einführung in die Literatur des Bürgerlichen Realismus‹	Bernd Balzer	978-3-534-16269-7
›Einführung in die Literatur des Expressionismus‹	Ralf Georg Bogner	978-3-534-16901-6
›Einführung in die deutschsprachige Literatur seit 1945‹	Jürgen Egyptien	978-3-534-17446-1
›Einführung in die Literatur des Vormärz‹	Norbert Otto Eke	978-3-534-15892-8
›Einführung in die Kulturwissenschaft‹	Markus Fauser	978-3-534-15913-0
›Einführung in die Literaturtheorie‹	Achim Geisenhanslüke	978-3-534-15905-5
›Einführung in die Literatur der Jahrhundertwende‹	Dorothee Kimmich / Tobias Wilke	978-3-534-17583-3
›Einführung in die Literatur der Romantik‹	Monika Schmitz-Emans	978-3-534-16519-3
›Einführung in die Roman-Analyse‹	Jost Schneider	978-3-534-16267-3
›Einführung in das bürgerliche Trauerspiel und das soziale Drama‹	Franziska Schößler	978-3-534-16270-3

Weitere Informationen zum WBG-Programm:

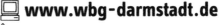
www.wbg-darmstadt.de
(0 61 51) 33 08 -330 (Mo.-Fr. 8-18 Uhr)
(0 61 51) 33 08 -277

service@wbg-darmstadt.de

Studieren mit Lust und Methode
Die preisgünstigen WBG-Studientitel

Das WBG-Programm umfasst rund 3000 Titel aus mehr als 20 Fachgebieten. Aus der Programmlinie Studium empfehlen wir besonders die Reihe:

EINFÜHRUNGEN PHILOSOPHIE
Herausgegeben von DIETER SCHÖNECKER und NIKO STROBACH

Grundlagenwissen auf dem neuesten Stand der Forschung:
- Die wesentlichen Theorien und Probleme werden verständlich dargestellt
- Hervorragende didaktische Aufbereitung und übersichtliche Gliederung
- Kurze Zusammenfassung am Beginn und Übungsaufgaben am Ende eines jeden Kapitels
- Weiterführende Literaturhinweise

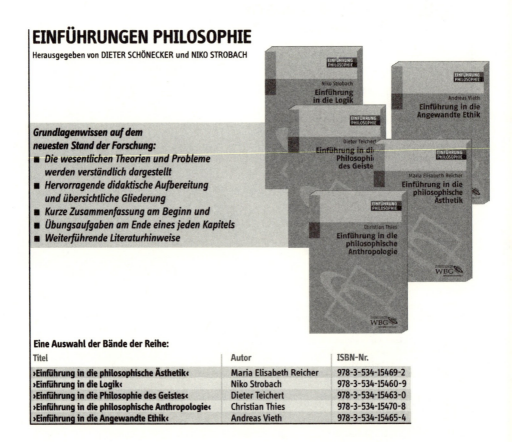

Eine Auswahl der Bände der Reihe:

Titel	Autor	ISBN-Nr.
›Einführung in die philosophische Ästhetik‹	Maria Elisabeth Reicher	978-3-534-15469-2
›Einführung in die Logik‹	Niko Strobach	978-3-534-15460-9
›Einführung in die Philosophie des Geistes‹	Dieter Teichert	978-3-534-15463-0
›Einführung in die philosophische Anthropologie‹	Christian Thies	978-3-534-15470-8
›Einführung in die Angewandte Ethik‹	Andreas Vieth	978-3-534-15465-4

Weitere Informationen zum WBG-Programm:

www.wbg-darmstadt.de
(0 61 51) 33 08-330 (Mo.-Fr. 8-18 Uhr)
(0 61 51) 33 08-277
service@wbg-darmstadt.de